Zwei Ehen – ein Leben

Heinrich-Andreas Makiela

Zwei Ehen – ein Leben

verheiratet, geschieden, verheiratet

Man(n) soll die Richtige heiraten

Autobiografie – die Jahre 1955 bis 2017

Bibliografische Information der Deutschen Bibliothek:
Die Deutsche Bibliothek verzeichnet diese Publikation in der
Deutschen Nationalbibliografie; detaillierte Daten sind im Internet
über <http://dnb.ddb.de> abrufbar.

Herstellung und Verlag: Books on Demand GmbH, Norderstedt
ISBN: 978-3-7528-8373-2
Durchgesehen und korrigiert von Johannes Gunsenheimer

Inhaltsverzeichnis

Vorwort

Viele Junggesellen wohnen bei der Mutter – sozusagen im „Hotel Mama" – oder in einer Junggesellenwohnung. Bei der Mutter sind ihre Freiheiten etwas eingeschränkt. In der eigenen Wohnung sind sie besser dran, da sie mit der Mutter bzw. mit einer Partnerin kein gemeinsames Inventar besitzen und so freier sind. Seine Freizeit kann der Junggeselle so verbringen, wie es ihm gefällt. Aber da fühlt er sich meistens einsam und in der Haushaltsführung oft etwas unbeholfen. Man könnte sagen, dass es ihm bei einem solchen Lebensstil an nichts fehlt. Meistens fehlt ihm aber doch eine weibliche Person, so eine, die für ihn liebevoll sorgt, wie einst die Mutter.

So sehnen sich doch viele Junggesellen nach einem Leben zu zweit, mit einer Partnerin. Die meisten erwarten von ihr auch, dass sie für ihn liebevoll sorgt, wie einst die Mutter. Manche behaupten, dass man zu zweit viele Probleme besser lösen könne, die aber, wenn sie alleine geblieben wären, gar nicht entstanden wären.

Eine Partnerin, die mit einer Mutter zu vergleichen wäre, ist heutzutage sehr schwierig zu finden. Denn heutzutage sind die Partnerinnen meistens auch von ihren Müttern verwöhnt, und so erwarten sie, dass ihr Partner ihnen die Mutter teilweise ersetzt. In der Zeit, als unsere Mütter noch Mädchen waren, mussten sie im Haushalt helfen, und so wurden sie auf das spätere Leben in eigener Familie vorbereitet. Noch in meiner Jugendzeit leisteten viele Mädchen nach Abschluss der Schulzeit, im Alter ab 14 Jahren, Dienste in anderen Familien, halfen im Haushalt, betreuten kleine Kinder usw. So waren sie auf das spätere Familienleben als Ehefrau und Mutter vorbereitet. Die heutigen Mädchen schämen sich, solche Dienste zu verrichten. Es zählen nur eine gute Ausbildung, ein erlernter Beruf, zur Arbeit zu gehen und am liebsten unverheiratet zu bleiben. Und dann möchten sie nur mit einem Partner leben, der bei den Hausarbeiten mithilft.

Das Zusammenleben in einer Partnerschaft ohne Trauschein ist einerseits gut, denn die zwei Partner können sich in der Zeit besser kennen lernen. Im Falle, dass sie nicht zusammen passen, können sie sich problemlos trennen und eventuell eine neue Partnerschaft bilden. Wenn sie zusammen passen, dann bleiben sie zusammen, mit oder ohne Trauschein, bleiben kinderlos oder gründen eine Familie.

Solche Freiheiten, wie ein eheliches Zusammenleben zweier geschlechtsreifer junger Menschen ohne Trauschein, so auf Probe, war in meinen jungen Jahren nicht möglich. Junge Menschen, meistens Mädchen, waren von den Eltern und von der katholischen Religiosität so geprägt, dass so ein Leben vor der Eheschließung eine Sünde sei. Solche begangenen Sünden musste man bei der Ohrenbeichte dem Priester bekennen. In vielen Ländern und Religionen existieren immer noch solche Sitten, dass Geschlechtsverkehr nur in der Ehe möglich ist. In diesen Ländern werden diese Sitten von den unverheirateten jungen Menschen auch ernst genommen.

Viele der weiblichen Partner unterscheiden sich heutzutage in ihren Verhalten kaum von den männlichen. Früher kochten die Mädchen wie ihre Mütter, trugen Kleider, Röcke usw. Und heute? Sie tragen lange Hosen, üben männliche Berufe aus, rauchen, trinken usw., wie ihre Väter. Die Mädchen von heute sind männlicher geworden. Einige Jungs haben sich inzwischen auch der heutigen Zeit angepasst und sind etwas weiblicher geworden. Sie laufen auf den Straßen in kurzen Hosen herum, helfen im Haushalt – kochen, waschen, bügeln, betreuen Kinder usw.

Witz!
Albert fragt Fritz: „Wie heißt eine Frau, die Wäsche macht?" – „Waschfrau", antwortet Fritz. Albert: „Richtig, und wie heißt ein Mann, der Wäsche macht?" – „Waschmann", antwortet Fritz. „Nein, so einen Mann nennt man ‚Arschloch'", sagt Albert.

Dem Lebensstil der heutigen jungen Generation – zusammen leben ohne Trauschein – stimme ich zu. Denn eine Ehe einzugehen, ohne sich vorher in allen Lebensbereichen gut genug zu kennen, ist aus meiner Sicht nicht zu empfehlen. Nur im Zusammenleben vor der Eheschließung kann man sich gut kennen lernen. Wenn man nicht zusammen passt, so kann man die Partnerschaft ohne Gerichtsverhandlungen auflösen.

In einer Ehe kann es auch zu Kämpfen kommen, laut und still, schmerzlich und schmerzlos usw., und das aus verschiedenen Gründen. Es liegt manchmal auch daran, dass die Partner aus zwei verschiedenen Häusern kommen, wo auch unterschiedliche Lebensstile herrschten.

In der Partnerschaft stellt sich die Frage, wer die Finanzen übernimmt, den Haushalt führt, die Kinder erzieht usw. Meistens werden die Probleme irgendwie gelöst und das Eheleben läuft einigermaßen weiter. Wie die jungen Menschen zueinander stehen, das beobachten meistens ihre Eltern. Und das besonders, wenn sie zusammen mit den Eltern wohnen, oder wenn diese zu Besuch kommen. Meistens wird die negative Seite des anderen Kindes beobachtet, und dann wird das eigene Kind darauf aufmerksam gemacht. Das eigene Kind wird sozusagen gegen den Ehepartner aufgehetzt, und so geht meistens der Kampf des Ehepaares weiter, und man weiß nie, wie er enden wird.

Die Zeit, in der sich ein Paar kennen lernt, verläuft meistens so: Er spricht viel und sie hört ihm zu. Vor der Hochzeit ist es wiederum so, dass sie viel spricht und er hört ihr zu. Und nach der Hochzeit ist es meistens so, dass beide viel und laut sprechen und die Hausbewohner hören zu.

Na ja. Heiraten ist nichts Neues. Die Medien berichten sehr viel Negatives, darüber gesprochen wird in den Familien, unter den Menschen usw. Und trotzdem geben sich jedes Jahr so viele Paare das „Ja-Wort".

In meinem Buch beschreibe ich meine Erlebnisse als Junggeselle, Ehemann, Schwiegersohn, Vater von zwei Kindern, Großvater und Urgroßvater. Als „Alleinlebender" – getrennt von der Frau, den Kindern und den Schwiegereltern, am Ende geschieden. Aber dann doch wieder verheiratet.

Dezember 2017
Heinrich-Andreas Makiela

Die Zeit von 1955 - 1973 in O/S, Polen

Im Herbst 1954, im Alter von 22 Jahren, leistete ich den polnischen Wehrdienst ab. Ich verließ die Kaserne als Unteroffizier, ausgezeichnet mit dem Orden „Vorbildlicher Soldat". Ich kehrte zurück in meinen Geburts- und Wohnort Dąbrówka Wielka (Gross-Dombrowka), Oberschlesien, Polen und wohnte weiter zusammen mit meinen Eltern und den Geschwistern. Unsere Familie bestand in dieser Zeit aus sieben Personen: die Eltern und fünf Kinder (geb.: ich 1932, erster Bruder 1936, zweiter Bruder 1941, dritter Bruder 1945, zweite Schwester 1953). Die erste Schwester (geb. 1931) war schon verheiratet und wohnte nicht mehr bei uns.

Unsere Wohnung bestand aus drei Zimmern: Küche, Wohn- und Schlafzimmer, kein Bad und eine Trockentoilette draußen im Hof. Gekocht und geheizt wurde mit Kohle. Leitungswasser gab es in der Wohnung, aber ohne Wasserabfluss. Schmutzwasser musste man in einem Eimer nach draußen tragen, und es wurde je nachdem, wie stark es verschmutzt war, im Hof, auf der Straße oder auf dem Misthaufen ausgeschüttet. Die Trockentoilette, Misthaufen, ein Stall für Kohle, Holz und auch für einige Tiere befanden sich im Hof des Anwesen. Um dorthin zu gelangen musste man aus der Wohnung herausgehen.

Das Familienbad am Samstag fand in einer größeren Badewanne in der Küche statt, die nach dem Bad in den Keller getragen wurde. Zuerst wurde das kleinste Mitglied der Familie gebadet, und dann nach dem Alter weiter. Bei dem nächsten Badenden wurde nur etwas heißes Wasser hinzugegossen, das auf dem Ofen heiß gemacht und gehalten wurde. Das Badewasser wurde nach dem Bad aus der Wohnung in einem Eimer nach draußen getragen und auf die Straße oder in den Rinnstein ausgeschüttet.

11

Hausabfälle gab es fast keine, alles Verbrennbare wurde im Kohle-ofen verbrand. Faulige Abfälle wurden auf dem Misthaufen ent-sorgt, alle anderen in der Aschegrube.

Im Jahr 1952 machte ich das Fachabitur per Abendstudium, da ich schon seit dem Jahr 1950, mit 18 Jahren, berufstätig war. Nach dem Abitur wollte ich ebenfalls per Abendstudium Ingenieurwesen in der mechanischen Fachrichtung studieren. Im Jahr 1952 musste ich den polnischen Wehrdienst leisten. Der von mir gestellte An-trag auf Befreiung von der Wehrpflicht wurde abgelehnt. Mir wur-de damals als Alternative zum Abendstudium ein Fernstudium empfohlen, was ich dann wohlwollend auch gemacht habe. Das Fernstudium Ingenieurwesen – Fachrichtung: Anlagenbauplanung, das ich vor meinem Wehrdienst im Jahr 1952 begann, studierte ich während des Wehrdienstes und danach weiter.

Da ich im Jahr 1952 wegen der Wehrpflicht am Abendstudium nicht teilnehmen konnte, war ich sehr verärgert. Ich bin sogar zu dem Ergebnis gekommen, dass Fernstudium eine bessere Lösung als Abendstudium sei. Denn zum Abendstudium musste man bei den Vorlesungen an den Abenden dabei sein. Egal, ob es einem passte oder nicht. Abwesenheit war von den Professoren bzw. den Dozenten immer ungern gesehen. Im Fernstudium konnte ich mir die Lernzeit so einteilen, wie es mir passte. So konnte ich nach dem Wehrdienst sagen: *„Ende gut, alles gut."*

Ein weiterer Vorteil war der, dass ich in den zwei Jahren Wehr-dienst eine andere Disziplin als zu Hause lernen konnte und ande-re Gegenden und Menschen kennen lernte. Dazu war ich zwei Jahre fast den ganzen Tag lang an der frischen Luft. Und so, am Ende des Wehrdienstes, war ich den Bürokraten dankbar, die mei-nen Antrag auf Befreiung von der Wehrpflicht abgelehnt hatten.

Vor dem Wehrdienst arbeitete ich im Konstruktionsbüro als Kon-strukteur am Reißbrett in einem Bergbaubetrieb in Bytom (Beuthen, O/S). In dem Unternehmen wurden Nichteisenerze

(Blei) im Untertagebau abgebaut und im Flotationsverfahren bearbeitet. Es war bis zum Kriegsende im Jahr 1945 in Betrieb. Nach 1945 plünderten die Siegermächte die Anlage aus und ließen nur die leeren Gebäude stehen.

Nach dem Wehrdienst nahm ich im November 1954 bei meinem alten Arbeitgeber in Bytom (Beuthen) die Arbeit als Oberkonstrukteur im Konstruktionsbüro auf. Der Aufbau der Anlage, der im Jahr 1950 begonnen hatte, war immer noch im Gange. Das Hauptproblem des Aufbaus lag darin, dass man die benötigten Maschinen in den kommunistischen Ländern nicht kaufen konnte. Diese eventuell in den westlichen Ländern zu kaufen, dafür fehlten dem polnischen Staat die nötigen Devisen. Aufgrund der fehlenden Devisen mussten wir Konstrukteure viele der benötigten Maschinen unter Anleitung der wenigen noch verbliebenen oberschlesischen (deutschen) Techniker und Ingenieure konstruieren. Zwei Ingenieure möchte ich hier erwähnen, denn von ihnen habe ich vieles für mein späteres Berufsleben gelernt. Es war der Abteilungsleiter des Konstruktionsbüros Herr Ing. Zając sowie Herr Ing. Mruzek, der die Aufbauarbeiten der Anlage führte. Die beiden Ingenieure erwähnte ich in meinem Buch: „Das nicht nur geschlagene Kind" – Autobiografie aus den Jahren 1932 - 1955, Abschnitt: „Die Jahre 1950 – 1952".
Die Arbeitszeit im Konstruktionsbüro begann um 7:00 Uhr und endete um 15:00 Uhr. Zur Arbeit fuhr ich mit der Bahn von Dąbrówka Wielka bis Szarlej (Scharley) und umgekehrt zurück nach Hause. Mein Arbeitsplatz vom Bahnhof in Szarlej befand sich ca. 3 km entfernt, und die Strecke musste man zu Fuß, bei jedem Wetter, hinter sich bringen.

Foto, nächsten Seite: Ich (24) am Reißbrett mit dem schon erwähnten Abteilungsleiter des Konstruktionsbüros, Herrn Ing. Zajac. Auf dem Reißbrett ist die Zeichnung eines Walzenbrechers zu sehen, den ich nach den Festigkeitsberechnungen konstruierte.

Der Walzenbrecher wurde nach meinen Werkstattzeichnungen gebaut und arbeitete in unserer Anlage. Mit großer Freude sah ich mir immer die Maschinen und andere Objekte in der Anlage an, die ich konstruiert hatte.

Foto: Ich (24) am Reißbrett mit Herrn Ing. Zajac – 1954

Bis zum Alter von 23 Jahren lernte ich einige Mädchen kennen, aber das waren Bekanntschaften, die ich aus welchem Grund auch immer nicht zu ernst nahm. Denn wegen des Abendstudiums im Technikum, und dann wegen des Fernstudiums und des Wehrdienstes, hatte ich wenig Zeit für Mädchen.

Im Herbst 1954 organisierte der Elternbeirat eines Kindergartens in unserem Ort einen Tanzabend für eine geschlossene Gesellschaft. Meine Schwester gehörte zu den Organisatoren des Tanzabends, und so war ich auch dabei. Gegen 22 Uhr betrat ich den schön geschmückten Saal und nahm Platz am Tisch, an dem meine Schwester mit ihrem Mann saß. Irgendwann rief eine Dame, die die Tanzgesellschaft durch den Tanzabend führte, zu einem Gesellschaftsspiel auf, an dem viele Paare teilnahmen. Das Spiel war der Tanzgesellschaft bekannt. Ich machte mit.

Die Tanzkapelle spielte die dazu vorgesehene Musik, und die Teilnehmer des Spieles bildeten einen Kreis, mit den Gesichtern zur Mitte des Kreises. Sie hielten sich an den Händen und gingen im Kreis herum. In der Mitte des Kreises ging in umgekehrter Richtung eine Person, dabei sangen alle Teilnehmer, übersetzt aus der polnischen Sprache: *„Ich habe ein Tuch, wem soll ich es geben? Ich gebe es nur dem zum Andenken, den ich lieb finde. So lege ich es vor dir hin und küsse dich auf dem Tuch.“* Und das Spiel geht so: Die Person mit dem Tuch wählt eine Person aus dem Kreis, und auf dem ausgelegten

Tuch, kniend, küssen sich die beiden – immer ein Mann und eine Frau. Nach dem Kuss geht die ausgewählte Person in die Mitte des Kreises, um wieder eine Person auszuwählen. Und so wiederholt sich das Spiel wieder.

Auf dem Tanzabend war ein junges, 16-jähriges Mädchen mit dem Vornamen Irene zusammen mit ihren Eltern. Nun bekam Irene das Tuch von einem jungen Mann, der schon seit einiger Zeit ihre Annäherung suchte. Das erfuhr ich erst einige Monate später. Irene spazierte mit dem Tuch, rot im Gesicht, herum. Nach einer Bedenkzeit wählte sie mich aus, und wir küssten uns, kniend, auf dem ausgelegten Tuch. Sie hatte mich ausgewählt, da ich für sie ein ihr unbekannter junger Mann war. Irenes Vater kannte ich zu dieser Zeit schon, sie und ihre Mutter aber nicht. Irene besuchte damals ein Technikum – Fachrichtung „Finanzen". Sie wohnte seit ihrer Geburt bei ihren Eltern in Dąbrówka Wielka, wo ich auch von Geburt an wohnte. Ich traf Irene manchmal auf der Straße im Ort. Da ging sie immer mit gesenktem Kopf auf mich zu. Ich grüßte sie jedenfalls, bekam auch eine Antwort, und wir gingen weiter, ohne anzuhalten.

Im Herbst 1955 traf ich mich an manchen Sonntagen nachmittags mit meinen besten Freunden aus der Schulzeit, mit Josef und Jan, zum Kartenspielen. Wir spielten meistens Skat, und der Verlierer musste eine Schnapsrunde spendieren. Als wir nach einigen Runden in guter Stimmung waren, machten wir einige Runden im Ort, um frische Luft zu schnappen. An einem Sonntag, als wir einige Runden im Ort drehten, trafen wir Irene mit ihren Freundinnen Martha und Agnes. Mein Freund Josef kannte Agnes schon, da sie im selben Betrieb arbeiteten. Wir standen mit den Mädchen längere Zeit auf der Straße und unterhielten uns. Danach begleiteten wir sie nach Hause. Seit dieser Zeit trafen wir die drei Mädchen sonntags öfters. Einmal lud uns Agnes zum Kaffee in ihr Elternhaus ein. Wir nahmen die Einladung gerne an. Am nächsten Sonntag lud uns Irene zum Kaffee ein und später auch Martha. Bei diesen

Gelegenheiten lernten uns ihre Eltern kennen und wir sie auch. Bis zum Jahresende 1955 trafen wir uns mit den Mädchen, besuchten sie auch zu Hause zum Kaffeetrinken, aber immer in der Gruppe. Man konnte schon spüren, dass ich zu Irene neigte und Josef zu Martha. Unser Freund Jan mochte die Mädchen aus unserem Ort nicht, und so zeigte er auch kein Interesse an Agnes.

Eines Tages, im Januar 1956, als ich zum Bahnhof kam, da traute ich meinen Augen nicht, denn ich sah Irene vor dem Bahnhof stehen. Ich fuhr wie sie mit der Bahn zur Arbeit, sie zum Technikum, jedoch jeder in eine andere Richtung. Mein Zug ging um 6:30 Uhr und Irenes Zug um 6:55 Uhr. Und so hatten wir uns nie am Bahnhof vor den Abfahrten der Züge gesehen. Nun fragte ich sie, ob die Uhr bei ihr zu Hause schlecht gehe. Sie sagte, dass sie früher gekommen sei, um mich zu sprechen. Sie fragte mich, ob ich und Josef am Abend zu Martha kommen könnten. Warum wir dorthin kommen sollten, das wusste sie angeblich nicht. Ich sagte ihr, dass wir bestimmt kommen werden, und wenn er nicht könnte, dann würde ich alleine erscheinen. Wir trafen uns am A-bend bei Martha. Martha hatte einige Häppchen und Tee vorbereitet, und so saßen wir am Tisch, bis Martha endlich den Mut hatte und uns sagte, worum es ihnen ging. Sie wollten wissen, ob wir Lust hätten, mit ihnen zu einem Tanzabend zu gehen, den eine Handwerkskammer organisierte. Eigentlich hatten ihre Eltern, die selbstständige Tischlerhandwerker waren, die Einladung zu dem Tanzabend erhalten. Jedoch hatten ihre Eltern keine Lust, dort hinzugehen, und so wollten sie, dass ihre Töchter mit uns gehen. Wir sagten zu. An jenem Tag fuhren wir mit dem Zug von unserem Ort nach Piekary Śląskie (Deutsch Piekar), wo der Tanzabend stattfand. Ich tanzte vorwiegend mit Irene und Josef mit Martha. Am nächsten Tag in der Frühe kamen wir ebenfalls mit dem Zug zurück nach Hause.

An dem Tanzabend fragte ich Irene, ob wir uns beide an Sonntagen regelmäßig treffen könnten. Irene sagte mir, dass sie erst mit ihren Eltern darüber sprechen möchte, und sie würde mir bei nächster Gelegenheit die Antwort geben. Ihr Standpunkt gefiel mir eigentlich nicht, denn es kam mir so vor, als ob die Eltern bestimmten, wer ihr Freund werden sollte. Vielleicht war sie noch nicht erwachsen genug. Im März sollte Irene ihren 18. Geburtstag feiern. Warum sie zu dieser Zeit so von den Eltern abhängig war, das habe ich erst einige Monate später erfahren. Wie ich schon erwähnte, war ihr Vater Wiktor ein Handwerker, ein Tischlermeister mit eigener Tischlerwerkstatt, wo hauptsächlich Möbel hergestellt wurden.

Irene war das einzige Kind der Eheleute, und so waren sie sich nicht einig, welchen Beruf Irenes zukünftiger Ehemann haben sollte. Der Vater bestand darauf, dass Irenes zukünftiger Ehemann ein Tischler sein müsste, damit er einmal seine Tischlerwerkstatt übernehmen könnte. Und so hatte ihr Vater für sie einen einheimischen jungen Tischlermeister im Auge. Der junge Mann soll sogar schon einige Male bei ihnen zu Hause zu Besuch gewesen sein. Irenes Mutter, Marie, bestand darauf, bloß keinen einheimischen Partner für Irene zu suchen, und dazu noch einen Tischler von Beruf. Keinen Einheimischen, da Irenes Eltern bereits durch frühere familiäre Bindungen miteinander weitschichtig verwandt waren. In den kleinen Orten war es früher üblich, dass ab dem vierten Verwandtschaftsgrad geheiratet werden durfte. Mutter Marie hatte sogar einen Onkel, der geistig verwirrt war. So war sie wohl der Meinung, dass fremdes Blut in die Beziehung ihrer Tochter Irene gebracht werden müsste, um weitere Inzucht zu vermeiden.

Keinen Tischler für Irene auch deshalb, weil sie schon genug von dem Tischlerleben ihres Mannes und von der Tischlerei an sich hatte. Zwar konnte man zu dieser Zeit in den staatlichen Verkaufsstellen schon mehr Material (Holz, Leim, Farbe usw.) für die Tischlerei kaufen, aber das Material war immer noch eine Mangelware. Und im sozialistischen Staat wurden die privaten Handwerksbetriebe sehr streng beobachtet und mit Hausdurchsuchungen und Steuerzuschlägen kaputt gemacht. So war Irenes Mutter der Meinung, dass ihr zukünftiger Ehemann in einem staatlichen Betrieb arbeiten und so sein verdientes Geld monatlich nach Hause bringen sollte, damit auch die Familie krankenversichert wäre. Auch sollte der Ehemann das Haus zur Arbeit verlassen, damit Irene in dieser Zeit zu Hause in Ruhe ihre Hausarbeiten ausführen könnte.

Irene hatte nicht lange gewartet, um mir die Antwort zu geben, ob wir uns beide an Sonntagen regelmäßig treffen könnten. Denn einige Tage später wartete sie wieder am Bahnhof auf mich und sagte mir, dass ihre Eltern mit der Freundschaft mit mir einverstanden wären. So vereinbarten wir, dass ich am kommenden Sonntag gegen 16:30 Uhr zu ihr in die Wohnung der Eltern kommen sollte. Seitdem sahen wir uns an jedem Sonntag. Und so begann die Freundschaft mit Irene. Sie war 18 Jahre alt, Sternzeichen Fische, und ich 24 Jahre, Sternzeichen Löwe. Längere Zeit wollte Irene mit mir nicht am helllichten Tag spazieren gehen, sie war noch sehr schüchtern.

Alle Mädchen, die ich vorher kennen gelernt hatte, hatten dunkle Haare und dunkle Augen – brünette, denn nur solche haben mir gefallen. Irene war das erste Mädchen mit hellen Haaren und blaugrünen Augen.

Löwen-Mann und Fische-Frau – passen die zusammen? Die Horoskope schreiben einiges über die Menschen, angepasst an ihre Sternzeichen. Zu „Löwen-Mann" lese ich unter anderem folgendes: *Eine Frau, die mit einem Löwen in Beziehung tritt, muss sich einen Ratschlag merken: Nie, niemals darf man ihn an der Nase herumführen. Was man ihm versprochen hat, sollte man halten. Der Löwen-Mann liebt keine Tändeleien. Wer nicht gewillt ist, ihm bis ans Ende zu folgen, lasse sich erst gar nicht mit ihm ein. Er glaubt, die Frauen müssen immer für ihn da sein, weil er selbst immer bereit ist, für sie da zu sein.* Zu „Fische-Frau" lese ich unter anderem folgendes: *Sie ist feinfühlig, geduldig, sanft und*

18

tolerant. Längere Zeit kann sie nicht verzeihen, und sie kann auch untreu werden. Sie ist unentschlossen und führt deswegen ihr Leben lieber unter Anleitung. Man kann sie schlecht durchschauen und verstehen. Sie legt Wert auf wahre Freundschaft und Liebe. Damals jedenfalls glaubten junge Leute nicht an Horoskope – heute jedoch immer mehr. Etwas Wahrheit steckt schon darin.

Die Bekanntschaft mit Irene war irgendwie ernsthaft, da ich mich zugleich mit den Eltern verbunden fühlte. Wir haben uns alle gut verstanden, und die Atmosphäre in Irenes Familie gefiel mir gut. Schnell lernte ich auch die ganze Familie mit Tanten, Onkeln usw. kennen. Nachdem Irene das Abitur gemacht und ich mein Ingenieurstudium abgeschlossen hatte, trafen wir uns öfter, auch an den Werktagen, zum Spazierengehen, Kinobesuch usw.

Fotos: Ich (24) und Irene (18) - 1956
Das sind die ersten Fotos, die wir uns mit Widmung schenkten

Ich besaß ein Rennrad Marke „Favorit", Made in ČSSR. Im Sommer fuhr ich mit dem Rennrad zur Arbeit. Die Fahrt zur Arbeit und zurück betrachtete ich als Training. Die Fahrt nach Hause dauerte manchmal einige Stunden, da ich meistens zwischen 100 – 250 km zurücklegte. Das Training brauchte ich, da ich an verschiedenen Radrennen teilnahm. Zwar gehörte ich nicht zu den Besten, mir ging es mehr ums Dabeisein. Mit dem Rennrad unterwegs zu sein war für mich ein Freizeitgenuss. Einmal, am Wochenende im Jahr 1956, waren wir mit Irenes Vater in Szczyrk, Beskidenberge, Polen. Dorthin fuhr Irene mit dem Vater auf dem Motorrad. Er besaß ein Motorrad Marke „Java 250 cm³", Made in ČSSR. Ich wiederum fuhr mit meinem Rennrad

19

dorthin. Wir übernachteten bei einem Einheimischen auf dem Dachboden im Heu, da alle Zimmer bei ihm belegt waren. Irenes Vater schlief zwischen mir und Irene. Als wir wieder zu Hause waren, fragte uns Irenes Mutter, wie wir dort geschlafen hätten. Irene sagte, dass wir im Heu geschlafen hätten und dass der Vater zwischen uns gelegen hätte. Darauf sagte die Mutter zu ihrem Mann: *„Warum bist du denn zwischen den beiden reingekrochen, du alter Dummkopf!"* Für eine solche Sachlage hatte Irenes Mutter wohl mehr Verständnis als ihr Vater. Sie war der Meinung, dass wir alles tun dürften, also auch Sex. Wir sollten es nur nicht soweit treiben, dass wir schnell heiraten müssten, weil Nachwuchs unterwegs sei.

Mein und Irenes Zuhause: Mein Vater Andreas und Irenes Vater Wiktor kannten sich durch ihre Berufe sowie aus dem Schach- und Mandolinenklub, denen mein Vater vorstand. Die beiden duzten sich. Nach dem verlorenen Krieg schloss mein Vater den Friseursalon und arbeitete in einem staatlichen Betrieb als Bahnwärter an einer Betriebsbahnschranke. Als Kriegsinvalide konnte er nur eine leichte Arbeit ausüben, und als Arbeiter in einem staatlichen Betrieb bekam er für die Familie Lebensmittelkarten, war krankenversichert und dazu rentenversichert. Bis zum Kriegsende bezog er eine deutsche Kriegsinvalidenrente, die der polnische Staat nicht zahlte. In der Großfamilie, in der ich aufgewachsen bin, Eltern und sechs Kinder, lernte ich auf vieles zu verzichten, dazu arbeitsam, sparsam usw. zu sein. Aus heutiger Sicht betrachte ich dies aber als eine gute Kindererziehung. Bei Irene war zu Hause alles anders als bei mir. Die Eltern konnten ihr jeden Wunsch erfüllen, sie brauchte nichts tun und musste nicht sparsam sein. Der Lebensstil bei ihr zu Hause war luxuriöser im Vergleich zu meinem. Irene trug lange Haare, glatt gekämmt mit einem Haarknoten, und wurde täglich von ihrer Mutter gekämmt. Sie machte zu Hause keine Hausarbeiten. Ihre Mutter sagte öfter zu ihr: *„Du wirst im Leben noch genug arbeiten müssen."* Mit dieser Weisheit bin ich nicht einverstanden, denn: Was Irene in den jüngeren Jahren nicht gelernt hatte, das wird sie auch als Erwachsene nicht können. Was sich auch später in der Ehe mit Irene zeigte. Irene war sehr stark an ihre Mutter gebunden, sie waren wie zwei Freundinnen. Eine richtige Freundin in ihrem Alter hatte Irene nie gehabt. In der Freizeit ging Irene meistens mit der Mutter zu den Tanten, Gertrud oder Anna, um dort etwas über verschiedene Geschehnisse im Ort zu klatschen. Die Freundinnen Agnes und Martha kannte Irene schon immer. Etwas enger befreundet mit ihnen war sie erst, als Irene an Sonntagen auch im Ort spazieren ging und dabei wohl auch Ausschau nach Jungs hielt. Und das ist ihr auch gelungen, sie lernte mich kennen. Nach dem Abitur arbeitete Irene in einer Handelsgesellschaft als Buchhalterin in unserem Ort.

Im Herbst 1956 waren ich und Irene als Brautjungfernpaar bei einer Hochzeit in unserem Ort. Die Brauteltern waren Bekannte von Irenes Vater.

Foto: Irene (18) und ich (24) als Brautjungferpaar – 1956

Im Jahr 1957 bin ich vom Rennrad auf ein Motorrad umgestiegen – Marke „SHL 125 cm^3", Made in Polen. Irene und ich unternahmen viele Motorradtouren zu Bekannten, zu Seen und in die Berge. Ich war sehr stolz, Motorradbesitzer zu sein, da es in unserem Ort zu dieser Zeit nur elf Motorradbesitzer gab. Natürlich unternahm ich auch weiterhin Touren mit dem Rennrad.

Irenes Eltern planten, eine Tischlerwerkstatt und ein Wohnhaus zu bauen. Mutter Marie bekam das Anwesen ihres Vaters, aus dem er 1945 ausgesiedelt wurde, und nach jahrelangen Gerichtsverhandlungen 1955 zurück bekam. Die Tischlerwerkstatt und das Wohnhaus planten sie auf dem Anwesen zu bauen, das Mutter Marie geerbt hatte.

Die Baupläne für die Werkstatt und das Wohnhaus habe ich, gemäß den Vorschlägen von Irenes Eltern, im Jahr 1956 entworfen und angefertigt. Diese wurden auch durch das zuständige Bauamt genehmigt. Die Bauvorbereitungen auf der Baustelle begannen im gleichen Jahr. In dem Wohnhaus mit einer Wohnfläche von 120 m² sollten Irenes Eltern und wir, Irene und ich, wohnen. Die Eltern im Erdgeschoss und wir im Obergeschoss – jede Wohnung 60 m². Zu dieser Zeit machte ich mir keine Gedanken darüber, dass das Zusammenleben mit den Schwiegereltern einmal schief gehen könnte.

Um die Tischlerwerkstatt und das Wohnhaus zu bauen, musste die alte Bebauung abgerissen werden. Neue Ziegelsteine konnte man zu dieser Zeit nur in einer staatlichen Baumaterial-Verkaufsstelle kaufen, und das in zugeteilter Menge. Viele Leute machten auch selber verschiedene Mauersteine oder benutzten Abbruchsteine bzw. Ziegelsteine aus eigenen oder anderen Abbruchstellen. Vater Wiktor kaufte sogar zwei Eisenbahnwagons Abbruch-Ziegelsteine aus dem zerbombten Wrocław (Breslau). Die Wagons kamen am Bahnhof in Brzesiny Śląskie (Birkenhain) an und wurden von dort mit dem Pferdewagen zur Baustelle gebracht. Auf der Baustelle wurden die Ziegelsteine gesäubert und sortiert – ganze, kaputte – und nach Größe getrennt aufgestapelt. Diese Arbeiten erledigte Mutter Marie, ihre zwei Schwestern Gertrud und Anna und ab und zu auch ich. Ich arbeitete immer öfter bei den Bauvorbereitungsarbeiten mit. Zu den Bauvorbereitungsarbeiten gehörte auch die Ausgrabung einer großen Grube für den gelöschten Kalkstein. Irene half nicht bei den Bauarbeiten. Sie kam meistens zum Feierabend, und wir sind dann zu ihr nach Hause gegangen bzw. mit dem Motorrad gefahren. Mit dem Rennradsport war es vorbei, die Freizeit opferte ich der Baustelle. Das Rennrad und das Motorrad dienten nur für die Fahrten zur Arbeit oder auf die Baustelle.

Im Jahr 1957 wurde die Tischlerwerkstatt gebaut. Zeitig im Frühjahr wurden die Tore und der Dachstuhl der Scheune und des

Stalls demontiert. Es gab jede Menge verschiedenes Altmaterial: Holz, Dachpappe usw. Das Holz wurde zu Brennholz verarbeitet, und das unbrauchbare Material, wie z. B. Pappe, weggefahren. Das dicke Mauerwerk der Scheune war aus Bruchsteinen gemauert. Von der Straßenseite her wurde in der Mitte das Mauerwerk bis zum Fundament der Scheune abgerissen für ein Möbelausstellungsfenster. Die Abbruchsteine der Mauer wurden auf dem Grundstück gelagert und später für den Kellerbau des Wohnhauses verwendet. An der Tischlerwerkstatt wurde noch ein Schuppen angebaut, um dort Holz und andere Gegenstände unterzubringen. Aus dem alten Gemäuer (Scheune und Stall) entstand ein schönes Gebäude, die Tischlerwerkstatt. Im Erdgeschoss befanden sich der Maschinenraum und der Möbel-Ausstellungsraum mit einem großen Schaufenster zur Straßenseite, im Obergeschoss der Montageraum – Arbeitsplatz für fünf Tischler. Das Gebäude wurde mit einem Pultdach eingedeckt. Die Pläne für die Aufstellung der Maschinen fertigte ich an und führte auch die Arbeiten durch. Bei den verschiedenen Bauarbeiten halfen mir ab und zu zwei Schwager von Mutter Maria, Thomas und Wiktor, sowie einige Stundenarbeiter, abhängig vom Arbeitsaufwand.

Der Umzug der Tischlerwerkstatt in das neue Gebäude fand Ende des Jahres 1957 statt, und sie wurde sogleich in Betrieb genommen. Bei allen Arbeiten spielte Vater Wiktor nur den Bauherrn, selten half er bei irgendwelchen Arbeiten. Ich spielte hierbei die Rolle eines Handlangers, Poliers und Baumeisters usw. Ich fuhr auch mit meinem Motorrad den Maurer nach Hause, der in Bytom (Beuthen) wohnte, 8 km von der Baustelle entfernt. Danach fuhr ich zu Irenes Elternhaus zum Abendessen. Die erste Etappe des Bauvorhabens ging zu Ende. Für den Bau verwendete ich meine Freizeit und meinen vierwöchigen Urlaub.

Als die Tischlerwerkstatt in Betrieb war, machte sich mein zukünftiger Schwiegervater Wiktor Sorgen, dass jemand in die unbewachte Tischlerwerkstatt einbrechen könnte. So beschlossen wir beide, diese zu bewachen, indem wir (ich und er) abwechselnd mit einem Schäferhund in der Werkstatt schliefen. Nach dem „Nachtdienst" fuhr ich mit dem Motorrad zu meinem Elternhaus, um mich frisch zu machen und anschließend zur Arbeit zu fahren. Von der Arbeit fuhr ich nach Hause zum Mittagessen und dann wieder schnell auf die Baustelle. Nach einer Zeit bemerkte ich, dass ich jede zweite Nacht in der Werkstatt schlief, Vater Viktor jedoch nicht, und so habe ich den „Nachtdienst" eingestellt, und keiner fragte mich warum. Jedenfalls bewachte der Hund die Werkstatt alleine.

Zeitig im Frühjahr 1958 haben wir mit der Demontage des alten Wohnhauses mit dem Schuppen begonnen. Das Dach war vorwiegend mit Stroh bedeckt und mit den Dachlatten verknotet. Die Demontage des Gebäudes war nicht so leicht. Bei der Ausknotung des Strohs entstand sehr viel Staub, und ich musste mit einer Schutzmaske arbeiten. Das Stroh wurde auf der Baustelle verbrannt und das Holz zu Brennholz verarbeitet. Das brauchbare Material aus dem Abbruch der Mauer sammelten wir auf der Baustelle, und das unbrauchbare wurde weggefahren.

Beim Abbruch des Wohnhauses mit Schuppen arbeitete ich fast alleine. Aber als ich die dicke Kellermauer mit Pickel, Meißel und Hammer zu zerlegen begonnen hatte, da meldete sich ein alter Mann, ein Cousin von Mutter Marie. Er wohnte zwei Häuser weiter und war bereit, mir freiwillig und kostenlos zu helfen. Darüber habe ich mich sehr gefreut. Nun arbeitete der Mann nicht der Reihe nach an der Mauer, sondern pickte mit einem Pickel (den er schon mitgebracht hatte) im Kellerraum am Boden und an den Wänden herum. Ich fragte ihn, warum er überall so herumpickte und mir nicht helfen wollte, die dicke Mauer zu zerlegen. Nun sagte er mir, dass er Goldstücke suche, die hier irgendwo vergraben sein könnten. Seine Großmutter (auch Irenes Urgroßmutter) hatte nämlich viele Goldstücke, und diese könnten noch heute hier irgendwo im Kellerraum vergraben sein. Nun fragte ich: „*Warum wohnte deine Großmutter in so einem alten, kleinen und mit Stroh bedeckten*

Haus, wenn sie Goldstücke hatte?" – *„Weil sie sehr geizig war",* bekam ich zur Antwort.

Vorsichtshalber ließ ich den Mann nie aus den Augen, für den Fall, dass er vielleicht Goldstücke finden könnte. Als ich am nächsten Tag zur Baustelle kam, pickte er schon im Keller herum. Ob er etwas in meiner Abwesenheit gefunden hatte, das weiß ich nicht. Ich fand jedenfalls die Goldstücke nicht. Einige Goldstücke besaß Mutter Marie. Vielleicht waren es die, die der alte Mann gesucht hatte.

Ich erzählte einmal der Stiefmutter Franziska von der Suche des alten Mannes nach den Goldstücken. Stiefmutter Franziska kannte das Haus, da die Mutter von Mutter Marie eine Cousine war. Sie sagte mir damals, dass fast jede ansässige Familie Goldstücke (goldene Münzen) besaß, welche an geheimen Stellen im Haus aufbewahrt bzw. versteckt waren. Diese wurden sozusagen als Absicherung für das Alter, aber auch für den Fall eines Falles, aufbewahrt. Weiter sagte sie mir, dass die Leute die Goldstücke nicht in den Mauern oder in der Erde vergraben hielten. Und dass das sicherste Versteck das Bett war, in dem man schlief. Man konnte so öfter kontrollieren, ob die Goldstücke noch in dem Versteck waren. Diese konnte man dann bei Gefahr, z. B. beim Brand des Hauses usw., schnell herausholen und mitnehmen. Großmutter Franziska sagte mir auch, dass sie ebenfalls drei Goldstücke in ihrer Wohnung versteckt hatte und diese eines Tages verschwunden waren. Sie war sich sicher und lebte immer noch in der Überzeugung, dass diese Goldstücke Vater Wiktor, ihr Stiefsohn, geklaut hatte. Denn kurze Zeit danach soll er sich viele Werkzeuge gekauft und in zwei Kellerräumen des Hauses eine Tischlerwerkstatt aufgebaut haben. Diese war die erste Tischlerwerkstatt von Vater Wiktor. Zu dieser Zeit war er noch nicht verheiratet und wohnte bei Stiefmutter Franziska.

Im Betrieb, in dem ich arbeitete, kaufte ich große Mengen Hohl-blocksteine und als Schrott Bewehrungsstahl in verschiedenen Durchmessern. Nach dem Abriss des alten Wohnhauses mit dem Schuppen und dem Wegfahren des Abbruch-Bauschutts begannen die Aushubarbeiten für den Keller des Wohnhauses. Die Aushub-arbeiten wurden mit Schaufeln und Schubkarren durchgeführt. Die Oberschicht des Erdbodens wurde mit dem Pferdewagen wegge-fahren und der darunter liegende Sand wurde auf der Baustelle aufbewahrt. Den Sand benötigten wir später für die Zubereitung der Mörtel.

Nun begann der Bau des Hauses. Die Vermessungsarbeiten bzw. das Aufsetzen des Hauses im Aushub führte Vaters Bruder Roman durch, der von Beruf Baumeister war. Bruder Roman war nicht nur ein guter Baumeister, sondern auch ein sehr guter Maurer. Er arbeitete langsam, aber präzise und sehr sauber. Die zwei Brüder konnten sich auf der Baustelle irgendwie nicht vertragen und gerie-ten öfters in Streit. Der Unruhestifter war immer Vater Wiktor, da er glaubte, alles besser zu wissen, wie es beim Hausbau vorzugehen habe. Nach jeder Streitigkeit schwänzte Bruder Roman öfter die Baustelle. Und so beschäftigte Vater Wiktor einen zweiten Maurer, den man immer nach seiner Arbeit im Betrieb abholen musste – das tat meistens Vater Wiktor mit dem Motorrad. Mit meinem Motorrad fuhr ich dann den Maurer nach Hause, nach Bytom, zurück. Damals benutzten die Motorradfahrer keinen Motorrad-helm und keine Motorrad-Schutzkleidung. Vor der Kälte während der Fahrt schützte man die Brust und die Unterschenkel mit Zei-tungen.

Es kam ab und zu zwischen mir und Vater Wiktor zum Streit, da ich vieles nicht so gemacht habe, wie es nach seinen Vorstellungen hätte gemacht werden sollen. Er war selten mit der Ausführung meiner Arbeiten auf der Baustelle einverstanden – kein Lob, meis-tens nur Kritik. Da ich öfter von der Kritik die Nase voll hatte, sagte ich ihm von Zeit zu Zeit meine Meinung. Danach war er auf mich böse und sprach einige Tage nicht mit mir. Verärgert schwänzte ich dann auch manchmal die Baustelle. Aber die zwei Frauen, Irene und ihre Mutter, bewegten mich immer dazu, wieder auf der Baustelle zu arbeiten. Als ich einmal mit ihm Stunk hatte, da riet mir Mutter Marie, dass ich nicht auf seine Wortgefechte eingehen sollte. Also, wenn er mir wieder etwas sagte, was nicht zur Sache passte, so solle ich keine Antwort geben, sondern eine etwas lachende Grimasse ziehen.

Auch Familienfeiern bzw. –treffen, bei denen Vater Wiktor anwesend war, endeten diese fast immer mit Zwist, und der Unruhestifter war immer der gleiche – Vater Wiktor. Er stellte sich immer als Besserwisser und als ein von Erfolg gekrönter Mann dar. Und das wurde noch verstärkt, wenn er Alkohol getrunken hatte. Seiner Meinung widersprachen viele Personen, und so kam es meistens zu heftigem Zwist, dabei war er sehr wütend, und manchmal geriet er sogar so sehr in Wut, dass er die Gesellschaft verließ.

Der Bau des Wohnhauses ging weiter. Für den Bau der 40 cm starken Kellerwände verwendete man Betonblöcke, Abbruchsteine und Ziegelsteine. Die Betonblöcke stammten aus einer im Jahr 1944 durch die Wehrmacht gesprengten Bahnbrücke. Für den Bau der zwei Stockwerke verwendete man neue Ziegelsteine und Hohlblocksteine, und zur Verankerung der Mauer Bewehrungsstahl. Die Maurer und wir Helfer waren alle berufstätig, so wurde meistens am Nachmittag auf der Baustelle gearbeitet, bis es dunkel wurde. In unserer Urlaubzeit arbeiteten wir den ganzen Tag. Alle Bauarbeiten wurden manuell ausgeführt, ohne Maschinen. Vater Wiktor notierte meine Arbeitsstunden auf der Baustelle, wohl für den Fall, dass meine Beziehung mit Irene in die Brüche gehen sollte. Bis zum Ende des Jahres 1958 vollendeten wir das Wohnhaus mit Anbau. Im Winter wurden die Sanitär- und Elektroinstallationen durchgeführt.

Aus der freundschaftlichen Beziehung entstand zwischen mir und Irene ein Liebespaar, das im Jahr 1959 heiraten wollte. Unsere Bekanntschaft begann im Herbst 1954 an dem Tanzabend, also kannten wir uns schon über vier Jahre, und so lange kannten mich ihre Eltern – Wiktor und Marie, und ich sie auch. In der Zeit konnte ich sie richtig durchschauen. Ich erkannte, dass ein Zusammenwohnen mit dem streitsüchtigen Vater Wiktor nichts Gutes in unsere Ehe bringen konnte. Ich war mir sicher, dass wir so keine Selbständigkeit erreichen und dem Vater und der Mutter immer ausgeliefert sein würden. Irene konnte sich nicht vorstellen, dass wir getrennt von den Eltern wohnen könnten, da die Wohnung im Obergeschoss für uns vorgesehen war. Ich fühlte mich sozusagen gezwungen, in Zukunft mit Irenes Eltern, vielleicht noch mit unseren Kindern, zusammen zu wohnen. Nein, das gefiel mir überhaupt nicht.

Vor dem Zusammenwohnen warnte mich sogar des Vaters Wiktors Stiefmutter Franziska. Schließlich kannte sie ihren Stiefsohn Wiktor und seine Frau Marie sehr gut, da sie zusammen viele Jahre in einem Haus gewohnt hatten. Stiefmutter Franziska mochte mich und Irene sehr, aber nicht Vater Wiktor und Mutter Marie. Nun – was tun? Irene wollte mit den Eltern in einem Haus wohnen und ich nicht. Ich setzte Irene in Kenntnis, dass ich nur eine Lösung sähe, und die wäre, wir gingen auseinander. Irene war sehr traurig und weinte viel. Aber sie beruhigte mich und sagte: *„Nach der Hochzeit werde ich nicht zulassen, dass meine Eltern sich bei uns einmischen. Ich kann doch nichts dafür, dass ich so einen Vater habe."* Ich bestand weiter darauf, dass wir nach der Heirat nicht mit den Eltern in einem Haus wohnten. Darüber sprach wohl Irene mit ihrer Mutter, und sie fanden eine Lösung, und zwar: Die Eltern ziehen in das neue Haus, und wir bekommen die Wohnung der Eltern bei Onkel Roman. Die elterliche Wohnung bestand aus drei Zimmern: Küche 16,5 m², Wohnzimmer 16,5 m², Schlafzimmer 16,5 m² – zusammen: 49,5 m², ohne Bad und eine Trockentoilette draußen im Hof. Aber das war für mich eine gute Lösung. Die Häuser standen ca. 1,5 km voneinander. Ich stimmte dem Vorschlag zu, denn so würden wir getrennt wohnen.

Foto: Vater Wiktor (47), Mutter Maria (48), Irene (20) und ich (26). Abendessen in der Küche - Silvester 1958/59

Zu Silvester 1958 nach dem Abendessen teilte ich Irenes Eltern mit, dass wir im Herbst 1959 heiraten wollten. Zu dieser Zeit waren wir schon über drei Jahre ein Paar, Irene war 20 und ich 26 Jahre alt. Vater Wiktor stimmte ohne irgendwelche Bedenken zu, Mutter Marie aber nicht. Sie sagte, dass es aus finanziellen Gründen nicht möglich sei, eine Hochzeit zu halten. Obwohl Vater Wiktor die finanziellen Bedenken seiner Frau ausräumte, blieb sie weiter beim „Nein". Ein paar Tage später sagte ich zu Irene, dass ich mit den Eltern nicht mehr über eine Heirat sprechen würde. Und wenn die Hochzeit im Herbst 1959 nicht stattfände, da würden unsere Wege auseinander gehen. Ich hatte auch schon keine Kraft mehr, das ganze Hin und Her weiter zu führen – berufliche Belastung, Baustelle usw. Ich hatte in den vielen Jahren zwei Zuhause, bei meinen Eltern und bei Irenes Eltern. Irene drängte wohl ihre Mutter dazu, dass sie die kirchliche Trauung im katholischen Pfarramt bestellen möge. Damals war das so üblich, dass die Mutter der Braut die kirchliche Trauung im Pfarramt bestellte.

Im März 1959 bestellte sie dann doch die kirchliche Trauung. Den kirchlichen Trauungstag legte sie für den 20. Oktober 1959 fest. Irene war glücklich, dass sie ihre Mutter dazu überreden konnte. Vielleicht hat ihr auch Vater Wiktor dabei geholfen. Seit Silvester 1958 war die Stimmung zwischen uns Vieren sehr ausgewogen, und es gab fast keine Verstimmungen.

Im Frühjahr hat man mit den Putzarbeiten der Räume begonnen. Die Fenster und Türen wurden in der Tischlerwerkstatt von Vater Wiktor hergestellt und durch einen Zimmermann eingebaut. Auch bei dem Bau des Wohnhauses spielte ich weiter die Rolle eines Handlangers, Poliers, Baumeisters usw. Ich fuhr weiter mit dem Motorrad den Maurer nach Hause. Mit dem Motorrad erledigte ich auch viele andere Dienste, z. B. Fahrten nach Hause, zwischen den Wohnungen, zur Baustelle usw. Die Kosten für die Nutzung des Motorrades, wie Beschaffungs-, Benzin-, Reparaturkosten usw., wurden mir nicht ersetzt. Mein finanzieller und körperlicher Anteil an dem Bau war also sehr groß. Ende Juli 1959 war das Haus fertiggestellt, und kurz danach wurde es bezogen. Die Küche wurde im Erdgeschoss eingerichtet, aber gekocht wurde in einer zweiten Küche im Kellergeschoss. In unserem Ort war es so üblich, dass die Küche immer sauber gehalten wurde, und in einer Arbeitsküche wurde gekocht, gegessen usw. An Sonn- und Feiertagen wurde das Essen in der Arbeitsküche gekocht, aber gegessen wurde in der Küche im Erdgeschoss. So eine Arbeitsküche befand sich meistens im Kellergeschoss bzw. in einem Anbau. Das Schlafzimmer aus der alten Wohnung wurde im Obergeschoss aufgestellt, wo Irene mit ihrer Mutter Marie schlief. Vater Wiktor schlief in der Küche im Erdgeschoss, auf einer Chaiselongue. In den zwei Zimmern im Erdgeschoss, die mit einer breiten Tür verbunden sind, wurden keine Möbel aufgestellt, da hier in drei Monaten, am 20. Oktober, unsere Hochzeitsfeier stattfinden sollte. Nach dem Einzug in das Haus wurde noch die Außenanlage fertiggestellt, wie Zugang zum Haus und der Tischlerwerkstatt, Zäune um das Grundstück, sowie der Garten angelegt.

Am Hauseingang wurde ein Anbau gebaut, und dieser bestand aus Erdgeschoss und Obergeschoss. Im Erdgeschoss befand sich eine große Diele, ein WC (ohne Anschluss an die Kanalisation) und ein kleiner Abstellraum. Vom Hof ging man in die Diele und weiter in das Wohnhaus hinein. Im Erdgeschoss befand sich noch ein Raum mit einem Eingang vom Hof. In diesem Raum wurden Möbelteile lackiert. In das Obergeschoss gelangte man durch das Treppenhaus des Hauses. Dort befanden sich ein Wintergarten und ein Zimmer. Die beiden Räume gehörten Vater Wiktor, wo er seine Kundschaft, Freunde usw. empfing. Der Eingang zu den Räumen ins Obergeschoss war immer abgeschlossen.

Das Haus wurde Mitte August 1959 bezogen und die kirchliche Trauung war für den 20. Oktober bestellt. Zu dieser Zeit waren wir, ich und Irene, seit über vier Jahren ein Paar: ich 27 Jahre und zwei Monate, Irene 21 Jahre und sieben Monate alt. Die Hochzeitsfeiern fanden zu dieser Zeit immer im Hause bzw. in der elterlichen Wohnung der Braut statt. Zu unserer Hochzeit sollten 28 Erwachsene und ein paar Kinder eingeladen werden. Von meiner Seite zwölf Erwachsene und von Irenes Seite sechzehn Erwachsene. Nicht eingeladen wurden Vaters Stiefmutter Franziska und ihr Sohn Johann sowie Vater Wiktors Schwester Margot mit Mann und Kind. Mit ihnen lebte Vater Wiktor schon längere Zeit im Streit.

Es war damals so, dass für das Festessen die Eltern der Braut zahlten. Die Eltern des Bräutigams zahlten die alkoholischen und nichtalkoholischen Getränke, die Pkw-Fahrten, die Musikanten und den Blumenstrauß der Braut. Die Menge und die Art der Getränke schrieb mir mein zukünftiger Schwiegervater Wiktor vor, was eigentlich ungewöhnlich war. Die alkoholischen Getränke sollten von einer besseren Qualität sein – extra Wodka, Liköre, Weinbrände usw. Diese gab es nur in bestimmten Läden, in den „PKO" in Polen sowie im „Intershop" in der DDR. Man konnte sie nur gegen harte Währung (Valuta) kaufen. Die dort gekauften alkoholischen Getränke waren für mich sehr teuer, da ich ausländische Währung erst für viele Zloty kaufen musste. Sonst gab es auf den Hochzeiten nur üblichen Wodka- und Spiritusverschnitt mit Kirschsaft und Waldmeistersaft. Die mir entstandenen Hochzeitskosten habe ich selber, von meinen Ersparnissen, bezahlt. Für mich war der Kauf der alkoholischen Getränke zu teuer und meine

Ersparnisse zu klein. Um diese aufzubessern, verkaufte ich mein Motorrad. Das Motorrad war auch schon zu dieser Zeit durch die vielen Baustellenfahrten reparaturbedürftig. Eigentlich brauchte ich nach der Hochzeit das Motorrad nicht so sehr, denn das Bauvorhaben war vollzogen. Zur Arbeit fuhr ich mit der Straßenbahn, da ich zu dieser Zeit in einem anderen Betrieb tätig war, ebenfalls als Oberkonstrukteur in einem Projektbüro.

Unsere Hochzeitsgäste wussten schon längere Zeit, dass sie zur Hochzeit eingeladen waren. Einige Wochen vor der Hochzeit wurden sie persönlich von mir und Irene aufgesucht und eingeladen. Irenes Eltern sagten uns, dass wir uns als Hochzeitsgeschenk Geld wünschen sollten, wenn wir danach gefragt würden. Wir wurden danach gefragt und sagten, dass wir uns Geld wünschten.

Die Trauzeugen zu unserer Hochzeit bestimmte Vater Wiktor, zwei seiner Freunde – selbstständige Handwerker. Sonst war es bei uns im Ort üblich, dass ein Zeuge von der Braut- und einer von der Bräutigamseite war.

Eine Woche vor der Hochzeit, gemäß der Tradition unseres Ortes, wurde in einer großen Zahl Kuchen gebacken – Blechkuchen: Käse-, Mohn- und Streuselkuchen. Der Teig und die anderen Zutaten wurden bei Irene zu Hause, mit sehr vielen Helfern, vorbereitet und auf die Backbleche gelegt. Danach wurden die Bleche zum Bäcker gebracht. Nach der Backzeit wurde der Kuchen zurück nach Hause gebracht und in einem Zimmer auf Stroh zum Abkühlen ausgelegt. Der Kuchen wurde am nächsten Tag in große und kleine Portionen verpackt, die dann an die Hochzeitsgäste (Freunde, Bekannte, Nachbarn usw.) durch die zukünftige Braut – Irene mit zwei Freundinnen – ausgetragen wurden. Die Freundinnen trugen den Kuchen in einem Waschkorb hinter der Braut her, oder er wurde mit dem Pkw ausgefahren, früher auch mit Landauer-Kutsche. Der Hochzeitskuchen wurde gemäß der Tradition wie folgt verschenkt: Der Bräutigam bekam zwölf Stück Kuchen

(Blechkuchen), einige extra sehr schön geschmückt. Die Trauzeugen bekamen sechs Stück Kuchen, und die Familien der eingeladenen Hochzeitsgäste je drei Stück. Die Freunde, Bekannten, Nachbarn usw. der Braut bekamen unterschiedlich große Stücke. Dies richtete sich nach dem Grad der Bekanntschaft. Das Elternhaus des Bräutigams verteilte den erhaltenen Kuchen in der eigenen Familie, an Freunde, Bekannte, Nachbarn usw. Alle, die am Hochzeitstag mit Geschenken zum Hochzeitshaus kamen, erhielten auch Kuchen. Ein Teil des Kuchens blieb für die zwei Hochzeitstage zurück. Für die Hochzeitstage wurden außerdem kurz vor dem Hochzeitstag Torten und verschiedenes Gebäck gebacken, dazu verschiedene Süßigkeiten gekauft. Manchmal wurde auch bei der Gelegenheit noch einmal Kuchen für die Hochzeitstage gebacken.

Am Montag, dem 19. Oktober 1959, fand im Rathaus in Dąbrówka Wielka die standesamtliche Trauung statt. Die kirchliche Trauung fand am nächsten Tag, am Dienstag, dem 20. Oktober, um 10:30 Uhr in der Pfarrkirche statt. Eine kirchliche Trauung fand in unserer Pfarrkirche immer am Montag oder Dienstag statt. Eine Hochzeitsfeier dauerte immer zwei Tage. Bei einer Hochzeit am Mittwoch könnte die Feier in den Freitag hineingehen, und das ist in der katholischen Kirche ein Fastentag. Am Fastentag sollte man keine Feier veranstalten und sich von bestimmten Speisen enthalten. Am Samstag gab es auch keine Trauung, denn die Hochzeitsgäste könnten bis Sonntag früh feiern und dann zu Hause schlafen, statt in die Kirche zu gehen.

Unsere Hochzeitsgäste erfüllten uns den Wunsch, dass wir als Geschenk Geld erhalten sollten, zusammen waren es 15.600,00 Zloty. Zum Vergleich – mein Monatsgehalt in dieser Zeit betrug 2.500,00 Zloty. Das Geld gehörte uns, aber Irene gab es ihren Eltern. Sie sagte mir, dass wir das Geld später zurück bekämen. Ich war auch damit einverstanden, da die Kasse der Eltern durch das Bauvorhaben etwas leer war.

Am Tag der kirchlichen Trauung wurden alle Hochzeitsgäste mit den Pkws zum Hochzeitshaus gebracht, wo ihnen das Frühstück angeboten wurde. Nur einige Gäste frühstückten nicht, denn die, die während der Trauungsmesse die Hl. Kommunion empfangen wollten, mussten damals nüchtern sein. Als letzter in das Hochzeitshaus kam ich, der Bräutigam, mit einem Blumenbukett für die Braut. Das Blumenbukett bestand aus weißen Nelken mit langem Asparagus. Als ich mich in dem schön geschmückten Zimmer befand, begann zwischen den Trauzeugen die Brautkaufverhandlung. Irenes Trauzeuge hatte ein schön geschmücktes Körbchen in der Hand, in das ich während der Verhandlung Geldscheine legen musste, um die Braut sozusagen zu kaufen. Der erste Kaufversuch scheiterte. Für das Geld, das ich in das Körbchen legte, brachte uns die Gegenseite eine alte Frau, mit der wir nicht einverstanden waren. Nun legte ich einen größeren Geldschein hinein. Aber der zweite Kaufversuch scheiterte auch. Für das Geld brachte uns die Gegenseite eine junge Frau, mit der wir auch nicht einverstanden waren.

Foto: Unser Hochzeitstag, kirchliche Tauung – 20. Oktober 1959
Mein Trauzeuge und ich während der Brautkaufverhandlung. Im Hintergrund Irenes Großvater Peter (79) und ihre Mutter Marie (49), die traurig aussieht, da sie die Brautkaufverhandlung weinend beobachtet.

Nun legte ich weitere Geldscheine in das Körbchen. Nachdem Irenes Trauzeuge mit dem Brautkaufpreis einverstanden war, wurden wir mit der richtigen Braut konfrontiert, Irene in Weiß, mit der wir letztlendlich einverstanden waren. Irenes Trauzeuge hätte in den Verhandlungen einen noch höheren Preis aushandeln können, da ich in meinen Anzugtaschen noch viel mehr Geldscheine hatte. Ich war auf einen höheren Verhandlungspreis vorbereitet.

Nach erfolgter Brautkaufverhandlung erhielten wir kniend den Segen der Eltern. Nach dem elterlichen Segen wurden die Hochzeitsgäste mit zwei Pkws zur Kirche gefahren. Zuletzt fuhr das Brautpaar mit den Trauzeugen dorthin, wo auf uns, vor der Kirche, die ganze Hochzeitsgesellschaft wartete. Während der Fahrt zur Kirche wurde unser Pkw zweimal durch „Zöllner" angehalten (eine Tradition unseres Ortes). Nachdem die Trauzeugen den „Zoll" in Form einer halben Literflasche Wodka „bezahlt" hatten, konnten wir weiterfahren.

Foto: Unser Hochzeitstag, kirchliche Tauung – 20. Oktober 1959 Pfarrer Josef (Mitte) erteilt uns den kirchlichen Segen. Links: unser Kaplan, rechts: ein eingeladener Priester.

In und vor der Kirche versammelten sich viele Menschen, um bei unserer kirchlichen Trauung, aus welchem Grund auch immer, dabei zu sein. Dabei waren wohl auch solche, die sich die Trauung und die Hochzeitsgesellschaft nur angucken wollten, um danach das ganze Geschehen positiv bzw. negativ zu beurteilen. Viele der versammelten Menschen in und vor der Kirche waren der Meinung, dass die Trauung etwas zu pompös war. Die kirchliche Trauung war sehr festlich, mit Blasmusik, und die Hl. Messe wurde von drei Priestern gehalten. So viele Menschen vor der Kirche hat man selten in unserem Ort gesehen. Das sah so aus, als ob wir etwas Besonderes wären. Es gab in unserem Ort Getuschel. Die einen beneideten mich, den anderen tat es leid, dass ich in diese Familie einheiratete. Zu beneiden war, dass ich mich um die Wohnung und deren Einrichtung nicht kümmern müsste. Leid tat es denen, die schon jetzt ahnten, dass das Zusammenleben mit meinen Schwiegereltern nichts Gutes bringen würde. Was mich nicht ängstlich machte, denn es war abgemacht, dass wir die alte Wohnung der Schwiegereltern bekommen sollten. Unter der Voraussetzung heiratete ich doch Irene. Kurz nach unserer Hochzeit erfuhr ich, dass wir die alte Wohnung der Schwiegereltern nicht bekämen, und so war ich sozusagen gezwungen, bei und mit den Schwiegereltern zu wohnen. Denn kurz nach unserer Hochzeit bezog diese der Eigentümer des Hauses – Onkel Roman.

Foto: Unser Hochzeitstag, kirchliche Tauung – 20. Oktober 1959: Wir verlassen die Kirche nach der kirchlichen Trauung. Hinter uns die Trauzeugen. Freunde, Bekannte, Neugierige usw. stehen Spalier.

Nach der kirchlichen Zeremonie wurde im Hochzeitshaus das Mittagessen serviert. Am Trauungstag waren auch die drei Priester, die die Trauungsmesse hielten, eingeladen. Zu der kirchlichen Trauung war ebenfalls ein professioneller Fotograf bestellt, den wir mit den Eltern und Freunden, nach dem Mittagessen, in seinem Atelier besuchten.

Foto: Unser Hochzeitstag, kirchliche Trauung – 20. Oktober 1959: Wir mit unseren Eltern am Hochzeitstag. Von links sitzend: Meine Mutter (48), Irene und ich, Schwiegermutter Marie (49); stehend: Schwiegervater Wiktor (48) und mein Vater (54).

Nach dem Atelierbesuch besuchten wir die Großmutter Franziska (79). Sie hatte sich gewünscht, uns als Brautpaar zu sehen. Eigentlich sollte sie bei unserer Hochzeit dabei sein, aber wegen ihres Alters hatte sie abgesagt. Der Grund der Absage lag bestimmt nicht in ihrem Alter, sondern darin, dass ihr Sohn Johann, der mit ihr im Haushalt lebte – Stiefbruder vom Vater Wiktor –, nicht zur Hochzeit eingeladen worden war. Während des Nachmittags besuchten uns meine und Irenes Arbeitskolleginnen, Freunde, Bekannte, Nachbarn usw., überbrachten uns Blumen, Geschenke und wünschten uns eine glückliche Ehe. Im Hof des Hochzeitshauses war eine schön geschmückte Tanzdiele aufgestellt, wo am späten Nachmittag eine Tanzkapelle spielte. Das Wetter machte mit, es war ein schöner, sonniger Herbsttag.

Am Abend des Hochzeitstages erfuhr ich von Irene, dass ihre Eltern ihr zur Hochzeit eine Goldmünze (Goldstück) geschenkt hatten, welche sie auch bei der Trauung in der Kirche dabei hatte. Ich habe die Münze kurz gesehen, eine Goldmark. Es war ein überlieferter Brauch, eine Goldmünze in der Kirche dabei zu haben, damit der Braut nie das Geld ausgeht. Die Münze habe ich nie mehr gesehen. Die wurde wohl den Eltern zurück gegeben, wohl zur Aufbewahrung. Goldstück! Darüber berichtete ich schon beim Abbruch des alten Kellers.

Zur Hochzeitsfeier, am zweiten Tag, wurden die Hochzeitsgäste mit Pkw zum Hochzeitshaus gebracht, wo gegen 18:00 Uhr das Abendessen serviert wurde. Die Hochzeitsfeier verlief sehr locker und in einer fröhlichen Stimmung. Die Ernsthaftigkeit des ersten Tages war vergangen, und die Hochzeitsgäste waren lockerer zueinander. Die etwa 80 erhaltenen Karten und Telegramme mit Wünschen zur Hochzeit wurden den Hochzeitsgästen durch die Trauzeugen vorgelesen. Gemäß der Tradition unseres Ortes sorgten einige verkleidete Personen durch Erzählen witziger Geschichten und verschiedene Darbietungen für viel Humor.

Die Hochzeitsnacht verbrachten Irene und ich im Schlafzimmer im Obergeschoss, zusammen mit Schwiegermutter Marie. Und so ging das acht Monate lang. Der Schwiegervater Wiktor schlief weiter die ganze Zeit in der Küche, im Erdgeschoss auf einer Chaiselongue. So eine Chaiselongue stand fast in jeder Küche unseres Ortes, sie diente zum Ausruhen während des Tages.

Nach den zwei schönen feierlichen Hochzeitstagen waren wir mit den Räumungsarbeiten beschäftigt. Die geliehenen Tische, Stühle, Töpfe, Geschirr, Besteck usw. wurden sauber gemacht und zurück gebracht.

In der Zeit seit dem Einzug in das Haus hatte sich in diesem nichts verändert. Eingerichtet waren die Küche und das Bad im Erdgeschoss und im Obergeschoss das alte Schlafzimmer der Schwiegereltern. Zwei Zimmer im Erdgeschoss und drei Zimmer im Obergeschoss standen unmöbliert, leer, so auch die Räume im Anbau. Im Kellergeschoss, in der zweiten Küche, wurde weiter gekocht und gewaschen. Die Küche im Erdgeschoss wurde fast immer schön sauber gehalten, sozusagen mehr repräsentativ.

Eine Woche nach der Hochzeit bin ich von meinen Eltern zu den Schwiegereltern umgezogen und habe mich im Meldeamt unseres Ortes umgemeldet. Zu meinem Umzug gehörte meine ganz neu gekaufte Garderobe, wie z. B. vier nach Maß angefertigte Anzüge, Hemden, Unterwäsche, Socken, Schuhe usw. Darunter war aber auch noch gut erhaltene Garderobe. Irene hatte fast keine neue Garderobe und besaß dazu noch sehr wenig weitere Wäsche. Nach der Hochzeitsfeier kam der Alltag langsam zurück, jedoch für mich stark verändert. Nach den verbrachten Urlaubstagen zu Hause mit viel Arbeit haben ich und Irene die berufliche Tätigkeit wieder aufgenommen. Irene arbeitete weiter für eine Handelsgesellschaft als Buchhalterin, in der Zeit von 7:00 Uhr bis 15:00 Uhr. Die Arbeitsstelle lag nicht weit von der Wohnung entfernt. Sie verließ das Haus gegen 6:50 Uhr und kam kurz nach 15:10 Uhr zurück. Aber wegen der vielen Geschäftsinventuren und vierteljährlichen Bilanzen musste sie viele Überstunden machen. Das gefiel ihren Eltern nicht. In der Mittagspause kam sie nach Hause, um das Mittagessen mit ihren Eltern einzunehmen.

Ich arbeitete weiter im Projektbüro, anfangs als Oberkonstrukteur, später als Leiter der mechanischen Abteilung. Meine Arbeitszeit war auch von 7:00 Uhr bis 15:00 Uhr. Am Samstag arbeitete ich nur sechs Stunden, von 7:00 Uhr bis 13:00 Uhr. Das Haus verließ ich täglich gegen 6:00 Uhr und kam gegen 16:00 Uhr zurück, samstags um 14:00 Uhr. Wenn ich von der Arbeit zurück kam, wurde mir das Mittagessen warm gemacht und in der Küche im Erdgeschoss durch Irene oder ihre Mutter serviert. So ging das acht Monate lang, da wir keine eigene Wohnung hatten.

Das Zusammenleben mit den Schwiegereltern gefiel mir immer noch nicht. Ich versuchte weiterhin, wenn auch vergeblich, eine Wohnung für uns zu finden. Zu dieser Zeit war es sehr schwierig, für junge Paare eine Bleibe zu finden. Die Höhe der Mieten bestimmte der Staat, und so waren diese sehr niedrig und damit sehr gefragt. Viele Wohnungen in den Privathäusern standen leer, weil es sich für die Besitzer nicht lohnte, diese zu vermieten. Der Staat baute zu wenig Wohnhäuser, und so mussten junge Paare einige Jahre auf eine eigene Bleibe warten. Zu dieser Zeit wohnten die meisten jungen Paare zusammen in der Wohnung der Eltern. Die meisten hatten jedoch ein Zimmer für sich, wo sie sich zurückziehen und Freunde empfangen konnten. Was bei uns nicht der Fall war. Da wir keine eigene Wohnung hatten, besuchte uns in den acht Monaten fast keiner. Und wenn uns jemand besuchte, so spürte man, dass die Besucher in dem Haus unerwünscht waren. Aus meinem Elternhaus kannte ich so etwas nicht, bei uns waren Gäste gern gesehen.

Nach meiner beruflichen Tätigkeit hatte ich im Haus und außerhalb des Hauses sehr viel zu tun. Nach dem Bau des Hauses und der Tischlerwerkstatt musste man noch einiges in Ordnung bringen. Ich half auch meinem Schwiegervater Wiktor viel in der

Tischlerwerkstatt. In der wenigen Freizeit, die ich hatte, besuchte ich meine Eltern, Freunde usw. Sonst verbrachte ich die meiste Zeit mit Irene und den Schwiegereltern. Manchmal haben wir uns in das Schlafzimmer im Obergeschoss zurückgezogen. Vorsichtshalber schlossen wir die Tür ab, da die Schwiegermutter manchmal aus dem Kleiderschrank etwas für sich herausholen wollte. Vielleicht wollte sie auch nur sehen, was wir da so in dem Zimmer trieben.

Im Obergeschoss gab es 3½ Zimmer, zwei davon standen leer, und in dem kleinen 6,50 m² großen Raum wurde Irenes Großvater Peter – der Vater ihrer Mutter – untergebracht. Mit uns im Obergeschoss wohnte also noch der Großvater, der schon über 80 Jahre alt war. Mit ihm hatten wir keine Probleme, er war ein netter und ruhiger Mensch.

In Irenes Elternhaus wurde viel und sehr fett gegessen, was ich von zu Hause nicht gewohnt war. Bei mir zu Hause wurde nicht so fett gekocht. Nach manchen Essen bei den Schwiegereltern fühlte ich mich nicht wohl, öfters bekam ich Bauchschmerzen oder auch Durchfall. Als ich weniger und nicht so fettes Essen verlangte, nannten sie mich: „Schlechtesser". Schwiegermutter Marie war der Meinung, dass im Topf, wo Brühe gekocht wird, mehr Suppenfleisch sein soll als Wasser. Und so war die Fleischbrühe sehr fett. Die fetteste Fleischbrühe mit Nudeln bekam immer Irene, sie konnte sozusagen Fett trinken. Traditionell bestand das Mittagessen an Sonntagen aus: Fleischbrühe mit Nudeln, Klößen, Rotkohl, Fleischroulade, gespickt mit viel Räucherspeck und viel fetter Soße. Zum Nachtisch gab es Birnen-, Erdbeer-, Apfel-, Stachelbeer- und Rhabarberkompott. Ein derartiges Gericht, bloß nicht so fett, war ein Muss an jedem Sonntag in den Familien unseres Ortes. Wegen des fetten Essens bei den Schwiegereltern habe ich an manchen Sonntagen angefangen, das Mittagessen mit dem Hauptgericht und die Fleischbrühe mit Nudeln wegzulassen. Das gefiel dem Schwiegervater Wiktor nicht, und er sagte mir öfter, ich solle das Essen mit dem Nachtisch anfangen.

An anderen Tagen gab es Folgendes zum Mittagessen: Am Freitag Bratkartoffeln oder gedämpften Buchweizen mit Butter und Pfeffer, dazu Buttermilch. Am Samstag saure Roggenschrotsuppe mit Stampfkartoffeln. So ein Freitags- und Samstags-Mittagessen wurde in fast allen Haushalten unseres Ortes serviert. An derartiges Essen an den zwei Tagen war ich von zu Hause nicht gewöhnt. Bei uns zu Hause wurde etwas anders gegessen, da meine Mutter nicht aus dem Ort stammte. Da gab es auch manchmal Buttermilch mit Bratkartoffeln, oder die saure Roggenschrotsuppe mit Brat- bzw. Stampfkartoffeln, jedoch nicht an den zwei festgelegten Tagen. Und so konnte ich das Essen an den zwei Tagen nicht vertragen, denn danach quälte mich öfters die Magensäure. Manchmal weigerte ich mich, die sauren Gerichte an den zwei hintereinander folgenden Tagen zu essen, was auch nicht ohne Echo blieb. Eines Tages hörte ich, wie Irene mit ihrer Mutter über das Mittagessen sprach. Schwiegermutter Marie sprach immer sehr laut, führte auch Selbstgespräche, wohl damit ich diese hören sollte. Das Mittagessen betreffend sagte sie zu Irene: „*Wenn ihm das Essen bei uns nicht schmeckt, so soll er zu seiner Mutter essen gehen, und dort soll er weiter alles mit Margarine fressen*".

Irene reagierte auf diese Worte nicht und sagte ihrer Mutter auch kein Wort darauf, so auch mir nicht. Dass ich das Gespräch gehört hatte, das sagte ich Irene ebenfalls nicht. Ich verhielt mich so, als ob ich das Gespräch nicht gehört hätte. Ab und zu ging ich danach am Sonntag, Freitag oder am Samstag zu meiner Mutter essen. Ich informierte Irene immer schon einen Tag vorher, dass ich zu meiner Mutter essen gehen würde. Dabei bat ich sie, ihrer Mutter zu sagen, dass ich an dem Tag bei meiner Mutter zum Mittagessen sei. Eines Tages stellte Irene mir die Frage, warum ich an manchen Tagen zu meiner Mutter essen ginge. Ich sagte ihr, dass ich es gemäß Empfehlung ihrer Mutter täte. Sie hätte doch einmal gesagt, dass ich zu meiner Mutter essen gehen solle, wenn mir das Essen bei ihr nicht schmecke. Irene und ihre Mutter konnten sich an so ein Gespräch nicht erinnern und daraufhin sagte Irenes Mutter zu mir: *„Was bist du denn für ein Mensch, der sich so was ausdenken kann?"* Irene und ihre Mutter machten mich zum Dummkopf. Die eine hatte nichts gesagt, und die andere hatte nichts gehört. So ein Ableugnen der beiden war nicht das erste und auch nicht das letzte Mal. Solche Fälle kamen öfters vor. Das, was ich gehört hatte, oder auch was ich gesehen hatte, wurde öfters geleugnet und mir immer unterstellt, dass ich mir so etwas ausgedacht hätte. Und sie sagte zu mir: *„Dafür wird dich einmal der Herrgott bestrafen."*

Ich bewundere mich heute, dass ich bei solchen Verneinungen nicht in Wut geraten bin. Aber Irene bekam das doch von meiner Seite öfters zu spüren, denn das Verhältnis zu ihr kühlte sich immer mehr und mehr ab. Ich vertraute ihr immer weniger und hielt sie für eine Verschwörerin gegen mich.

Margarine! Ich kenne die Quelle nicht, aus der die Information zu Schwiegermutter Marie kam, dass in meinem Elternhaus nur mit Margarine gegessen wurde. Vielleicht aus dem Klatschtreffen, das ich schon erwähnte. Natürlich wurde bei uns zu Hause im Haushalt Margarine verwendet, denn immer nur Butter, das wäre für eine siebenköpfige Familie zu teuer. Ob bei den Schwiegereltern auch Margarine verwendet wurde, das weiß ich nicht. Ich weiß nur, dass die Schwiegermutter Butter und Milch bei einem Bauern kaufte. Die Butter bekam ich aber nicht aufs Brot und die Milch auch nicht zum Trinken. Die Schwiegermutter hatte im Kellergeschoss eine kleine Kammer, die immer abgeschlossen war, und den Schlüssel trug sie immer in der Tasche ihrer Schürze. In die Kammer konnte man durch eine Gitterholztür hineinschauen, auf den Regalen standen verschiedene Dinge und einige Töpfe. Die Kammer machte mich neugierig, denn solche Gegenstände abzuschließen, das kam mir etwas ungewöhnlich vor. Bei einer Abwesenheit der Hausbewohner fand ich den Schlüssel, machte mir einen Seifenabdruck und fertigte mir danach einen Ersatzschlüssel an. Bei einer weiteren Abwesenheit ging ich in die Kammer hinein und sah mir alles an, was da so verschlossen war. Die Töpfe dienten nur als Versteck, in ihnen befanden sich die Bauernbutter, Schokolade, Bonbons, Kuchen, Kekse usw. Einen Kühlschrank gab es zu der Zeit nicht.

Als wir vier Monate verheiratet waren, im Februar 1960, machten wir den ersten Urlaub im Riesengebirge. Das war unser erster Urlaub in der Zeit, in der wir uns kannten, also innerhalb von sechs Jahren. Als wir aus dem Urlaub zurück kamen, gaben wir meinen Schwiegereltern bekannt, dass sie Großeltern werden. Irenes Vater freute sich, die Mutter dagegen ging aus dem Zimmer und schimpfte laut hinter der Tür. So laut, dass ich es wieder hören konnte. Wörtlich: *„Schwanger ist sie! Wie in einer asozialen Familie, eben Hochzeit und schon ist sie schwanger!"* Als sie zurück ins Zimmer kam, beruhigte ich sie und sagte ihr, dass ich sie bei einem weiteren Kinderwunsch fragen würde, ob sie damit einverstanden sei. Anfangs hielt ich Irenes Mutter für eine fromme Katholikin und gutmütige Frau. Aber das dumme Gerede *„... eben Hochzeit und schon ist sie schwanger"* passt nicht in die katholische Moral. Denn Geschlechtsverkehr in der Ehe ist eben dann keine Sünde, wenn die Partner ohne Schwangerschaftsverhütung Geschlechtsverkehr haben. Also, eine fromme Katholikin ist der Meinung, wir sollten sündigen, oder ohne Geschlechtsverkehr in der Ehe leben. Zu dem Thema „fromme Katholikin" komme ich später zurück. Das erwartete Kind wurde doch erst in der Ehe gezeugt, denn Irene hatte noch am zweiten Hochzeitstag ihre Tage. Natürlich konnten wir mit dem Kindswunsch einige Monate abwarten. Viele im Ort dachten sogar, dass das Kind vor der Hochzeit gezeugt wurde. Und warteten auf die Geburt des Kindes, um dann die Monate der Schwangerschaft zu berechnen. Beobachtungen bzw. Berechnungen einer Schwangerschaft nach der Hochzeit eines Paares waren üblich in unserem kleinen Ort. War die Braut am Hochzeitstag schwanger, so war das ein Grund, sie auszulachen. Denn eine

Braut in Weiß und mit einem Myrtenkranz auf dem Kopf bzw. auf der Brautkerze bedeutete, dass sie unbefleckt ist. Noch schlimmer war es, wenn die Braut zur Kongregation „Marienverehrung" gehörte und bei der kirchlichen Eheschließung schwanger war.

Kirchlich heirateten wir am 20. Oktober 1959, unser Sohn Christoph wurde am 25. Juli 1960 geboren. Bis zu der Geburt waren also volle neun Monate nach unserer Eheschließung vergangen. Wäre es jedoch zu einer Frühgeburt gekommen, so wären wir in den Verdacht geraten, das Kind vor der kirchlichen Eheschließung gezeugt zu haben, und hätten somit den Pfarrer belogen. Es war damals nämlich so, dass kurz vor der kirchlichen Trauung das Brautpaar in das Pfarramt zum persönlichen Gespräch mit dem Pfarrer bestellt wurde. Bei solchen Treffen wurden sie unter anderem gefragt, ob das eine Zwangsheirat sei, bestimmt durch ihre Eltern, oder weil ein Kind unterwegs sei. Gesprochen wurde auch über das katholische Eheleben, Kindererziehung usw. War die Braut schwanger, so wurde die kirchliche Trauung nicht bei der Hl. Messe (Hochzeitsmesse), sondern ohne die Hl. Messe vollzogen. Wegen der Hl. Messe und auch aus Scham verheimlichten manchmal einige Brautpaare dem Pfarrer die Schwangerschaft. Vor der kirchlichen Trauung musste das Brautpaar bei den örtlichen Priestern die Ohrenbeichte ablegen. Wenn die Beichte ein fremder Priester abnahm, so musste man dem Pfarrer eine Bescheinigung des Priesters, der die Beichte abgenommen hatte, vorlegen. In der katholischen Kirche ist die Eheschließung ein Sakrament, und die, die dieses empfangen wollen, müssen sündenfrei sein. In einigen Ländern wird jedoch heute die Eheschließung nicht mehr nach den alten Regeln der katholischen Lehre vollzogen. Einen guten Katholiken konnte man damals beim Empfang des Abendmahls (Kommunion) erkennen und heute daran, dass er zur Beichte kommt. Denn zur Beichte kommt heute selten jemand, und während der Hl. Messe empfangen fast alle Kirchenbesucher die Kommunion.

Anfang Juli 1960, knapp neun Monate nach unserer Hochzeit, bekamen wir im Obergeschoss eine eigene Wohnung, die aus zwei Zimmern bestand. Das erste Zimmer war 20,35 m² groß. Dort konnte man kochen, wohnen und sich waschen. Darin befand sich ein Küchenschrank, eine Couch mit Anbau, ein gekachelter Kohleofen mit Kochplatte, ein Wasserhahn und eine Schüssel zum Waschen. Das gebrauchte Wasser wurde in einem Eimer aufgefangen und nach draußen weggetragen. Das zweite Zimmer war 17,90 m² groß – unser Schlafzimmer: Doppelbett, Kleiderschrank, ein kleiner runder Tisch, zwei Stühle und ein gekachelter Kohleofen. Unsere Wohnung war 38,25 m² groß.

Die Möbel der zwei Zimmer wurden nach Geschmack des Schwiegervaters in der Tischlerwerkstatt hergestellt. Uns wurden die zwei Zimmer also eingerichtet. Bei der Einrichtung der Zimmer kam es zwischen mir und den Schwiegereltern zum Eklat. Die Schwiegereltern waren sich nicht einig, an welcher Wand, in welcher Höhe usw. ein Bild aufgehängt werden sollte. Da sagte ich ihnen, dass das Bild dort aufgehängt werden solle, wo ich und Irene es für richtig hielten. Weiter fügte ich hinzu, dass wir keine kleinen Kinder seien, denen eine Kinderstube eingerichtet werde. Stark beleidigt verließen die Schwiegereltern unsere Wohnung. Kurz darauf brachte uns der Schwiegervater eine Rechnung für den Bodenbelag des Wohnzimmers, den er ohne uns zu fragen gekauft hatte. Ich habe die Rechnung beglichen, aber der Hausfrieden wurde damit wieder einmal zerstört.

Von den 3½ Zimmern im Obergeschoss bekamen wir zwei. Das weitere Zimmer, 15,25 m² groß, wurde durch den Schwiegervater Wiktor eingerichtet und von ihm beansprucht, für den Empfang seiner Kundschaft. In dem kleinen Zimmer, 6,50 m² groß, welches die gleiche Größe hatte wie das Bad im Erdgeschoss, wurde Irenes Großvater Peter untergebracht, wo ihm auch die Mahlzeiten serviert wurden. Im Erdgeschoss war das gemeinsame Bad – Badewanne, mit einem Kesselofen für das Warmwasser, keine Toilette.

Außerhalb des Hauses befand sich eine Trocken-Toilette (Abort), welche auch die Beschäftigten der Tischlerwerkstatt benutzten. Die Toilette im Anbau war außer Betrieb, da diese noch keinen Anschluss an die Kanalisation hatte.

Das Geld, das Irene und ich nach der Hochzeit verdienten, konnten wir behalten, und die Haushaltsausgaben hatten wir frei. Für unser Geld kauften wir Fernsehapparat, Waschmaschine, Staubsauger, was man zu dieser Zeit nur durch gute Beziehungen kaufen konnte. Die Geräte waren in der Wohnung der Schwiegereltern im Erdgeschoss untergebracht. Später, als wir unsere eigene Wohnung hatten, kauften wir ein Radio, Lampen und andere Dinge, die wir für unsere Wohnung brauchten. Den Fernsehapparat und den Staubsauger holten wir in unsere Wohnung im Obergeschoss. Die Waschmaschine blieb in der Küche im Kellergeschoss, wo auch weiterhin die Wäsche gemacht wurde. Die Schwiegermutter benutzte die Waschmaschine längere Zeit nicht. Sie behauptete, dass eine Waschmaschine die Wäsche beschädigen könne. Erst nach einigen Jahre versöhnte sie sich mit der Waschmaschine und war froh über diese Erfindung.

In Abwesendheit durften wir unsere Wohnung bzw. die zwei Zimmer nicht abschließen. Die Möbel in den Zimmern waren zugleich Vorzeigemöbel für die Kundschaft des Schwiegervaters. Wir weilten und schliefen sozusagen in zwei Ausstellungsräumen. Manchmal mussten wir fluchtartig die Zimmer verlassen, wenn der Schwiegervater seiner Kundschaft die Zimmereinrichtung zeigen wollte. Später verstand ich, warum er uns die Zimmer nach seinem Geschmack eingerichtet hatte. Man kann sagen, das waren Ausstellungszimmer, welche wir benutzen durften. Die Wohnung der Schwiegereltern im Erdgeschoss bestand aus Küche, Wohnzimmer, Schlafzimmer und Bad = 60 m² groß. Bei Abwesenheit der Schwiegereltern waren die Räume mit Ausnahme des Bades abgeschlossen und weiterhin auch die Kammer im Kellergeschoss.

Dann stand uns die Arbeitsküche im Kellergeschoss und das Bad nicht abgeschlossen zur Verfügung.

Viele Menschen sind der Meinung, dass Eltern mit der Heirat ihres Kindes ein weiteres Kind in die Familie bekommen. Nach meiner Erfahrung ist das nicht so. Da wir mit Irenes Eltern viel zusammen weilten und sehr oft an einem Tisch saßen, konnte ich beobachten, dass sie zu mir eine andere Einstellung hatten als zu Irene. Wenn Irene zu mir etwas mit erhobener Stimme sagte, so hat man bei ihnen zufriedene Gesichter gesehen. Wenn ich jedoch zu ihr etwas mit erhobener Stimme sagte, so hat man bei ihnen unzufriedene Gesichter gesehen. Wenn ich dann den Raum verlassen hatte, hörte ich manchmal die Sätze wie: *"Wie spricht er denn mit dir?"* Aber die Schwiegereltern selber waren sehr selten zueinander freundlich. Mich hat das schon etwas gestört, dass sie uns mit zweierlei Maß gemessen haben. Wenn der Schwiegervater einmal spät am Abend und dazu betrunken nach Hause kam, so versteckte sich die Schwiegermutter vor ihm irgendwo im Hause und zeigte sich ihm nicht. Obwohl er immer nach ihr „*Marie, Marie, ...*" rief. Sie befand sich auch öfters in unserer Wohnung im Obergeschoss, wo sie die Tür von innen abgeschlossen hatte. Sie ging wieder zurück ins Erdgeschoss, wenn er eingeschlafen war. Sie versteckte sich vor ihm wohl deswegen, weil er betrunken aggressiv war. Wenn er nach Hause kam, saß sie am Fenster in der Küche im Erdgeschoss und beobachtete, in welchem Zustand (nüchtern oder betrunken) er ankam. Wenn es draußen dunkel war, so saß sie in der Küche im Erdgeschoss im Dunkeln.

Irene sprach ihre Eltern mit „*du*" an, ich meine Eltern auch mit „*du*". In unserem Ort war es aber üblich, dass Kinder ihre Eltern mit „*Sie*" ansprachen. Die Schwiegertöchter bzw. Schwiegersöhne sprachen die angeheirateten Eltern meistens mit „*Sie*" an, und ich bis jetzt Irenes Eltern auch mit „*Sie*". Als wir einmal alle am Tisch saßen, fragte ich die Schwiegereltern, wie ich sie eigentlich ansprechen sollte, mit „*du*" oder mit „*Sie*". Darauf bekam ich folgende

Antwort: „*Mich kannst du mit ‚Herr' ansprechen*", sagte der Schwiegervater. „*Der Herrgott ist so groß und wird mit ‚du' angesprochen*", sagte die Schwiegermutter. Hierzu wurde aber kein Klartext gesprochen, und so sagte ich zu den Schwiegereltern nie Vater oder Mutter, sondern ich sprach sie immer mit „*Sie*" an.

Wir sind Eltern geworden: Unser erster Sohn wurde am 25. Juli 1960 geboren und bekam den Vornamen Christoph. Durch die Geburt unseres Sohnes sind wir zu Eltern und unsere Eltern zu Großeltern geworden. Zur Welt brachte ihn, in unserem Schlafzimmer, eine mit uns befreundete Hebamme, die mit einem Arzt verheiratet war. Damals durfte die Hebamme noch die Geburtshilfe in der Wohnung der Eltern leisten. Den Vornamen Christoph hat er sich selber gegeben, denn am 25. Juli ist Christophtag, also sein Namenstag. Er ist im Sternzeichen „Löwe" geboren, wie ich – sein Vater. In der Geburtszeit befand sich Schwiegermutter Marie in ihrer Wohnung im Erdgeschoss und betete für eine komplikationslose Geburt für die Mutter und das Kind. Nach der Geburt ging ich zu ihr und sagte, dass das Kind da sei und gratulierte ihr zum Großmuttersein. Zugleich bat ich sie, zu uns zu gehen, um ihren Enkel zu begrüßen. Sie tat es. Sie sah sich das Kind an und sagte: „*Ist das ein Mädchen?*" Verzögert antwortete Irene: „*Nein, es ist ein Junge.*"

Mutter und Tochter haben wohl ein Mädchen erwartet, und so waren sie wohl etwas enttäuscht. Heute wissen schon die meisten schwangeren Frauen, ob ein Junge oder ein Mädchen unterwegs ist. Damals wusste man das nicht. Jedenfalls hatte Irene mit einem Jungen gerechnet, sie hatte bloß nicht daran geglaubt. Denn die Großmutter Franziska kündigte ihr an, dass sie einen Jungen gebären würde. Alte Frauen konnten das an den Essgewohnheiten und dem Aussehen der schwangeren Frau erkennen. Heute sagt das den schwangeren Frauen der Frauenarzt.

Eine Woche nach der Geburt wurde Christoph getauft. Irenes Freundin, auch eine Irene, war die Taufpatin, und der Taufpate war mein Freund Hubert. Für unser Geld kauften wir alles mögliche, was man so für ein Kind braucht. Alle mit der Taufe verbundenen Ausgaben wie Taufausstattung, Tauffeier usw. gingen auch auf unsere Kosten. Zu dieser Zeit konnten sich die zwei Familien (meine und Irenes) noch gut vertragen, und so waren auch meine Eltern und die fünf Geschwister bei der Tauffeier von Christoph sowie zu seiner ersten Geburtstagsfeier dabei.

Nach Christophs Geburt bekam Irene einige Monate Mutterschaftsurlaub und blieb in der Zeit zu Hause. Christoph wurde von seiner Großmutter Marie während des Tages sehr verwöhnt, sie trug ihn viel herum, damit Irene sich in der Zeit ausruhen konnte. Das hat Christoph und Irene gut gefallen. In der Nacht schlief Christoph bei uns im Schlafzimmer. Ich und Irene wollten nachts schlafen, Christoph nicht, er hatte genug Schlaf am Tage gehabt.

Christoph war öfters in der Nacht wach und wollte, dass ihn jemand herum trägt. Wenn das nicht der Fall war, so weinte er bitterlich. Irene und ich stellten uns taub. Aber dann kam die Schwiegermutter zu uns in das Schlafzimmer und schimpfte nur mit mir. Sie war damit nicht einverstanden, dass ich das Weinen des Kindes nicht hören wollte, und so das Kind nicht zur Ruhe brächte. Als ich auf ihre Bemerkungen nicht reagierte, nahm sie das Kind und trug es in der Nacht herum. War es ruhig und eingeschlafen, brachte sie es wieder zurück zu Irenes Bett, wo Christoph immer an ihrer Seite schlief. Ein Kinderbett hatten wir nicht. In dieser Zeit war es üblich, dass der Säugling in der Nacht immer neben der Mutter im Bett lag. Am Tage lag das Kind im Bett, auf der Couch oder im Kinderwagen.

Eines Nachts konnte ich die Bemerkungen der Schwiegermutter, die immer an mich gerichtet waren, nicht mehr ertragen. Ich sprang aus dem Bett und verjagte sie aus unserem Schlafzimmer.

Am nächsten Tag, als ich von der Arbeit nach Hause kam, stellte mich der Schwiegervater Wiktor zur Rede. Er sagte, dass er es nicht verstehen könne, warum ich Irenes Mutter aus dem Schlafzimmer verjagt hätte. Denn wenn sie das Kind an sich nehme, um es zu beruhigen, so tue sie doch etwas Gutes für mich, Irene und das Kind. „Mag sein", sagte ich, „aber wozu richtet sie immer die Bemerkungen an mich, ob ich taub wäre und warum ich das Kind nicht zur Ruhe bringe?" Weiter sagte ich dem Schwiegervater, dass sie die Erziehung des Kindes lieber uns, den Eltern, überlassen sollte. Denn wenn Christoph sein Fläschchen bekommen hatte, trocken lag und gesund war, gab es keinen Grund, ihn herum zu tragen. Sonst gewöhnt sich das Kind daran und will immer, dass ihn jemand in der Nacht herumträgt. Er sollte sich an die Ruhe der Nacht gewöhnen und schlafen. Und wenn er beruhigt werden wollte, so sollte das Irene machen und nicht ich. Sie ging doch nicht zur Arbeit und konnte ein Nickerchen, zusammen mit Christoph, am Tage machen. Ich ging doch früh zur Arbeit, blieb dort fast den ganzen Tag, und hatte dort keine Gelegenheit, ein Nickerchen zu machen. Außerdem hatte ich am Arbeitsplatz eine verantwortliche Stellung und musste so auch ausgeschlafen sein. Dafür hatten Irene und ihre Eltern kein Verständnis. Im Projektbüro arbeitete ich mit einigen jungen Vätern, und alle vertraten die gleiche Meinung, die ich oben aufgeführt habe. Der Kinderarzt, bei dem Christoph in ärztlicher Obhut war, war der Meinung, man sollte ihn schreien lassen, das tue seiner Lunge gut.

Nach meiner beruflichen Tätigkeit beschäftigte ich mich meistens mit den Arbeiten am Haus und half weiter meinem Schwiegervater viel in der Tischlerwerkstatt. Eigentlich arbeitete er selber selten in der Tischlerwerkstatt, dafür hatte er einige Gesellen und Auszubildende. Aber wenn ein Termin zur Möbelfertigstellung heranrückte, legte er sogar an Sonntagen selber Hand an (z. B. beim Polieren der Möbel), und dann half ich ihm auch. Langsam schlüpfte ich auch in die Rolle eines Hausmeisters. Zu der Hausmeistertätigkeit gehörte, auch an Samstagen die Hauszufahrt, Hof, Gehweg mit

Rinnstein usw. mit einem Reisigbesen sauber zu fegen. Die Hauszufahrt, der Hof und der Gehweg waren nicht ausgepflastert, und damit es beim Fegen nicht staubte, wurde der Boden vorher mit Leitungswasser bespritzt.

Schwiegervater Wiktor war der Meinung, dass ich ihm in der Tischlerwerkstatt helfen sollte, und der ganze Haushalt gehe so auf seine Kosten. Wir sollten wie eine Familie in einem Haushalt zusammen leben. Man könnte meinen, etwas Besseres kann es doch für ein junges Ehepaar nicht geben. Aber in dem einen Jahr, in dem wir zusammen lebten, stellte ich fest, dass das so nicht weiter gehen konnte. Erstens wurden die Ausführungen meiner Arbeiten meistens von Schwiegervater Wiktor kritisiert, und ich spürte auch, dass ich noch mehr arbeiten müsste. Diese Arbeits- bzw. Dienstleistungen konnte ich nicht in bare Münze umrechnen, die ich aber für meine Familie und mein Privatleben brauchte. Zweitens brachte das Zusammenleben bis jetzt sehr viele Verstimmungen zwischen uns mit sich, z. B. bei den Mahlzeiten, bei Christophs Erziehung usw. Bei Abwesenheit der Schwiegereltern konnte ich meine Gäste nicht bewirten. Aus der Küche und aus der Bar im Wohnzimmer konnte ich nichts herausholen, da die zwei Räume immer abgeschlossen waren.

Ich sah, dass das weitere Zusammenleben mit den Schwiegereltern keinen Sinn hatte. Ich fürchtete auch, ich könnte eines Tages meine Nerven verlieren und sie alle zusammenschlagen. Und so beschloss ich, aus dem „Irrenhaus" auszuziehen, und trat 1962 in eine Wohnungsbaugenossenschaft ein, die in einer Siedlung Mehrfamilienhäuser (Plattenbau) errichtete. Die Siedlung lag 15 km von unserem Ort entfernt. Das Haus, in das ich eingeplant war, sollte in drei Jahren, also im Jahr 1965, erstellt werden. Diese Maßnahme hielt ich vor Irene und den Schwiegereltern geheim. In dieser Siedlung wohnte schon mein guter Freund Josef mit Frau und Kind, und sie waren mit den dortigen Wohnverhältnissen und der Wohnung sehr zufrieden. Diese bestand aus drei Zimmern, Küche, Bad und Zentralheizung – eine Luxuswohnung im Vergleich zu meiner Wohnung bei den Schwiegereltern. Weitere Vorteile der Wohnung in der Siedlung waren: am Ort Kindergarten, Schule, Ärzte, Geschäfte und Busverbindung in die umliegenden Orte bzw. Städte. Sogar aus meinem Betrieb holte ein Bus die Arbeiter zur Arbeit und brachte sie wieder nach Hause zurück. Mein Freund Josef saß im Ausschuss der Wohnungsbaugenossenschaft und sollte auch dafür sorgen, dass mir eine Wohnung zugeteilt wird. Es wurden nämlich immer Familien bevorzugt, die dringend eine Wohnung brauchten. Irene und ich mit einem Kind gehörten jedoch nicht zu denen, die eine Wohnung nötig brauchten, da wir eine Wohnung hatten.

Jeder erwachsene Mensch hat eigene Vorstellungen, wie er leben möchte. Meistens bringt es viel Ärger, wenn jemand ihm seinen Lebensstil aufzwingen will, und dabei keiner bereit ist, irgendwelche Kompromisse zu schließen. So einen Fall gab es bei mir, und deswegen war ich gezwungen, einen anderen Weg einzuschlagen und wegzuziehen, nach der Devise: *„Was ärgert, weglassen."*

Das Leben mit den Schwiegereltern ging mit freundlichen und streitigen Abschnitten weiter. Schwiegermutter Marie wurde immer nervöser und unberechenbarer, jedoch meistens mir gegenüber. Sie konnte wohl die viele Arbeit, welche auf sie in den letzten Jahren zugekommen war, nicht verkraften. Das Haus, die Tischlerwerkstatt, der hinzugekommene Schwiegersohn, der Enkel usw. Sie bearbeitete weiterhin den Acker und züchtete Gänse, so um die zehn Stück hatte sie immer in der Sommerzeit. Die gemästeten Gänse wurden im Spätherbst und im Winter geschlachtet, das brachte der Schwiegermutter Fleisch, Fett und Federn. Die gebratenen Gänse aß meistens ihr Mann Wiktor alleine auf. Im Frühjahr blieben meistens drei Zuchtgänse übrig, zwei weibliche und ein Gänserich. Der Schäferhund war auch noch da, und um den kümmerte sich auch noch die Schwiegermutter. Dazu putzte sie das ganze Haus, machte für uns alle die Wäsche und bügelte einige

Stücke. Der größte Teil der Wäsche wurde in einer von Hand getriebenen Wäschemangel glatt durchgewälzt. Die Wäsche wurde von Irene bzw. ihrer Mutter auf die Rollen aufgerollt und in den Mangelvorgang gelegt. Manuell musste ich die Mangel-Maschine in Bewegung halten.

Von Jugendzeit an beschäftigte ich mich mit Fotografie. Meine Fotoausrüstung war sehr veraltet, und die Fotoarbeiten wurden bei einem Fotografen entwickelt. Mit Verbesserungsvorschlägen im Betrieb und mit deren technischen Abwicklungen konnte ich etwas Geld dazu verdienen. Kurz vor Christophs Geburt kaufte ich mir für das Geld eine neue Fotoausrüstung und Geräte für eine Dunkelkammer. Im Anbau des Hauses (Erdgeschoss) war ein kleiner dunkler Raum, und dort durfte ich mir eine Dunkelkammer einrichten. So konnte ich die Negative und die Fotos selbst bearbeiten. Die Fotoarbeiten, schwarz-weiß, machte ich für die Familie und für einen Fotowettbewerb, bei dem ich auch viele Preise gewann. In den sechziger Jahren gab es nur wenige Personen, die einen Fotoapparat besaßen, und so baten mich Freunde, Bekannte usw. öfters, zu verschiedenen Anlässen (Hochzeit, Taufe, Beerdigung usw.) Fotos zu machen. Ich erstellte auch für andere Leute Reproduktionen von Bildern, Prospekten, Büchern usw., entwickelte ebenso ihre Negative und machte für sie die Abzüge. Ich produzierte ebenso verschiedene Karten zu allen möglichen Anlässen (Geburtstag, Hochzeit, Weihnachten, Ostern usw.). Solche Karten konnte man im kommunistischen Handel nicht kaufen. Um einen besseren Farbkontrast bei der Reproduktion eines Fotos zu erhalten, malte ich die Kartenmotive von bunten Karten mit Wasserfarben schwarz-weiß.

Die schönen bunt gemalten Karten kaufte ich von Privatpersonen ab oder auf dem Markt in Bytom (Beuthen). Diese stammten vorwiegend aus der Bundesrepublik Deutschland. Mit den verschiedenen Fotoarbeiten konnte ich mir etwas Geld dazu verdienen. In der Wohnung meiner Eltern hatte ich seit einigen Jahren die Wände gestrichen, und so hatte ich im Malerhandwerk etwas Erfahrung gesammelt. Mein Arbeitskollege war ebenfalls in dieser Richtung begabt. Ein Abteilungsleiter in unserem Betrieb wusste über unsere Malerkunst, und so bat er uns, die Wände in seinem Haus zu streichen. Wir haben das Angebot angenommen und das Haus zu seiner Zufriedenheit gestrichen. Seit dieser Zeit haben wir in einigen Wohnungen und Häusern die Wände gestrichen. Die Wände in unserer Zweizimmerwohnung im Obergeschoss hatte ich im Jahr 1962 in meinem Stil bemalt bzw. gestrichen. Vorher waren die Wände gestrichen worden, und mit einer Rolle wurde ein Muster aufgetragen. Nun hatte ich mir zu meiner beruflichen Tätigkeit ein weiteres Standbein aufgebaut. Mit den außerberuflichen Arbeiten verdiente ich mir zusätzlich Geld. Meinen Schwiegereltern gefiel meine Freizeitbeschäftigung mit der Fotografie, Malerarbeiten usw. nicht. Das Geld, das ich nach meiner beruflichen Tätigkeit verdiente, ging auf zwei Sparbücher. Die Höhe des einen Sparguthabens war Irene bekannt, auch dass ich das Geld für den Kauf eines Motorrades sparte. In Wahrheit sparte ich das Geld auf den zwei Sparbüchern für die Einrichtung der Wohnung, die ich im Jahr 1965 von der Wohnungsbaugenossenschaft erhalten sollte.

Unser Sohn Christoph war inzwischen zwei Jahre und fünf Monate alt geworden. Und das Zusammenleben mit Irene und ihren Eltern ging irgendwie weiter. Aber die Stimmung im Haus der Schwiegereltern war nicht die Beste, und Irene schien sehr bedrückt zu sein. Ich dachte, dass meine Abwehrhaltung sie dazu gebracht hatte, und teilweise hatte ich wohl auch recht. Denn mit meinen zusätzlichen außerberuflichen Arbeiten wie der zeichnerischen Abwicklung der Verbesserungsvorschläge und mit den Malerarbeiten war ich viel außer Haus. Nun lüftete mir Irene das Geheimnis, warum sie schon seit einiger Zeit so bedrückt war und ihre Eltern mit Abscheu auf mich sahen. Sie teilte mir mit, dass sie im dritten Monat schwanger sei. Die Schwangerschaft wollte ich nicht hinnehmen, denn viele Fragen gingen mir durch den Kopf. Eine von ihnen war: Warum hatte Irene mir die Schwangerschaft so lange geheim gehalten? Sie sagte mir, dass sie am Anfang nicht mit einer Schwangerschaft gerechnet hätte. Angeblich habe sie sich später bei unserer bekannten Hebamme untersuchen lassen, und diese habe die Schwangerschaft festgestellt. Mit dieser Erklärung sah sie die Angelegenheit mir gegenüber als erledigt an. Zu dieser Zeit planten wir keinen Familienzuwachs. Und wenn, dann hätte ich dazu meine Schwiegermutter um Einverständnis bitten müssen, das hatte ich ihr bei der Schwangerschaft mit Christoph versprochen. Mir ging auch der Gedanke durch den Kopf, ob mir Irene treu sei, und ob ich das Kind gezeugt hätte. Nun sagte ich Irene, dass ich nach der Geburt des Kindes die Vaterschaft feststellen lassen würde. Sie weinte viel und konnte nicht verstehen, dass ich ihr Untreue unterstellte.

Einige Tage später sagte sie mir, dass sie die Schwangerschaft eigentlich abbrechen lassen wollte, aber als sie sich dazu entschlossen hatte, war es schon zu spät. Diese Erläuterung nahm ich gelassen an, aber ich glaubte ihr das nicht, weil sie das früher mit mir hätte besprechen können. Vielleicht hatte sie die Schwangerschaft so lange geheim gehalten, weil sie Angst vor ihrer Mutter hatte. Denn bei Irenes Schwangerschaft mit Christoph hatte sie doch geschimpft, weil sie mit der Schwangerschaft damals nicht einverstanden gewesen war. Jedenfalls schimpfte sie diesmal nicht. Warum nicht? Wusste sie vielleicht früher von der Schwangerschaft als ich? Bevor wir geheiratet haben, da waren wir über 3 Jahre ein Paar, und in diesen Jahren waren wir auch keine Engel. Wir waren in dieser Zeit nie irgendwo über Nacht im Bett zusammen, aber es gab genug Gelegenheiten zum Geschlechtsverkehr. Verhütung war damals nur durch Kondome möglich, oder auch durch Unterbrechen des Beischlafs vor dem Samenerguss, oder auch nach der Knaus-Ogino-Methode. Der Geschlechtsverkehr fand nach Anleitung über die drei Verhütungsmethoden statt, Irene wurde in den vielen Jahren nie schwanger, und auf einmal war etwas schief gelaufen. Und das war auch ein Grund, warum ich misstrauisch war.

Wir sind zum zweiten Mal Eltern geworden. Unser zweiter Sohn wurde am 5. Januar 1963 im Sternzeichen „Steinbock" geboren, und er bekam den Vornamen Damian. Zur Welt brachte ihn, in unserem Schlafzimmer, die uns gut bekannte Hebamme. Die Geburt bescheinigte jedoch ihr Mann, der Arzt, so als ob er eine Notgeburt geleistet hätte. Denn zu dieser Zeit mussten die Frauen zur Geburt ihrer Kinder ins Krankenhaus eingeliefert werden, was Irene und ihre Mutter nicht wollten. Schwiegermutter Marie war irgendwie mit Damians Geburt einverstanden.

Eine Woche nach Damians Geburt wurde er getauft. Die Taufpaten waren die gleichen wie bei Christophs Taufe. Zu Damians Taufe konnten sich die zwei Familien (meine und Irenes) noch einigermaßen vertragen. Einigermaßen, denn da spürte ich schon seitens Irene und ihrer Mutter, dass meine Eltern und Geschwister ungern bei uns gesehen wurden. Nach einigen Monaten Mutterschaftsurlaub ging Irene nicht mehr zur Arbeit. Nach Damians Geburt schlief unser Sohn Christoph mit den Schwiegereltern im Erdgeschoss und Damian mit Irene bei uns im Schlafzimmer im Obergeschoss.

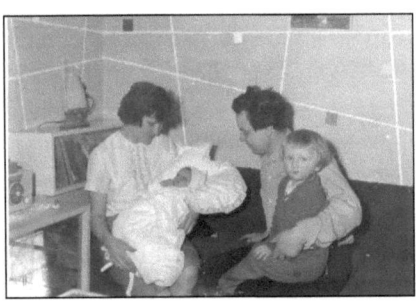

Foto: Irene (25) und ich (31) mit unseren Söhnen: Damian 1 Monat alt und Christoph (2½) – 1963

Die Wände, die auf dem Foto zu sehen sind, habe ich gestrichen bzw. bemalt, sozusagen meine Malerkunst. Damals nannte man so eine Wandbemalung „Picassoart".

Nach Damians Geburt bat ich die Schwiegermutter Marie darum, nicht in der Nacht zu uns ins Schlafzimmer zu kommen, um Damian zu beruhigen, wenn er weinen sollte. Vorsichtshalber schloss ich die Tür zu unserer Wohnung von innen ab. In einer Nacht kam die Schwiegermutter doch zu uns nach oben und wollte in unsere Wohnung hereinkommen, die leider abgeschlossen war. Da sie nicht herein kommen konnte, klopfte sie an der Tür, und das immer lauter. Ich stand auf, ging zur Tür, öffnete sie, und sagte meiner Schwiegermutter, sie solle uns in Ruhe lassen, da wir ihre Hilfe nicht bräuchten. Dazu sagte ich ihr, wenn sie noch einmal hierher kommen sollte, so würde ich sie die Treppe hinunter schmeißen. Während sie mit mir maßlos schimpfte, kam Irene dazu, und ich bat sie darum, zurück ins Schlafzimmer zu gehen. Irene versuchte zurückzugehen, ihre Mutter schimpfte währenddessen weiter und sagte zu ihr: *„Warum hast du Angst vor ihm? Ich habe dich mehrmals gewarnt, dass du das Schwein nicht heiraten sollst!"* Mit diesen Worten war ich genug bedient, aber darauf sagte ich nichts, denn für diese Nacht war genug Krach. Am nächsten Tag fand ich eine Gelegenheit, als Schwiegermutter Marie und Schwiegervater Wiktor im Zimmer zusammen waren. Nun sagte ich zur Schwiegermutter: *„Du brauchst keine Angst vor einem Mann haben, aber du solltest dich vor einem männlichen Schwein hüten, denn es könnte einmal aggressiv reagieren, dich angreifen und womöglich auch verletzen."* Das hörte Schwiegervater Wiktor, und er sagte zu mir: *„Komm mit mir, ich zeige dir etwas."*

Wir gingen zu der Hauseingangstür, er machte sie auf und sagte zu mir: *„Verlasse mein Haus und komme nie wieder zurück, wenn dir die Hausordnung bei uns nicht gefällt!"* Grinsend sagte ich darauf: *„Das hättest du mir in der Zeit sagen müssen, als wir das Haus gebaut haben und nicht heute. So lange das Haus nach meinem Schweiß riecht, solange habe ich das Recht, in dem Haus zu wohnen. Aber es kommt die Zeit, in der ich das Haus freiwillig, ohne deine Aufforderung, für immer verlassen werde."*

Nach diesen Auseinandersetzungen fühlte sich jede Seite beleidigt, und wir sprachen längere Zeit nicht miteinander. Das war immer die ruhigste und schönste Zeit in dem „Irrenhaus". Aber nach der nächtlichen Auseinandersetzung kam Schwiegermutter Marie nie mehr zu uns ins Schlafzimmer, um eventuell Damian zu beruhigen. Mit Damian, im Gegensatz zu Christoph, hatten wir keine Probleme in der Nacht. Er schlief die Nächte fast immer, mit kleinen Störungen, durch.

In der Zeit, als Damian größer wurde, mochte ihn seine Großmutter Marie nicht so richtig, Christoph mochte sie lieber. Damian nannte sie: „*Aufbrausender Makiela.*" Angeblich hatte er die Eigenschaften seines Vaters Heinrich. Damian wusste sich immer, so wie ich, zu wehren, wenn ihm jemand Unrecht tat. Vielleicht war ich manchmal etwa aufbrausend, denn wenn ich nur den Hof des Anwesens betrat, war ich verärgert, da öfter verschiedene Überraschungen auf mich im Hof bzw. im Haus warteten. Christoph nannte die Großmutter Marie: „*Lammfrommchen.*" Angeblich hatte er die Eigenschaften seiner Mutter Irene, die immer gehorsam, geduldig, ruhig usw. war und ist, aber nur den Eltern gegenüber – mir gegenüber nicht. Die schlechten Eigenschaften kommen doch meistens vom Vater, die guten wiederum von der Mutter. So ist das auch in vielen anderen Familien. Eigentlich bezeichne ich mich als einen Mann, der keinen Ärger sucht. Wenn mich aber jemand in eine ärgerliche Situation versetzt, so nehme ich diese meistens nicht stillschweigend hin und wehre mich. Es sah alles so aus, als ob meine Schwiegereltern keinen Schwiegersohn mehr benötigten. Sie hatten schon zwei männliche Enkelkinder, die die Tischlerwerkstatt einmal übernehmen würden. Irene half ihrer Mutter nur selten im Haushalt. Sie wurde weiter von ihrer Mutter nach der schon erwähnten Devise „*Du wirst noch im Leben genug arbeiten müssen*" verwöhnt. Das einzige, was ihre Mutter für sie nicht mehr machte, war, dass sie nicht mehr von ihr täglich gekämmt wurde. Da Irene nicht gelernt hatte, ihre Haare selber zu kämmen, trug sie ihre Haare nur nach einem Friseurbesuch ordentlich. Irene war auf die Rolle einer Ehefrau, Mutter, Hausfrau usw. nicht vorbereitet, und ohne ihre Mutter konnte sie nichts selber anfangen. Eigentlich sollte man alle Arbeiten, die auf eine Frau nach der Eheschließung zukommen, schon in jungen Jahren lernen.

Wer als Faulenzer erzogen wird, der bleibt auch das ganze Leben faul. So nach meiner Devise: *„Wenn Irene Kochen, Putzen, Waschen, Bügeln usw. in den jüngeren Jahren nicht gelernt hat, dann wird sie das auch als Erwachsene nicht tun können bzw. wollen."* Irene konnte gut essen, lange schlafen, außer Haus herumbummeln usw., aber sie konnte keine Hausfrau sein. Ihr gefiel es sehr gut, mit ihrer Mutter, ihren Tanten oder auch mit anderen Personen über andere zu reden. Zu den Arbeiten im Haushalt, die sie nicht machen wollte, sagte sie, ohne es zu versuchen: *„Ich kann es nicht",* und der Fall war für sie erledigt.

Im Hof unseres Anwesens fragte Irene einmal den Briefträger, ob er auch für sie Post hätte. Der Briefträger sagte: *„Nein."* Darauf sagte ihre Mutter zu ihr: *„Wer soll dir denn schreiben? Du bist doch schon ein verlorener Mensch auf der Erde."* Aus anderem Anlass sagte ihr Mutter Maria einmal: *„Mir wäre lieber, dich im Sarg zu sehen, als dich jetzt als eine Märtyrerin leben zu sehen."*

Und so erhielten wir von meiner Schwiegermutter Marie folgende Beinamen: Irene: *„Märtyrerin",* Christoph: *„Lammfrommchen",* Damian: *„aufbrausender Makiela",* ich ebenfalls *„aufbrausender Makiela"* und dazu noch: *„Schwein".*

Schwiegervater Wiktor war nur mit der Tischlerei beschäftigt. Die Arbeiten, die im und ums Haus entstanden, verrichteten eigentlich nur zwei Personen, die Schwiegermutter und ich. Aber seit einiger Zeit machte die Schwiegermutter die Arbeiten alleine. Ich war viel in der Dunkelkammer tätig, oder ich ging nach meiner beruflichen Tätigkeit der anderen Beschäftigung außer Haus nach. Dann war ich meistens erst spät am Abend zu Hause, nur über Nacht.

Die Schwiegermutter fegte manchmal irgendetwas auf dem Hof oder im Haus auf einen Haufen zusammen und ließ es so liegen. Wenn keiner von uns (Irene, Schwiegervater oder ich) es wegräumte, dann schimpfte sie laut und meinte, dass ich beinahe über die Häufchen gestolpert wäre und es nicht für nötig gehalten hätte, diese wegzuräumen. Heute, nach so vielen Jahren, reagiere diese wegzuräumen. Heute, nach so vielen Jahren, reagiere ich empfindlich auf Häufchen, die jemand zusammengefegt und sie nicht gleich weggeräumt hat.

Ich spürte, dass die Schwiegereltern mich zum Knecht machen wollten, und Irene sagte nichts dazu. Es war schwierig, aus dieser Konstellation herauszukommen, und so gönnte ich mir etwas Ruhe, indem ich immer öfter bei meinen Beschäftigungen außer Haus blieb. Ich saß in der Dunkelkammer oder ging mit dem Schäferhund über die Felder spazieren. Seit 1961 war ich ehrenamtlich im Rathaus der Gemeinde unseres Ortes tätig, und zwar im Ausschuss des Bauamtes. Diese Tätigkeit nahm mir auch einige Stunden von der Freizeit ab.

Mir wurde öfters gesagt, dass ich nicht umsonst den Schwiegereltern hälfe. Dafür bekäme ich die Möbel, zahlte keine Miete usw. Zu Weihnachten, zum Geburtstag usw. erhielt ich von ihnen immer Geschenke, meistens einige Kleidungsstücke. Die Geschenke waren wohl für die geleistete Arbeit gedacht, denn später, als ich da nur noch wohnte und nicht mehr arbeitete, bekam ich keine Geschenke mehr.

Sehr oft und gern waren die zwei Schwestern der Schwiegermutter, Gertrud und Anna, bei uns gesehen. Sie waren öfters bei uns, meistens wenn der Schwiegervater Wiktor abwesend war. An vielen Sonntagen ging Irene mit ihrer Mutter und meistens mit einem unserer Söhne zu den Tanten, zum Klatsch und Tratsch. Denn da wurden alle Geschehnisse unseres Ortes besprochen. Schwiegermutter Marie ging jeden Tag früh in die Kirche, um die Hl. Messe um 6:00 Uhr zu besuchen und so auch nach der Hl. Messe mit vielen Frauen zu tratschen. Dann ging es „*hast du gehört ....?*" Nach solchen Treffen wussten Irene und ihre Mutter sogar, wann jemand aus meiner Familie einen fahren (laufen) ließ. Aber wenn jemand aus ihrer Familie die Hose voll gemacht hatte, das wussten sie nicht.

Einmal beobachteten Leute hinter dem Zaun, wie Schwiegervater Wiktor mit einem 20l-Benzinkanister im Hof herum lief. Er wollte angeblich das Anwesen in Brand setzen. Irene und ihre Mutter rangen mit ihm schreiend, um dies zu verhindern. Ein Augenzeuge, der hinter dem Zaun stand und dies beobacht hat, fragte mich einmal, worum es da ging. So wurde ich von dem Geschehen in Kenntnis gesetzt. Nun fragte ich Irene danach, doch sie wusste nichts darüber. Sie konnte nicht verstehen, dass böse Leute sich so etwas ausdenken konnten. Nach einigen Recherchen erfuhr ich, dass er in Wut geraten war, weil ihm eine Beziehung zu einer Frau vorgeworfen wurde. Irene hatte also Geheimnisse vor ihrem Ehemann, wie ich das schon öfter festgestellt hatte. Irene hielt zu ihren Eltern, und ich war jemand, der nicht dazu gehörte. In ihren Augen waren alle Menschen schlecht und böse, ausgenommen die Familien der zwei Schwestern der Schwiegermutter – Gertrud und Anna. Einige Leute unseres Ortes sollen sogar meiner Schwiegermutter gesagt haben, dass ich kein guter Mensch sei, denn wenn sie mich auf der Straße gehen sahen, da erblickten sie kein fröhliches, sondern ein böses Gesicht. Über andere negativ zu sprechen kannte ich eigentlich aus meinem Elternhaus nicht. Klatsch und Tratsch lernte ich erst nach der Heirat, bei den Schwiegereltern, kennen.

Um die Verstimmungen in unserem Haus zu vertuschen, sang meine Schwiegermutter kirchliche Lieder, und das öfter und dazu immer lauter. Manchmal wurden diese Melodien auch gepfiffen. Das tat sie sogar beim Putzen der Wohnung bei offenen Fenstern zur Straßenseite. Wohl bei offenen Fenstern deswegen, damit die Leute, die an unserem Haus vorbei gingen, sie hören konnten. So konnten die Leute feststellen, dass sie eine fromme Frau sei. Öfters spazierte sie singend oder pfeifend im ganzen Haus herum. Das konnte ich manchmal nicht ertragen, vor allem dann, wenn ich ein Nickerchen machte. Eines Tages bat ich sie, den Gesang zu unterlassen, wenn ich mich im Hause befände, denn da hätte ich manchmal das Bedürfnis nach Ruhe. Weiter empfahl ich ihr, in der

Zeit zu singen, in der ich nicht zu Hause sei. Ich empfahl ihr auch, sie solle in den Kirchenchor eintreten und dort zur Freude der Gesamtheit singen. Darauf sagte sie mir: *„Böse Leute singen nicht und ertragen auch keinen Gesang der anderen."* Bei dem Gespräch war auch Schwiegervater Wiktor dabei, und er sagte zu ihr: *„Marie! Du hast gesungen und wirst weiter singen."* Und mir sagte er: *„Stopf dir Watte in die Ohren, wenn dich das Singen stört."*

Als die Schwiegermutter einmal im Erdgeschoss herumlief und ein kirchliches Lied (polnisch) sang – übersetzt mit etwa folgendem Text: *„ Dort möchte ich gerne ruhen, dort möchte ich gerne sein, dort bei deinem Herzen Jesus sein usw. ",* da rief ich laut vom Obergeschoss, damit sie es auch hören konnte, wie folgt: *„Lieber Jesus, erhöre ihre Bitte und nimm sie schnellstens zu dir, damit sie nah an deinem Herzen ist und fern von meinem."* Auf diesen Zuruf reagierte sie nicht und sang ihren Hilferuf weiter. Der Gesang und das Pfeifen, das ich zu hören bekam, war nur eine willkürliche Darbietung, die man bestenfalls als Störfaktor bezeichnen konnte. Heute, Jahrzehnte nach dieser Zeit, kann ich immer noch nicht ertragen, wenn jemand in meiner Anwesenheit ohne bestimmten Grund singt, pfeift, Radio spielt usw., da ich sehr empfindlich auf diese „Störung" bin. In unserer heutigen Wohnung haben wir kein Radio, nur die Stille in der Wohnung macht mich heilfroh. Heute hasse ich sogar Busreisen, denn ich ertrage den Lärm während der Fahrt nicht, der macht mich nervös. Der Bus macht während der Fahrt Geräusche, und meistens schaltet der Busfahrer zur eigenen Unterhaltung das Radio an. Die Fahrgäste unterhalten sich dazu sehr laut, um die zwei erwähnten Geräusche zu übertönen. Jedoch kann ich mir in solchen Fällen etwas helfen, indem ich meine Hörgeräte abschalte, die ich als Schwerhöriger trage.

Ich erwähnte schon, dass Irenes Großmutter Franziska mich mochte, und ich pflegte auch die Verbindung zu ihr, indem ich sie ab und zu besuchte. Bei den Besuchen traf ich ebenfalls die zwei Tanten Irenes, Cäcilia und Margot, die im gleichen Haus wohnten.

Bei den Besuchen bzw. Treffen erzählte ich der Großmutter Franziska und den Tanten auch über mein Leben mit den Schwiegereltern Marie und Wiktor. Für sie war das nichts Neues, denn sie hatten mit ihnen viele Jahre in dem Haus zusammen gewohnt. Auch damals hatte Irenes Mutter allen Hausbewohnern solche Gesangs- und Pfeifdarbietungen vorgetragen. Und die Darbietungen waren in der Sommerzeit ganz laut zu hören gewesen, da Maries Küchentür zum Treppenhaus fast immer offen und nur mit einem Türvorhang verdeckt gewesen war.

Nachdem der Schwiegervater Wiktor zu seiner Frau Marie gesagt hatte *„Marie! Du hast gesungen und wirst weiter singen"*, da dachte ich mir, wer mich ärgert, den kann ich doch auch ärgern. Wenn die Schwiegermutter sang, machte ich, um den Gesang zu übertönen, das Radio laut an. Aber es dauerte nicht lange, da war sie schon in unserer Wohnung, machte das Radio aus und verließ unsere Wohnung wieder. Einmal fragte ich sie, ob sie der Radiosender störe. *„Nein"*, sagte sie. *„Warum machst du es dann aus?"*, fragte ich, und die Antwort war: *„Weil das Radio an ist und du sowieso nicht zuhörst. Den Stromverbrauch, den das Radio verursacht, zahle ich und nicht du."*

Stromverbrauch! Bei der Bauplanung des Hauses war ich der Meinung, dass man zwei Stromzähler einbauen sollte. Einen Zähler für das Erdgeschoss und einen für das Obergeschoss. Damals war geplant, dass Irene und ich im Obergeschoss wohnen würden und die Schwiegereltern im Erdgeschoss. Später, als die Elektroinstallationen verlegt waren, war es mir eigentlich egal, ob ein bzw. zwei Stromzähler eingebaut würden. Denn wir sollten die Wohnung nach den Schwiegereltern bei Onkel Roman übernehmen. In der Zeit, in der wir im Haus wohnten, hätten die zwei Stromzähler die Probleme des Stromverbrauchs auch nicht lösen können. Denn die zwei Zimmer im Obergeschoss, wie ich schon erwähnte, gehörten uns nicht. Ein Zimmer beanspruchte Schwiegervater Wiktor und das zweite sein Schwiegervater Peter. Bei diesem Zustand hätte man auch unseren Stromverbrauch nicht genau beziffern können.

Bei der Hausplanung wurde gesagt, dass im Obergeschoss Irene und ich wohnen würden. Aber dass im Obergeschoss noch Irenes Großvater Peter wohnen würde, und dass ein Zimmer Irenes Vater für sich beanspruchen würde, wurde nicht erwähnt.

Meine Dunkelkammer war mit Kohleofen ausgestattet, sie wurde jedoch meistens elektrisch beheizt. Bei meiner Abwesenheit war die Kammer immer abgeschlossen, aber man konnte durch einen kleinen verglasten Türausschnitt hinein schauen. Manchmal, wenn ich mich dort nicht befand, aber dort Negative oder großformatige Fotos trockneten, war die Kammer elektrisch beheizt. Das konnte man durch den Türausschnitt sehen. Dieser Trocknungsvorgang wurde öfters abgebrochen, indem die elektrische Heizung durch den Sicherungsautomat abgeschaltet wurde. Mir wurde einmal erklärt, dass das elektrische Heizgerät an war, ich mich jedoch nicht in der Dunkelkammer befand. Es gab nicht nur Probleme mit dem Stromverbrauch, sondern auch mit dem Kohleverbrauch. Wie ich schon erwähnte, bestand unsere Wohnung nur aus zwei Zimmern, die mit Kohleöfen beheizt wurden.

Da ich in einem staatlichen Bergbaubetrieb arbeitete, erhielt ich jährlich sechs Tonnen Deputatkohle, die zusammen mit der Kohle der Schwiegereltern im Kellergeschoss lagerte. Nun schimpfte Schwiegermutter Marie öfters mit mir, dass ich zuviel Kohle in unseren zwei Zimmern verbrennen würde und dass ich immer saubere Kohlenstücke ohne Kohlenstaub nähme. Und so machte sie mir manchmal den Kohlenkasten in der Wohnung voll, mit Kohlenstücken und dazu Kohlenstaub. Die Schwiegermutter störte nicht nur der Strom- und Kohleverbrauch, sondern auch der Wasserverbrauch. Beim Samstagsbad, in der Zeit, als das Wasser in die Badewanne floss, klopfte sie manchmal an die Badtür und rief dahinter, ich solle nicht so viel Wasser in die Badewannen fließen lassen. Sie sagte mir öfters, dass sie darauf achten müsse, dass der Strom-, Kohle- und Wasserverbrauch nicht zu hoch sei, denn den Verbrauch zahle sie und nicht ich.

Ich berichtete schon, dass die Schwiegermutter ein Stück Acker besaß. Auf dem Acker baute sie zur Hälfte Kartoffeln und Hafer an. Einige Jahre nach unserer Hochzeit sagte sie zu mir, dass ich und Irene das Feld bearbeiten sollten. Damit war ich einverstanden und baute dort Kartoffeln an. Das war aber nicht so einfach, erst mussten wir Misthaufen zum Düngen und Saatkartoffeln kaufen. Danach mussten wir einen Bauern bestellen, um die Saatkartoffeln in die Erde zu bringen. Es lief eigentlich alles gut ab, aber das Saatgut ging mit viel Unkraut auf. Irene und ich sind deshalb eines Tages aufs Feld gegangen, um es vom Unkraut zu befreien (jäten). Irene konnte schlecht Unkraut von den Kartoffelpflanzen unterscheiden, und so riss sie die Hälfte der Kartoffelpflanzen aus der Erde heraus. Das ärgerte mich, und ich ließ die Kartoffeln mit dem Unkraut weiter wachsen. Im Herbst konnten wir einige kleine Kartoffeln ernten. Das Feld bestellten wir nie wieder.

Als wir vier Jahre verheiratet waren, verstarb Irenes Großvater Peter. Das Zimmer, in dem er untergebracht war, stand uns nun zur Verfügung. In dem Zimmer haben wir uns eine Küche eingerichtet. Wir kauften uns nur einen Kohleofen mit Kochplatte, einen Kühlschrank, ein Spülbecken, Lampen und viele andere Kleinigkeiten, die man in einer Küche brauchte. Einen schmalen Ober- und Unterschrank, einen kleinen Tisch, einen Stuhl und einen Unterbau für das Spülbecken baute uns Schwiegervater Wiktor ein. Eine Wasserleitung war schon vorhanden, aber kein Abfluss. Das verbrauchte Wasser aus dem Spülbecken wurde in einem Eimer aufgefangen und dann in die Trockentoilette gegossen, oder im Sommer auf den Hof. In der Küche befand sich manchmal auch etwas zum Essen, sonst war der Kühlschrank meistens leer. Wenn ich von der Arbeit zu normaler Zeit nach Hause kam, stand mein Mittagessen in Töpfen auf dem Ofen.

Das andere Zimmer 15,25 m² im Obergeschoss gehörte weiterhin dem Schwiegervater. Dort hatte er einen Schrank, voll belegt mit eigenen Dingen, außerdem einen Tisch und vier Sessel. Das Zimmer war das schönste Zimmer im Hause, mit zwei großen Fenstern nach Süden und Westen. Die Türen zu allen vier Zimmern im Obergeschoss mündeten in einen Korridor (Diele), und den wollte ich mit einer Tür vom Treppenhaus abtrennen. Der Schwiegervater war damit nicht einverstanden, denn so könnte er nur mit Behinderung sein Zimmer erreichen. Der abgetrennte Korridor konnte uns Vorteile bringen, so konnte z. B. der Gesang der Schwiegermutter nur gedämmt in unsere Räume gelangen, wie auch einige Gerüche aus dem Erdgeschoss wie Zigarettenrauch, Geruch aus der Küche usw. Man hätte damit auch den zwei Katzen der Schwiegermutter den Zugang zu unserer Küche versperren können. Manchmal bedienten sich die Katzen an unserem Tisch in der Küche oder im Wohnzimmer. Aus diesem Grund jagte ich sie immer vom Obergeschoss in das Erdgeschoss. Einmal fragte mich die Schwiegermutter, warum ich die Katzen von oben verjagte. Ich sagte ihr, dass es mich ekele, wenn Katzen sich an meinen Speisen bedienten. So sagte sie mir darauf: *„Die Katzen haben ein feineres Maul als du."* Na ja. Die Katzen liefen überall herum, manchmal brachten sie eine Maus oder eine Ratte nach Hause. Der Großvater spuckte manchmal auf die Erde, und die Katzen leckten das auf – pfui! Ich mag Katzen auch heute noch nicht. Und so verscheuche ich die Katzen der Nachbarn, da sie ihre Bedürfnisse in unserem Garten erledigen.

Obwohl ich weiterhin sehr wenig im und ums Haus und auch in der Tischlerwerkstatt tat, wohnten wir immer noch mietfrei und zahlten auch keine Nebenkosten usw. Jedoch wollte ich da auch nicht umsonst wohnen. Irene machte ich klar, dass sie von meinem Gehalt die Miete und den Strom-, Kohle- und Wasserverbrauch bezahlen sollte. Wie sie die Kosten, die den Schwiegereltern durch uns entstanden sind, mit ihren Eltern regelte, das wusste ich nicht. Das interessierte mich auch nicht. Sie bekam jeden Monat, mit Lohnabrechnung, mein Gehalt, und damit verwaltete sie den Haushalt. Im Projektbüro, als Leiter der mechanischen Abteilung, verdiente ich gut.

Weiterhin bekam ich von den Schwiegereltern keine Geburtstags-bzw. Weihnachtsgeschenke. Damit war ich auch sehr zufrieden, denn auf diese konnte ich verzichten. In der Zeit, in der Irene nicht mehr zur Arbeit ging, war ich Alleinverdiener. So suchte ich eine Beschäftigung, für die ich, statt Geschenke, Geld verdienen könnte. Eine solche Beschäftigung fand ich, und damit war ich zufrieden.

Der Gedanke meines Schwiegervaters *„Leben in einer Gemeinschaft"* war nicht schlecht. Jedoch war eine derartige Gemeinschaft nicht akzeptabel, denn da würde ich zum Knecht. Viel arbeiten und dazu den Mund halten (nichts sagen), dazu immer den Mund offen halten, bis ich etwas zu essen, trinken usw. bekomme. Nein, mit so etwas konnte ich nicht einverstanden sein. Dazu immer noch auf die Hausordnung achten. Aus der verschlossenen Bar, in dem verschlossenen Wohnzimmer im Erdgeschoss, konnte ich doch für mich nichts herausholen. Dort befanden sich alkoholische, ausländische Getränke wie Kognak, Champagner, verschiedene Weine usw. In unserer Wohnung im Obergeschoss besaß ich auch eine Bar, die war meistens leer. Später standen dort immer einige Flaschen.

Obwohl ich meinem Schwiegervater direkt nicht mehr in der Tischlerwerkstatt half, half ich ihm indirekt doch, denn er verwendete weiterhin verschiedene Zeichnungen für die Möbelherstellung, die ich ihm einmal angefertigt hatte. Ich habe dem Schwiegervater auch längere Zeit die Haare geschnitten, was ich bei meinem Vater gelernt hatte. Aber wenn ich mit dem Haarschnitt fertig war, dann sah er sich immer im Spiegel ganz genau an, um bei meinem Haarschnitt etwas zu bemäkeln. Als er von mir wieder einige Nachbesserungen verlangte, da sagte ich ihm verärgert, dass er sich beim nächsten Mal die Haare bei einem Friseur schneiden lassen sollte. Das tat er, aber er war danach böse auf mich. Nach jedem Friseurbesuch kann man kleine, aber auch große Macken im Haarschnitt finden, wenn man sie sucht. Jedoch ist das beim Haarschnitt nicht so tragisch, denn die wachsen nach ein paar Tagen zu. Aber mein Schwiegervater wollte mir damit nur zeigen, dass er auch gute Kenntnisse im Friseurgewerbe besitzt.

Die Malerarbeiten mit meinem Arbeitskollegen machte ich weiter. Für diese Arbeiten baute ich mir in der Tischlerwerkstatt des Schwiegervaters eine Stehleiter (Doppelleiter). Erst fertigte ich mir eine Zeichnung an, und danach die Stehleiter. Nun zeigte der Schwiegervater, bei guter Laune, manchen Tischlerkollegen meine Stehleiter und lobte mich, wie sauber und fachmännisch ich diese angefertigt hätte. Ich konnte auch einiges für ihn in der Tischlerwerkstatt herstellen, und er konnte mir die Arbeit bezahlen, aber so wollte er das nicht haben.

Als Maler machte uns eine Malerarbeit in einem Kindergarten berühmt. Die Wände waren bunt bemalt, und darauf befanden sich verschiedene Motive aus der Märchen- und Tierwelt. Die Arbeiten erledigten wir zur großen Freude der Kinder und zur Zufriedenheit des Elternrates. Die Arbeit war eigentlich der Anfang unserer Malerkarriere. Wir erhielten viele Aufträge, bemalten Wände in Rathäusern, Schulen, Privathäusern usw. Meistens kam ich sehr spät in der Nacht nach Hause, und am frühen Morgen meldete ich mich wieder an meinem beruflichen Arbeitsplatz. Diese Art der Malerarbeit nennt man heute „Schwarzarbeit", es war aber keine, denn zu dieser Zeit konnte man in Polen nach seiner beruflichen Beschäftigung einige bezahlte Arbeiten ausführen. Solche Arbeiten brauchte man nicht beim Finanzamt anmelden und auch keine Steuern dafür bezahlen. In dieser Zeit gab es wenige private und fast keine staatlichen Handwerkerfirmen in dieser Richtung. Und so machte ich mich mit den Maler- bzw. Fotoarbeiten nicht strafbar.

Mein Verhältnis zu den Schwiegereltern, so auch umgekehrt, war zu dieser Zeit gut. Ich war fast den ganzen Tag weg, sah die Abläufe im Haus nicht, und so störte mich auch vieles nicht. Man kann sagen, dass Irene und ihre Eltern meine ständige Abwesenheit genossen haben. Beim wenigen Zusammensein spürte ich, dass im Haus etwas anders lief. Alle waren zu mir ein bisschen freundlicher geworden, aber so, als ob sie etwas bedrückte. Wir machten sogar zusammen einen Ausflug nach Ojców bei Kraków (Krakau), Polen, den der Schwiegervater geplant hatte.

Foto: Unsere Söhne Christoph (5) und Damian (2½) in Ojców bei Kraków – 1965

Christoph und Damian hatten die Haare zu einer Rolle gekämmt. Irene und ihre Mutter hatten Mädchen gewollt, so machten sie die Jungs mit der Frisur teilweise zu Mädchen. Damian trug die Rolle in den Haaren sehr kurz, denn einmal sagte ihm jemand auf der Straße: *„Bist du ein Mädchen oder ein Junge?"* Seit dieser Zeit wollte er nicht mehr mit so einer Rolle herumlaufen und ließ sich nicht mehr so kämmen.

Man muss nur Geduld haben, und irgendwann kam heraus, warum Irene und die Schwiegereltern etwas freundlicher zu mir waren und zugleich bedrückt wirkten. Denn eines Tages befand ich mich abends im Wohnzimmer der Schwiegereltern im Erdgeschoss, wo auch Schwiegervater Wiktor war. Er fragte mich, ob ich Lust hätte, mit ihm ein Schnäpschen zu trinken. Ich stimmte zu. Er holte aus der Hausbar eine Flasche russischen Kognak und schenkte mir ein Glas ein. Er wusste, dass Kognak mein Lieblingsgetränk unter den alkoholischen Getränken war. Nach einigen Gläschen wollte er von mir wissen, wo, bei wem usw. ich die Wände strich und ob ich gut dabei verdiente. Ich sagte, dass ich mit der Belohnung für diese

Arbeit zufrieden wäre, da wir vor Beginn der Arbeit den Preis fest-
legten.

Irene wusste nur ungefähr, was ich da mit meinen außerdienstli-
chen Arbeiten (Fotografie, Malerarbeiten usw.) verdiente. Denn
das verdiente Geld lag, wie ich schon erwähnte, auf zwei Sparbüchern. Ein Sparbuch bewahrte ich zu Hause auf, deswegen kannte
Irene die Höhe des Sparguts, und so schien dem Schwiegervater
die Höhe des Sparguts etwas zu klein. Das zweite, das Geheim-
Sparbuch, von dem Irene und er nichts wussten, bewahrte ich im
Büro, in meinem Schreibtisch, auf. Als ich meinem Schwiegervater
sagte, dass ich mit dem, was ich verdiente, zufrieden sei, sagte er:
*„Mag sein, aber so reich, wie ich bin, wirst du von deiner Arbeit nicht werden,
auch wenn du 300 Jahre leben solltest."* Als er mir das sagte, war er 53
Jahre alt und ich 32 Jahre. Ich sagte ihm darauf, dass er noch keine
Rechenschaft über seinen Reichtum ablegen sollte, da er noch lebe
und die Zukunft nicht kennen würde. Er vergaß aber auch, dass
ich zu seinem Reichtum teilweise beigetragen habe.

Das, was er mir gesagt hatte, wühlte mich so stark auf, dass ich zu
ihm sagte, dass mein Vater keine Stiefmutter mit Goldstücken
hätte, und so konnte er ihr auch keine klauen. Das Thema war ihm
nicht unbekannt. Er wusste gleich, worum es sich handelte, und
schimpfte mit mir, dass ich auch an so eine unwahre Beschuldi-
gung glauben und dazu noch an den Kopf werfen würde. Stark
verärgert verließ er das Wohnzimmer und schlug die Tür kräftig
zu. Ich verließ ebenfalls das Wohnzimmer. Nach dem schönen
Umtrunk sprachen wir längere Zeit nicht miteinander, da er sich
stark beleidigt fühlte.

Bis zur Hochzeit mit Irene kam ich nicht auf den Gedanken, dass
wir in meinem Elternhaus arm waren. Natürlich, reich waren wir
nicht, aber es gab zu Hause genug zu essen und saubere Kleidung
auch. Unser Vater sorgte dafür, dass wir alle eine gute Ausbildung
und eine gute Erziehung bekamen. Solchen „Reichtum" hatte ich

in die Ehe mit Irene gebracht. Auf das Thema „Reichtum" des Schwiegervaters und von Irene komme ich auf weiteren Seiten zurück, denn an meine angeblich arme Herkunft erinnerten mich später noch die Schwiegermutter Marie und auch Irene. Eigentlich sah ich, als ich Irene kennen gelernt habe, bei Irenes Eltern keinen Reichtum. In der Zeit hatte Irenes Vater Wiktor eine kleine gemietete Tischlerwerkstatt außerhalb des Ortes, wo sie wohnten. Sie wohnten in einem alten Haus seines Bruders – Küche, Schlafzimmer und Wohnzimmer auf der anderen Seite des Flures. Ohne Bad und mit einer Trocken-Toilette (Abort) außerhalb des Hauses. In etwas besseren Wohnverhältnissen lebten, zu dieser Zeit, meine Eltern und wir sechs Kinder.

Den gleichen Satz *„Wenn du auch 300 Jahre lebst, wirst du von deiner Arbeit nicht so reich sein wie ich"* sagte der Schwiegervater schon einmal seinem Schwager, dem Ehemann seiner Schwester Margot. Der Schwager sagte ihm damals: *„Dein Reichtum ist nicht mit deinen Händen erarbeitet."* – *„Und wie bin ich dazu gekommen?"*, fragte der Schwiegervater. Darauf antwortete sein Schwager: *„Durch Schwindel und Betrug."* Es kam daraufhin zum Wortgefecht, und Irenes Vater verließ wütend die Wohnung. Die beiden haben bis zu ihrem Tod nie mehr miteinander gesprochen. Der Onkel und die Tante waren sogar nicht auf unserer Hochzeit, obwohl Tante Margot die Taufpatin von Irene war. Irenes Vater deutete öfters, in der Familie und mir gegenüber, an, dass sein Besitz über eine Million Zloty wert sei. Zugleich betonte er, dass er ein Millionär sei und so der reichste Mann im Ort und in der Umgebung. Über Geld redet man nicht, man hat es oder auch nicht. Hierzu kann ich nur sagen: *„Geld verdirbt die Moral!"*

Vor der Hochzeit mit Irene dachte ich, dass die Schwiegermutter Marie mich mochte. Das dachte ich nur, denn später, als ich mit Irene verheiratet war, konnte ich nur das Gegenteil erfahren. Aus der frommen Frau war ein Teufel geworden. Sie war aber eine sehr arbeitsame Frau.

Die Zeit vor der Hochzeit war für mich und Irene die schönste Zeit. Wir zwei waren eins. Unsere Gedanken brauchten wir nicht mit anderen teilen. Aber nach der Hochzeit haben sich unsere Ansichten von Tag zu Tag geändert. Und das deswegen, weil sie immer die Ansichten ihrer Eltern verteidigte. Ich sah, dass ich mit Irenes Heirat auch ihre Eltern geheiratet hatte. Irene beschwerte sich bei meinen Freunden und sogar bei meinem Chef über mich. Sie sagte, dass ihre Eltern nur das Beste für uns wollten, aber dass ich zu stur sei und meine Haltung nicht ändern wollte.

Natürlich haben wir unter Freunden viel darüber gesprochen. Mir wurde sogar empfohlen, einen Nervenarzt aufzusuchen, um mit einem Nervenberuhigungsmittel mein Verhalten zu ändern. Darauf sagte ich, dass ich schon längst bei einem Nervenarzt in Behandlung sei und Beruhigungsmittel einnähme, sonst hätte ich vielleicht längst alle zusammengeschlagen. Das einzige, was mir jedoch zu dieser Zeit geholfen hat, war die Arbeit, und dank dieser war ich meistens nur in der Nacht im Irrenhaus. Denn im Haus tobte ein ungleicher Kampf – eins gegen drei (nach einigen Jahren sogar eins gegen fünf) – um mein Eheleben. Das war schon richtig, dass ich einen Nervenarzt aufsuchte. Es war aber zu bedauern, dass niemand Irene und ihren Eltern den Rat gab, einen Psychiater aufzusuchen. Vielleicht hätte er sie von ihrem Wahnbild, etwas Besseres zu sein, heilen können. Mit Anspielung auf mich sagte Schwiegermutter Marie einmal: „*Es ist schlimm, wenn ein Bettler sich zum Herrscher machen will.*" Das bedeutete, es wäre richtig, wenn ich die Rolle eines Untertanen spielte.

Ich wusste schon, dass ich im Oktober 1965 eine Wohnung in der Wohnungsbaugenossenschaft erhalten würde. Im Schaukasten der Wohnungsbaugenossenschaft sollte eine Liste ausgehängt werden, mit den Namen derer, denen eine Wohnung zugesprochen wurde. Anfang September 1965 wurden sie schriftlich, per Post, benachrichtigt, dass sie sich bei der Wohnungsbaugenossenschaft zu einem Gespräch melden sollten. Mit meiner Anschrift kam die Post in das Haus bei den Schwiegereltern an. So erfuhren Irene und ihre Eltern, dass mir eine Drei-Zimmer-Wohnung zugesprochen wurde. Irene nahm das Schreiben, ohne mich zu informieren, fuhr zu der Wohnungsbaugenossenschaft und teilte dort mit, dass wir keine Wohnung bräuchten, da wir in einem eigenen Haus, in einer Villa, wohnten. Nun wurde die Wohnung an eine andere Familie vergeben. Anfang Oktober fuhr ich zu der Wohnungsbaugenossenschaft, um im Schaukasten nach meinem Namen zu sehen. Ich sah auf der Liste viele Namen der „Glücklichen", denen eine Wohnung zugesprochen wurde, aber unter denen war mein Name nicht dabei. Im Büro der Wohnungsbaugenossenschaft erfuhr ich, was geschehen war. Dass meine Frau Irene, ohne mich darüber in Kenntnis zu setzen, persönlich im Büro der Wohnungsbaugenossenschaft erklärt hatte, dass wir keine Wohnung bräuchten. Die Wohnungsbaugenossenschaft hatte die Absage angenommen und diese Wohnung jemandem, der hinter mir auf der Warteliste stand, zugesprochen.

Ich konnte es nicht fassen. Wie konnte Irene, nach so einer Tat, mir einen Monat lang, als ob nichts wäre, in die Augen schauen? Ich weiß es nicht. Wie hätte ein anderer Ehemann auf so eine Tat reagiert? Jedenfalls kochte ich vor Wut, und ich schimpfte stark mit Irene. Sie hatte nur eine Erklärung parat, wir bräuchten keine andere Wohnung, dazu noch in einer Plattensiedlung. Irene war eine Person, der egal war, welche Folgen ihr Gerede bzw. Tun nach sich ziehen kann. Sie hatte es getan, und danach könntest du sie sogar totschlagen, das war ihr egal. Das Gespräch über die Wohnungsabsage hörte Schwiegermutter Marie, und sie sagte zu Irene: *„Warum hast du die Wohnung abgesagt? Er könnte doch dort wohnen, wo das asoziale Pack wohnt. Schließlich will, wer schon einmal Mieter war, immer zur Miete wohnen."*

Ich konnte nichts mehr unternehmen, als nur mit Irene zu schimpfen. Das Geschehene konnte ich nicht rückgängig machen, da meine Wohnung schon an eine andere Familie vergeben worden war. Die nächste Wohnungsvergabe war erst in drei Jahren, und so musste ich weiter bei den Schwiegereltern wohnen. Es sah so aus, als ob die Schwiegereltern nichts von der Wohnungsabsage wüssten. Meistens wurde die Post von den Schwiegereltern abgefangen, und so bin ich mir sicher, dass sie an der Wohnungsabsage auch beteiligt waren. Mit dieser Aktion hatte Irene unser Eheleben noch verschlimmert, damit trennten wir uns ein Stück weiter voneinander. Nach Meinung der Schwiegermutter konnte ich doch in die neue Wohnung ziehen. Sie konnte mit den Kindern zu jeder Zeit bei den Eltern weilen und zwar so lange, wie sie es nur wollte. Das Geschehen veränderte jedoch das Zusammenleben im Haus. Jetzt wusste ich auch, warum alle in der letzten Zeit etwas freundlicher und zugleich bedrückter wirkten. So war es auch zu erklären, warum der Schwiegervater mich zu dem Schnäpschen eingeladen und den Bus-Ausflug in die Berge organisierte hatte.

Der Hausfrieden dauerte nicht lange, denn ich ließ mir in einer Schlosserwerkstatt einen Briefkasten, zum Aufhängen an die Außenwand des Hauses, anfertigen. So einen Briefkasten konnte man damals im sozialistischen Handel nicht kaufen. Beim Aufhängen des Briefkastens schimpften mit mir meine Schwiegereltern sehr stark, da sie damit nicht einverstanden waren. Ohne Rücksicht auf die Schwiegereltern brachte ich den Briefkasten, gleich beim Eingang in das Haus, an. Er war mit meinem Namen versehen und mit einem Vorhängeschloss abgeschlossen. Dem Briefträger sagte ich, dass er an mich adressierte Post in diesen Briefkasten einwerfen solle.

Im Herbst 1965 sagte mir ein bekannter Vermessungsingenieur, dass er einen Auftrag bekomme, und zwar zur Straßenvermessung in unseren schlesischen Orten. Der Auftrag umfasse sozusagen eine Straßenbestandsaufnahme. Zuerst machte ich die Straßenbestandsaufnahme des Ortes in einer Skizze. Danach fertigte ich zu Hause bzw. im Projektbüro am Reißbrett Zeichnungen der Straßen an, mit Straßenlänge, -breite, Gehsteige mit Bezeichnung der

Art der Oberfläche, und alles, was sich auf den beiden Seiten der Straße befand. Häuser mit Nr., Zäune, Bäume usw. Bezahlt wurde nach Länge der Straße mit Berücksichtigung des Schwierigkeitsgrades der bearbeiteten Straße. Mein Arbeits- und Malerkollege zeigte auch Interesse an dieser Arbeit. Diese Tätigkeit war leichter, sauberer und besser bezahlt als die Malerarbeiten, und so waren wir bereit, diese anzunehmen. Zuerst fuhren wir mit dem bekannten Vermessungsingenieur in einen Ort und fingen mit der Straßenvermessung an. Nach einigen Tagen machten wir die Vermessungen nur zu zweit, mein Kollege und ich. Später trennten wir uns, und jeder arbeitete für sich selbst. Natürlich brauchte man zur Straßenvermessung eine zweite Person, und so halfen mir mein Bruder und einige Schüler. So konnten sie ihr Taschengeld etwas aufbessern. Die Straßenvermessung machte ich vom Frühjahr bis zum Herbst bei schönem Wetter. Bei schlechtem Wetter und im Winter fertigte ich die Zeichnungen an. Zu den Straßenvermessungsorten fuhr ich, so weit es ging, mit der Straßenbahn. Das war nicht so einfach, da wir die Vermessungsgeräte immer mit uns herum schleppen mussten.

Foto: Irene (27) und ich (33) anlässlich der Hochzeit meines Bruders – 1965

Nach der gescheiterten Wohnungsvergabe bei der Wohnungsbaugenossenschaft habe ich den Antrag dort als Wohnungssuchender zurückgezogen. Zugleich stellte ich aber, ohne Wissen Irenes, einen Antrag auf eine Betriebswohnung. Die Wartezeit auf eine solche Wohnung war mir unbekannt, denn gebaut wurde wenig, aber man konnte in einen vorhandenen Bau zugeteilt werden.

Der Cousin von Irene, Stefan, wollte katholischer Priester werden und besuchte nach dem Abitur, im Jahr 1966, das katholische Priesterseminar in Kraków (Krakau). In einem Priesterseminar deshalb, weil die Kommunisten die Theologielehre an der Universität abgeschafft hatten. Auf die zwei Frauen, Irene und ihre Mutter, kamen zusätzliche Aufgaben zu. Zu Hause wurde sehr oft viel Kuchen gebacken, und die beiden fuhren öfters nach Kraków, um dort dem zukünftigen Priester das Leben zu versüßen. Ein Stück von dem Kuchen bekam ich aber nicht. Dorthin gingen nicht nur der Kuchen und die Süßigkeiten, dorthin steckten sie auch viel Geld.

Unser Pfarrer beschäftigte mich viel mit Fotoarbeiten. Ich fotografierte die Geschehnisse in der Pfarrgemeinde und machte Fotos. Für die Hausbesuche in der Weihnachtszeit brauchte der Pfarrer kleine Bilder, 6 x 9 cm, mit christlichen Motiven. Die Bilder verteilte er bei den Hausbesuchen an die Kinder. Solche Bilder konnte man in dem kommunistischen Staat nicht kaufen. Der Priester besuchte die Familien in Begleitung von zwei Messdienern, dem Orgelspieler oder dem Messner. An der Tür schrieb er, was heute bei uns die Sternsinger schreiben: 20*C+M+B*17. Nur ging das Geld, das bei den Besuchen gespendet wurde, nicht an bedürftige Kinder, sondern in die eigene Tasche der Besucher. Durch verschiedene Fotoarbeiten für den Pfarrer kam ich öfter mit ihm zusammen. Eines Tages erfuhr ich, dass er zwei Beichtstühle bei meinem Schwiegervater Wiktor bestellt hatte. Er sagte mir auch, dass der Priester-Anwärter Stefan sehr oft in Kraków von seiner Familie besucht werde, was er nicht für gut halte. Denn der zukünftige Priester sollte lernen, in Bescheidenheit zu leben und nicht mit viel Süßigkeiten und Geld verwöhnt werden.

Die zwei bestellten Beichtstühle wurden hergestellt und in der Kirche aufgestellt. Bei der Lieferung kosteten die Beichtstühle das Doppelte des vereinbarten Preises. Der Pfarrer zahlte nur den vereinbarten Preis. Dadurch kam es zwischen den beiden zum Streit, und sie blieben verfeindet. So ein reicher Mann bzw. Unternehmer, als der sich mein Schwiegervater überall darstellte, könnte doch diese Beichtstühle der Kirche schenken, wenn nicht beide, dann eventuell nur einen. Damit könnte er sich selber ein Denkmal in der Kirche aufstellen. Nun stehen die Beichtstühle noch heute in der Kirche, um die Menschen, durch Beichte, mit Gott zu versöhnen, aber die zwei Zankhähne – der Pfarrer und mein Schwiegervater Wiktor – versöhnten sich nicht. Reich! Reich war mein Schwiegervater nicht. Er konnte sich zwar vieles leisten – essen, trinken usw. Dadurch lebte er in dem Wahn, dass er ein reicher Mann sei. Nach einem Jahr, 1967, wurde Irenes Cousin Stefan, der Priester-Anwärter, für zwei Jahre zum Wehrdienst berufen, und so wurde sein Studium im Priesterseminar unterbrochen. Für meine Schwiegermutter Marie war das eine Tragödie. Sie lief im Hause weinend, im Selbstgespräch, wie verwirrt herum. Sie konnte nicht verstehen, wie sie es zum Ausdruck brachte, dass so ein *„Heiliger Junge"* zum Wehrdienst einberufen wurde. Ich sagte ihr damals, dass es vielleicht gut für ihn sei. Damit lerne er ein anderes Leben kennen, andere Leute, Disziplin, Gehorsam usw., und so könnte das auch seine Berufung zum Priester vertiefen. Und zweitens seien wir, die zum Wehrdienst berufen wurden, Teufel. Die Versuche meines Schwiegervaters bei entsprechenden Behörden Stefans Berufung zurückzuziehen, blieben ohne Erfolg. Nun wurde er weit von zu Hause, in Masuren, stationiert, wo Priester-Anwärter aus mehreren Diözesen Polens zusammen in einer Kompanie untergebracht waren. Nach zwei Jahren Wehrdienst kam er als Priester-Anwärter zurück in das Priesterseminar in Kraków.

Durch die nebenberufliche Tätigkeit hatte sich auf den zwei Sparbüchern eine schöne Summe angesammelt. Das ersparte Geld, das ich für die Wohnungseinrichtung vorgesehen hatte, wollte ich jetzt für den Kauf eines Pkws verwenden. Darüber sprach ich mit Irene, und sie stimmte zu. Natürlich brauchten wir zum Kauf des Pkws noch ein kleines Darlehen. Das zweite Sparbuch, mit dortigen Einlagen, hielt ich weiter vor Irene geheim. Das Spargut sollte mir, im

Falle eines Falles, für die Abzahlung des Darlehens zur Verfügung stehen. Nun schloss ich mit einer staatlichen Pkw-Verkaufsstelle in Katowice (Kattowitz) einen Pkw-Kaufvertrag ab. Zu dem Kauf nahm ich noch ein Darlehen auf. Zu dem Pkw-Kauf musste ich noch Schmiergeld geben, und danach wartete ich auf die Nachricht zur Abholung des Pkws, „Syrena 103", polnische Produktion. Den Pkw „Syrena" nannte man auch *„Königin der polnischen Straßen".* Einen Pkw „Syrena" fuhr meistens nur die Arbeiterklasse, für die Bonzen waren andere Pkw-Marken vorgesehen, welche nur auf Bezugsschein zu bekommen waren.

Nach einigen Monaten Wartezeit war es so weit. Anfang des Jahres 1967 rief mich der zuständige Mann, der das Schmiergeld von mir bekommen hatte, an. Er gab mir zur Kenntnis, dass er in der Nacht eine kleine Pkw-Lieferung bekommen würde und ich solle mich zeitig am Tage in der Verkaufsstelle melden. Nun fuhr ich mit Irene rechzeitig dorthin und bekam den einzigen, unter den gelieferten Pkws, in einer hellen Farbe – Elfenbeinfarbe. Alle andere Pkws waren dunkelblau oder dunkelgrün. Die Autos waren in Warszawa (Warschau), Polen, hergestellt und mit der Bahn nach Katowice gebracht worden.

Als wir mit dem Pkw nach Hause gekommen waren, wollte die Schwiegermutter Marie den Pkw überhaupt nicht ansehen. Sie sagte mir: *„Den Wagen hast du nur aus Hochmut gekauft, ich werde da nie einsteigen."* So war es aber später nicht, sie ist mit uns viel herumgefahren. Und der Schwiegervater sagte: *„Einen Syrena hast du also gekauft."* Dazu sagte ich: *„Ja, einen Syrena, einen besseren Pkw kann ich mir nicht leisten."* – *„Da hast du recht",* antwortete mein Schwiegervater. Am Abend lud ich meinen Schwiegervater zu einem Glas russischen Sektes ein, um so den Kauf des Pkws zu begießen.

Die zusätzlich Ausrüstung des Pkws, die man auf dem Foto sieht wie: Rückfahrtbeleuchtung, Nebellampen, Radio, Dachpaketträger usw., gehörten nicht zur Ausstattung des Pkws. Solche Zusatzausstattungen für den Pkw konnte man in den privaten Autozubehör-Geschäften in Katowice kaufen.

Foto: Mein Pkw „Syrena 103"
Hinter dem Lenkrad – ich (36), der
glückliche Pkw-Besitzer – 1968

Das Kennzeichen des Pkws: SI
– 2804. „S" bedeut: „Śląsk"
(Schlesien) und „I" bedeutet:
Kreis Tarnowskie Góry (Tarnowitz). Die Nummer 2804
bedeutet, der Pkw war als 2804. Pkw im Kreis Tarnowskie Góry
im Jahr 1967 angemeldet. Staatliche Pkws hatten andere Kennzeichen, und so wusste die Polizei bei einer Kontrolle im Voraus,
dass sie einen privaten Pkw-Besitzer anhielten.

Solche Kontrollen gab es an fast jeder größeren Kreuzung. Einmal
fuhr ich 25 km weit von zu Hause zu einer Geburtstagsfeier und
wurde an der Strecke fünf Mal von der Polizei zur Kontrolle angehalten. Kontrolliert wurde die Identität des Fahrers, der technische Zustand des Pkws, oder wegen eines angeblichen Verkehrs-
verstoßes des Fahrers. Aber der Hauptgrund der Kontrollen war
erstens, damit sie erfahren konnten, wer sich wo bewegt. Zweitens,
damit sie dann, für die angeblichen Beanstandungen am Pkw bzw.
für den Verkehrsverstoß des Fahrers, Bußgeld ohne Quittung
(Schmiergeld) verlangen konnten.

In der Zeit, in der ich meinen Pkw kaufte, zählte unser Ort 5600
Einwohner, und ich war der achte Pkw-Besitzer. Es gab Marken
wie: „Syrena 102", „Syrena 103", zwei „Warszawa", „Wartburg
311", „Trabant", „Skoda", „Opel", also ein Pkw auf 700 Einwohner. Zu meinen außerberuflichen Tätigkeiten bekam ich mit dem
Pkw-Kauf eine weitere Tätigkeit hinzu. Denn viele Bewohner unseres Ortes baten mich um „Taxi-Fahrten" zum Arzt, zu Hochzei-

ten, zur Taufe des Kindes usw. Bei einigen Fahrten konnte ich doppelt verdienen, da ich zugleich als Fotograf tätig war.

Vor dem Kauf meines Pkws war mein Schwiegervater Wiktor meistens mit dem Inhaber des Opels unterwegs, dem er die Fahrt bezahlte. Er war viel unterwegs für die Handwerkskammer, wo er zu der Kommission für Meister- und Gesellenprüfungen im Tischlerhandwerk gehörte. Manchmal, wenn der Schwiegervater irgendwohin fahren wollte und der Opel-Besitzer nicht fahren konnte, bat er mich darum. Ich fuhr ihn mit meinem Syrena und tat es auch gerne. Die Fahrten bezahlte er mir nicht. Manchmal, wenn wir bei einer Tankstelle vorbei fuhren, sagte er: *„Fahr die Tankstelle an zum Tanken".* Das habe ich nie gemacht. Ich sagte immer, dass ich genug Benzin im Tank habe. Denn der Benzinverbrauch bei einer Fahrt war für mich nicht so teuer, da ich meistens Benzin und Öl zum halben Preis von den Lkw-Fahrern der staatlichen Betriebe kaufte. Teurer war für mich die Wartung, Reparaturen usw. am Pkw. Und so konnte ich sagen, ich fuhr meinen Schwiegervater Wiktor gratis. Er hätte mich auch nach den Tarifen des Opel-Fahrers bezahlen können.

Für den Pkw „Syrena" hatte ich keine Garage. Im Hof unseres Anwesens war genug Platz, um eine Garage zu bauen. Aber die Schwiegereltern erlaubten mir nicht, eine zu bauen. Vorerst konnte ich den Pkw in einem Schuppen unterstellen, wo der Schwiegervater Holz und andere Gegenstände für die Tischlerwerkstatt lagerte. Zu dieser Zeit benutzten alle Pkw-Besitzer den Pkw meistens nur zu Sonntagsfahrten, und das bei schönem Wetter. Nach einer Fahrt bei schlechtem Wetter wurde der Pkw gleich gewaschen und sauber in die Garage gestellt. Meinen Pkw konnte ich auf dem Hof unseres Anwesens nicht waschen, da der Boden danach ganz matschig war. Waschanlagen gab es nicht. Und so wurde der Pkw meistens irgendwo an einem Bach gewaschen, wo ich Wasser aus dem Bach in einem Eimer holte. Am Ende sagte mir der Schwiegervater, dass ich den Pkw nicht mehr in dem Schuppen unterstellen könnte, da er dort eine Maschine aufstellen wollte.

Mit meinem Pkw leistete ich öfter einer gehbehinderten Frau Fahrdienste, die im eigenen Anwesen ein Gasthaus führte. Das Anwesen befand sich nicht weit von unserer Wohnung. Ich erzählte ihr einmal, dass ich eine Garage für meinen Pkw suchte. Sie sagte mir, dass ich aus dem Schuppen, der sich auf ihrem Anwesen befände, eine Garage bauen könnte. Die Miete in Höhe von 30 Zloty würde sie monatlich von den Baukosten abziehen. Ich stimmte zu und baute dort eine Garage. Sie lag direkt an der Straße, jedoch ohne Strom- und Wasseranschluss.

Durch den Pkw kam ich öfter mit unserem Pfarrer zusammen, da ich ihn in privaten und dienstlichen Angelegenheiten als „Taxi" fuhr. Ich war für ihn eine Vertrauensperson, und bei verschiedenen kirchlichen Festen saß ich am Festtisch mit anderen Priestern zusammen. Das war für mich eine Ehre. Bei den vielen Fahrten erzählte ich dem Pfarrer von meinem Leben mit den Schwiegereltern. Beim Silvester-Gottesdienst sprach er auch in seiner Predigt über verschiedene Geschehnisse in der Pfarrgemeinde, die in dem zu Ende gehenden Jahr vorgekommen waren. Er sprach zudem das Thema an, warum und was wohl dahinter stecke, dass einige Ehen in unserer Pfarrgemeinde auseinander gingen. Fast alle „warum und was steckt dahinter" stammten aus meinem Leben mit meinen Schwiegereltern. Die Zielscheibe der Predigt war meine Schwiegermutter Marie, die mir das tägliche Leben zur Hölle machte. Als wir nach dem Silvester-Gottesdienst mit den Schwiegereltern zusammen saßen, sagte Irene zu ihrer Mutter: „*Hast du gehört, was der Pfarrer über die Schwiegermütter gesagt hat?*" Darauf sagte sie: „*Ja, es gibt solche Schwiegermütter.*" Aus der Aussage der Schwiegermutter ging hervor, dass sie sich nicht angesprochen fühlte. So eine Schwiegermutter war sie nicht, obwohl die Worte direkt an sie gerichtet waren. Die an meine Schwiegermutter gerichtete Silvester-Predigt änderte ihr Verhalten mir gegenüber nicht. Das „idyllische Leben" bei den Schwiegereltern ging mit sonnigen und schattigen Seiten weiter. Ich war weiterhin mit meinen außerberuflichen Tätigkeiten viel außer Haus. Irene arbeitete nicht und war den ganzen Tag zu Hause. In der Zeit lebte sie mit den Kindern im Erdgeschoss, bei ihren Eltern. Wenn ich einmal unverhofft nach Hause kam, so war unsere Wohnung kalt, und man spürte in der Wohnung kein Leben. Zur Arbeit ging ich meistens, ohne vorher zu frühstücken, ich nahm auch selten Brote zur Arbeit mit. Anfangs machte mir die Schwiegermutter die Brote, später ich selber. Das hing davon ab, ob sich im Kühlschrank unserer kleinen Küche etwas Essbares befand.

Unser Sohn Christoph ging inzwischen in die Schule, dorthin schickte ihn Irenes Mutter, da Irene zu der Zeit noch schlief. Angeblich hörte sie nicht, wann wir aufstanden. Wenn Christoph wach wurde, ging er gleich zu Irenes Eltern. Irene sagte mir einmal, dass ich sie wecken solle, wenn ich zur Arbeit aufstünde, so würde sie die Brote für mich machen. Ich weckte sie nie. An den Tagen, an denen ich ohne Brote zur Arbeit ging, frühstückte ich in der Betriebskantine. Von meinem Verdienstgeld zog ich dann den Betrag, mit Auflistung der Frühstückskosten, ab. So ging das einige Monate lang, bis sie, ohne dass ich sie wecken musste, aufstand und mir die Brote zur Arbeit machte. Denn die Kantinenfrühstückkosten waren für sie zu hoch. Wenn ich den ganzen Tag außer Haus war, kaufte ich mir von meinem zusätzlich verdienten Geld etwas zu essen.

Was Irene den ganzen Tag zu Hause so machte, war mir unbekannt. Sie schlief gerne sehr lange. Denn wenn ich mal dienstlich unterwegs war und auch dabei nach Hause kam, traf ich meistens Irene im Bett an, und das sogar um die Mittagszeit. Als ich sie im Bett schlafen sah, sang ich eine Melodie, die etwa so geht: „*... sie schläft und schläft und niemals hat sie genug.*" Ausgeschlafen ist nicht der, der lange schläft, sondern der, der zeitig ins Bett geht. Auch die Schwiegermutter Marie schlief am Tage, meistens irgendwo

82

versteckt. Der Schwiegervater Wiktor konnte sich auch am Tage hinlegen. Mir war bekannt, dass Irene viel außer Haus war, angeblich, um ihrem Vater irgendwelche Dinge für die Tischlerei zu besorgen.

Unsere Söhne Christoph und Damian schliefen sehr oft mit den Schwiegereltern zusammen. Eigentlich hatte ich nichts dagegen. Aber wenn sie mit uns zu Bett gingen, wollten sie vor dem Einschlafen am ganzen Körper mit der Hand gestreichelt werden. So tat es bei ihnen die Schwiegermutter Marie. Das gefiel mir nicht, denn ich hatte Angst, dass sie eventuell zu Sadisten oder zu anderen Menschen werden könnten. Vielleicht hatte sie auch Irene gestreichelt, die mit der Mutter bis zur Hochzeit zusammen geschlafen hatte. In dem Streicheln fand die Schwiegermutter vielleicht eine Befriedigung.

Eines Tages teilte mir Irene mit, dass sie wieder schwanger sei. Ich sagte ihr, dass ich es zur Kenntnis nähme und dass ich nach der Geburt des Kindes einen Vaterschaftstest beantragen würde, denn in der letzten Zeit hatten wir kaum Sex miteinander. Irene nahm meine Stellungnahme, ohne etwas dazu zu sagen, an. Ein paar Tage später, als ich am Abend nach Hause kam, war Irene nicht daheim. Ich habe auch nicht nach ihr gefragt. Denn sie ging öfters abends zu den Tanten, um dort zu tratschen. Aber einige Stunden später kam sie mit dem Pkw, in Begleitung der bekannten Hebamme, nach Hause. Sie wirkte schwach und blass im Gesicht und sagte, dass es ihr nicht gut gehe, und ging gleich ins Bett. Dabei dachte ich mir, dass sie wieder eine Gallenkolik bekam. Denn wegen einer Gallenblasen-Entzündung war sie schon längere Zeit in ärztlicher Behandlung. Sie bekam öfters eine Gallenkolik, da sie sich manchmal nicht an die ihr angeordnete Diät hielt. Sie war es gewohnt, gut und fett zu essen, und das ging jetzt auf einmal nicht mehr, und das konnte sie nicht verstehen. Natürlich, nach Ansicht ihrer Mutter war ich schuld an ihrer Krankheit. Am nächsten Tag, nach dem Kolikverdacht, offenbarte mir Irene, dass sie die Schwangerschaft abgebrochen hatte.

Ob Irenes Mutter über die Schwangerschaft und den Abbruch etwas wusste, das weiß ich nicht. Irena tat es, da sie Angst vor der Mutter hatte, oder davor, dass ich nach der Geburt des Kindes einen Vaterschaftstest beantragen würde. Jedenfalls war die Tat für eine tief gläubige Katholikin eine schwere Sünde. Diese Sünde musste sie dem Beichtvater bekennen. Manche Beichtväter verweigerten sogar nach so einer Sünde, der Sünderin die Absolution zu erteilen. Ich hatte jedenfalls damit nichts zu tun, da ich nicht wusste, dass sie es tun würde.

Im Jahr 1968 bewarb ich mich auf eine offene Stelle in unserem Betrieb, die ich auch bekam. Und so wurde ich von der jetzigen Stellung als Leiter der mechanischen Abteilung im Projektbüro in die Abteilung für Experimentieren und Untersuchungen des Bergbaus und Hüttenkombinats versetzt. Ich übernahm den Posten in der Werkstatt als Ingenieur für den Bau von Urmuster-Maschinen für den Bergbau unter Tage. Nach der Fertigstellung der Urmuster-Maschinen wurden diese unter Tage untersucht. Für die Tätigkeit unter Tage brauchte ich vom Bergbauamt eine Genehmigung für den Posten eines Steigers. Den erhielt ich nach einer abgelegten Prüfung im Bergbauamt. Mein Gehalt war in der Abteilung höher als im Projektbüro. Ich saß mit meinem Chef in einem Raum, und unsere Schreibtische standen sich gegenüber. Er kam meistens zu Schichtbeginn, die um 7:00 Uhr begann, und nach kurzer Arbeitsbesprechung ging er in das Direktionsgebäude, wo er seinen zweiten Arbeitsplatz hatte. Er hatte einen zweiten Posten als zweiter Sekretär der Partei – PZPR (Polnische Vereinigte Arbeiterpartei). Wir verstanden uns sehr gut, sowohl beruflich als auch privat.

Irene traf sich einmal mit meinem Chef, den sie schon persönlich kannte. Sie bat ihn, er solle mit mir sprechen, damit ich meine Haltung gegenüber ihren Eltern änderte. Er sollte mir aber nicht sagen, dass sie mit ihm persönlich darüber gesprochen hatte. Wir saßen in einem Büro, aber über mein Leben mit den Schwiegereltern sprach ich mit ihm nicht. Eines Tages sagte er mir doch, dass er sich mit Irene getroffen hatte, und sagte, dass er nicht wüsste, ob er mit mir über den Inhalt des Gesprächs sprechen sollte. Ich war damit einverstanden, und er erzählte mir, was er da so alles Negatives über mich erfahren hatte. So erzählte ich ihm auch meinerseits Erlebnisse mit Irene und ihren Eltern. Es war ein langes Gespräch über das Thema. Einfluss auf mich zu nehmen, damit ich meine Haltung zu den Schwiegereltern änderte, versuchte er nicht. Zu Hause stellte ich Irene zur Rede, denn was sollte das, den Mist, der in der Familie entstanden war, nach draußen zu tragen? Sie versprach mir, nie mehr so etwas zu machen. Was sie versprochen hatte, hielt sie nicht. Nach einigen Jahren schrieb sie sogar an meinen Arbeitgeber.

Im August 1968 war der Pkw „Syrena 103" schon abgezahlt, und ich hatte die Absicht, den Wagen zu verkaufen und einen „Syrena 104" („Syrena" = Meerjungfrau) zu kaufen. Der „Syrena 104" war besser ausgestattet und besaß eine Klimaanlage. Nun sprach ich mit Irene darüber. Sie sagte: *„Da willst du wieder für den Kauf eines Pkws Schulden machen?"* – *„Nein"*, sagte ich, *„den Pkw kaufe ich in bar. Das fehlende Geld nach Verkauf des Pkws ‚Syrena 103' habe ich auf einem zweiten Sparbuch."* Es waren 30.000 Zloty darauf. Zu dieser Zeit verdiente ich bei meinem Arbeitgeber um die 3.500 Zloty monatlich. Irene war erstaunt, stimmte dem Pkw-Kauf „Syrena 104" aber zu. Den Pkw „Syrena 104" bekam ich im Oktober 1968. Irene sagte mir damals, dass ich in Zukunft das Haushaltsgeld verwalten sollte, wenn ich bei den vielen Schulden, die ich hatte, noch so viel Geld ansparen konnte.

Ja, sparen konnte ich nur durch meine viele Arbeit. Geld ausgeben wollen alle, aber das Geld verdienen nicht. Zu letzteren gehörte Irene. Sie konnte nur Geld ausgeben, aber nicht verdienen. Am Monatsende war sie meistens ohne Geld für den Haushalt. Ab und zu habe ich ihr Geld geliehen. Aber manchmal wollte sie mir das Geld nicht zurückgeben. Sie war dann der Meinung, dass ich das Geld schließlich nicht einer fremden Person geliehen hätte. Und so weigerte ich mich manchmal, ihr Geld zu leihen. Sie war der Meinung, dass sie doch sparsam sei, und sie konnte sich nicht erklären, wohin das Geld jeden Monat ging. Nun empfahl ich Irene, dass sie die Ausgaben in einem Heft notieren sollte, damit sie sehen konnte, wo das Geld ausgegeben wurde. Sie tat es, aber am Monatsende fehlte ihr das Geld weiter. Nun gab mir Irene das Heft zur Kontrolle. Da wollte ich nicht hineinschauen, und in den folgenden Monaten tat ich es auch nicht. Denn dann hätte ich gleich nach dem Kauf einer Ware den Eintrag mit der Rechnung vergleichen und in dem Heft abhaken müssen. Irene hatte wohl darüber mit ihrer Mutter gesprochen, dass sie die Haushaltsausgaben in einem Heft notierte, da ich es so wollte. Denn als Irenes Mutter mir einmal wieder die Leviten las, sagte sie zu mir: *„Was bist du denn für ein Ehemann, der seiner Frau vorschreibt, dass sie alle Haushaltsausgaben in einem Heft notieren soll?"* Darauf antwortete ich ihr, dass ich es Irene nicht vorschriebe, sondern sie mache das für sich selber, da sie nicht wüsste, wo sie das Geld jeden Monat ausgebe. Man kann doch nur soviel Geld ausgeben, wie man zur Verfügung hat. Weiterhin sagte ich ihr, dass nur nicht ehrliche Ehefrauen keine Haushaltsausgaben notieren wollen, so wie sie das mache. So komme sie an Geld, mit dem sie ihre Schwestern unterstütze. Da war sie aber stark über mich verärgert.

Nun sagte ich Irene, dass sie die Hausausgaben nicht mehr notieren bräuchte. Sie solle einfach das Geld, das ihr zur Verfügung stehe, durch die Tage des Monats teilen. Und dann sollte sie täglich nur das entsprechende Tagesgeld ausgeben. Diese Empfehlung klappte, wenn auch nicht jeden Monat.

Irene und ich fuhren öfters am Wochenende mit dem Motorrad zu meinem Freund Hubert, der später Taufpate unserer Kinder wurde. In seinem Elternhaus, das in einem kleinen Ort bei Opole

(Oppeln), Polen lag, waren wir gern gesehene Gäste. Als er verheiratet war, wohnte er mit seiner Familie im eigenen Haus, direkt am Wald. Ab und zu fuhren wir am Wochenende mit dem Pkw „Syrena" dorthin. Mit dem Pkw fuhren wir nicht nur zu Onkel Hubert. Wir fuhren auch in die CSSR und öfters in die DDR, wo wir die Familie meines Vaters besuchten und dabei auch einige Einkäufe machten. Weiter machten wir Ausflüge in die Berge, irgendwo ans Wasser, in den Wald usw. Bei vielen Fahrten war auch die Schwiegermutter dabei. Sie war auch froh, wenn sie einige Zeit von ihrem Wiktor weg war.

Foto: Bei Onkel Hubert. Von links: Ilona, Hubert, Christoph (11), Bernard, Gabriela (Kommunionkind), Eva und Damian (8). Die Kinder von Onkel Hubert: Gabriela, Ilona und Bernard. Die Kinder von Huberts Schwager: Eva und Hubert. Unsere Kinder: Christoph und Damian - 1971

Jedes Jahr fuhren wir mit dem Pkw an die Ostsee, wo wir meistens einen dreiwöchigen Urlaub machten. In den staatlichen Betrieben gab es eine „Kasse der gegenseitigen Hilfe". Den Mitgliedern der Kasse wurden jeden Monat die Mitgliedschaftsbeiträge vom Verdienst abgezogen. Die Mitglieder der Kasse konnten so zinslose Darlehen aufnehmen. Und so nahm ich jedes Jahr vor dem geplanten Urlaub 10.000 Zl. Darlehen, und wir fuhren in den Urlaub. In den folgenden zehn Monaten wurde das Darlehen zurückgezahlt. Dann aber hatte Irene monatlich statt 3.500 Zl. nur 2.500 Zl. für den Haushalt.

Alle mit dem Pkw verbundenen Unkosten wie Benzin, Wartungen, Steuern usw. zahlte ich, und das von meinem außerberuflichen Verdienst. Mit dem Pkw machte ich auch an bestimmten Tagen „Taxi-Fahrten" zwischen Bytom und Katowice (Beuthen und Kattowitz) über Chorzów (Königshütte). Für die Fahrt zwischen Bytom und Katowice zahlte jeder „Anhaltergast" 10,00 Zl., bei vier Personen waren es 40,00 Zl. Bei der Rückfahrt von Katowice nach Bytom das Gleiche. Für die Fahrt nach und von Königshütte 5 Zl. Das waren Fahrten per Anhalter. Die staatlichen Taxis fuhren nach dem Tacho, und die Strecke war um das Doppelte teurer. Auch an anderen Strecken standen Leute und wollten per Anhalter mitgenommen werden. Denn die staatlichen Linienbusse und Straßenbahnen waren an bestimmten Tagen und Zeiten überfüllt, und man konnte meistens nicht einsteigen.

In unserem Betrieb fragte mich ein Bekannter, wie mein Schwiegervater heiße. „*Warum willst du das wissen?*", fragte ich. Er sagte mir, dass er eine Fahrschule besuche und dort ein Tischlermeister aus Dąbrówka Wielka mit diesem Namen sei. Er sagte mir, dass er schon zweimal durch die Prüfung durchgefallen sei. „*Ja*", sagte ich, „*das ist mein Schwiegervater Wiktor, der Schlaue und Besserwisser. Der mir einmal sagte, dass er sogar meine beruflichen Aufgaben im Betrieb ausüben könnte. Und jetzt kann er eine Führerscheinprüfung nicht bestehen.*"

Mir war schon aufgefallen, dass er öfters abends nicht zu Hause war. Ich wollte sogar von Irene damals wissen, wo ihr Vater die vielen Abende verbringe. Sie sagte mir, dass er als Inhaber einer Tischlerwerkstatt einen Feuerwehrkursus besuchen müsse. Nun hatte mich Irene belogen, oder sie wusste selber nicht, dass ihr Vater eine Fahrschule besuchte. So war mir klar, dass der Schwiegervater einen Pkw kaufen wollte. Und deshalb musste ich den Garagenplatz in dem Schuppen, wo mein Pkw untergebracht war, räumen. Zu jener Zeit baute der Schwiegervater an der Tischlerwerkstatt einen weiteren Schuppen, angeblich für weitere Gegenstände der Tischlerwerkstatt. Ohne mir ein Wort davon zu sagen, dass er einen Pkw-Kauf plante, stand eines Tages, Ende November 1968, als ich von der Arbeit nach Hause kam, ein fabrikneuer Pkw „Warszawa" im Hof. Ich stellte mich dumm und sagte dazu nichts. Da sprach mich der Schwiegervater an und sagte: „*Willst du mir zu dem Pkw nicht gratulieren?*" – „*Wenn es deiner ist, dann gute Fahrt und breite Straßen mit nur grünen Lichtern"*, sagte ich. Und er lud mich, um den Pkw zu begießen, auf ein Glas Sekt ein. Nach mehreren Gläschen und einigen Häppchen sagte er mir, dass ich mir ein paar Tage Urlaub nehmen solle, und wir könnten mit dem „Warszawa" etwas in der Gegend herum fahren. Am Abend wurde der Pkw in dem neu gebauten Schuppen „Garage" gefahren. In dem „Schuppen" wurde nur sein Pkw untergebracht.

Ich nahm ein paar Tage Urlaub, und wir fuhren viel mit dem Pkw herum, dabei saß nur ich am Steuer. Der Schwiegervater zeigte keine Lust, den Wagen zu fahren. Er war damals 57 Jahre alt. Vielleicht hatte er noch immer keinen Führerschein. Den Pkw kaufte er auf Bezugsschein, den er von der Handwerkskammer in Katowice erhalten hatte. Er war zu dieser Zeit dort als Vorsitzender der Kommission für Meister- und Gesellenprüfungen für das Tischlerhandwerk tätig. Seit dem Kauf des Pkws „Warszawa" herrschte im Haus der Schwiegereltern eine gute Stimmung. Es gab viel zu feiern – Irenes Vater feierte seinen 57. Geburtstag, dann kamen Weihnachten, Silvester, Neujahr usw. Meistens fuhr ich den „Warszawa". Sogar Anfang des Jahres 1969 konnten wir, Irene, die Kinder und ich, mit dem „Warszawa" zu Onkel Hubert fahren. Und mein „Syrena" stand in der neuen Garage bei der Wirtin des Wirtshauses.

Mitte Januar 1969 waren ich und Irene bei einem Tanzabend. Dabei war auch unser Trauzeuge Herbert mit seiner Frau. Um Mitternacht kam ebenso der Schwiegervater und nahm an unserem Tisch Platz. Gegen 2:00 Uhr sind Irene, ihr Vater, Herbert mit Frau und ich nach Hause gegangen. Der Schwiegervater lud Herbert und seine Frau zum Ausklang des Tanzabends zu uns nach Hause ein. Mir gab er Geld, damit ich ½ Liter Wodka an der Bar kaufte und mit nach Hause nähme. An der Bar hatten sie Wodka nur in ¼-Liter-Flaschen, und so kaufte ich zwei ¼-Liter-Flaschen. Eine Flasche steckte Irene in ihre Handtasche, und die zweite Flasche steckte ich in die Manteltasche.

Bei uns zu Hause gingen wir in unsere Wohnung im Oberge-schoss, da unsere Kinder mit der Großmutter Marie im Erdge-schoss schliefen. Es herrschte eine gute Stimmung, aber meistens ohne Irene, die nur ab und zu zu uns kam. Die erste ¼-Liter-Wodkaflasche, die ich mitgebracht hatte, war ausgetrunken. Der Schwiegervater forderte mich auf, die zweite ¼-Liter-Wodkaflasche auf den Tisch zu stellen. Ich sagte, dass Irene sie hätte. Als Irene wieder bei uns war, wollte ich diese von ihr haben. Sie sagte, dass sie keine Wodkaflasche hätte.

Der Schwiegervater stand auf, schlug verärgert die Tür laut zu und verließ das Zimmer. Danach verließ auch Herbert mit seiner Frau ebenfalls verärgert unsere Wohnung und anschließend das Haus. Und so endete dieser Tanzabend. Ich blieb wieder einmal, dank meiner Frau, der Dumme. Irene war bestimmt durch ihre Mutter Marie beeinflusst worden, damit die Gäste das Haus so schnell wie möglich verließen. Wenn jemand zum Schwiegervater oder zu uns kam und der Schwiegermutter der Besuch nicht passte, so begrüß-te sie die „Gäste" sehr freundlich. Aber hinter der Tür sagte sie ihrem Mann bzw. Irene: *„Mach, dass du ‚die, den‚ sie' schleunigst aus dem Haus heraus bekommst!"* Die Schwiegermutter war auch der Meinung: *„Geh nicht zu denen, so kommen ‚sie' auch nicht zu dir."*

Am nächsten Tag ging ich zu Herbert und wollte mich bei ihm und seiner Frau entschuldigen, dass der Ausklang des Tanzabends so unfreundlich endete. Herbert sagte nichts darauf, und seine Frau sagte: *„Ich habe einen sehr guten Mann, aber ich würde mir nicht er-lauben, so etwas zu machen, was Irene mit dir gemacht hat, einfach die Wod-kaflasche nicht herzugeben."*

Es dauerte nicht lange, da kam es wieder zum Zwist mit der Schwiegermutter. An einem Samstag, als ich nach dem Mittagessen ein Nickerchen machen wollte, kam ich nicht zur Ruhe. Die Schwiegermutter Marie erledigte etwas auf dem Dachboden, der über unserem Zimmer lag. Dabei sang sie ununterbrochen. Zweimal ging ich in die Diele und bat sie, mit dem Singen aufzuhören. Sie sang weiter. Ich bekam einen Wutanfall, ging zu ihr, packte sie am Körper und sagte: *„Wenn du jetzt nicht aufhörst zu singen, schließe ich dir den Mund für immer!"* Sie befreite sich und flüchtete wohl aus Angst in ihre Wohnung. Ich ging zurück in unsere Wohnung und legte mich wieder auf die Couch. Es dauerte nicht lange, da kam der Schwiegervater Wiktor zu mir, und in einem Wortgefecht sagte er mir zum wiederholten Mal: *„Verlasse mein Haus und komme nie wieder zurück, wenn dir die Hausordnung bei uns nicht gefällt!"*

Diesmal tat ich das, da war ich knapp zehn Jahre mit Irene verheiratet. Ich packte einige meiner Sachen, verließ das Haus und nahm den Hausschlüssel mit. Irene war zu dieser Zeit nicht im Hause. Unserem Sohn Christoph, der den ganzen Krach miterlebte hatte, sagte ich, dass ich jetzt zu meinen Eltern ginge und dort auch wohnen würde. Er packte sogar einige seiner Sachen und sagte, dass er mit mir dorthin ginge. Von dort, sagte er mir, würde er es nicht so weit zur Schule haben. Meine Eltern wohnten nicht weit von seiner Schule. Aber die Schwiegermutter unterbrach Christophs Umzugsvorbereitungen, und sie nahm ihn zu sich in das Erdgeschoss. Zwar hatte ich einige Sachen aus dem Haus der Schwiegereltern mitgenommen, aber ich bin doch nicht ganz von dort ausgezogen. Ich wohnte immer noch in dem Haus. Einige Wochen wohnte ich bei meinen Eltern und suchte dringend eine Wohnung.

Als ich zwei Tage später in das Haus hineingehen wollte, passte mein Hausschlüssel nicht mehr in das Schloss. Inzwischen war das Schloss der Haustür ausgetauscht worden. Ich stand draußen und klopfte an der Haustür. Keiner zeigte sich und keiner machte mir die Tür auf. Ich ging in die Tischlerwerkstatt und sagte den Arbeitern dort, dass sie Irene berichten sollten, dass ich am nächsten Tag wiederkommen würde. Und wenn mir wieder keiner die Tür aufmache, so würde ich diese mit Gewalt öffnen. Am nächsten Tag klopfte ich eine Weile. Es sah so aus, als ob keiner da wäre.

Nach einer Weile kam die Schwiegermutter Marie, machte mir die Tür auf und verschwand gleich irgendwo im Haus. Ich holte mir einige Sachen und verließ störungsfrei das Haus. Beim Verlassen des Hauses nahm ich den Schlüssel, der in dem Türschloss steckte, mit. Was danach geschah, weiß ich nicht, denn in den folgenden Tagen kam ich nicht zu den Schwiegereltern.

Ein paar Tage später, am Sonntag, kam Onkel Hubert mit seiner Frau Margarethe mit dem Zug zu Irene bzw. den Schwiegereltern. Irene hatte sie benachrichtigt, dass ich ausgezogen sei. So kamen sie nach Dąbrówka Wielka und gingen zuerst zu Irene, um etwas mehr über das Geschehene zu erfahren, und vielleicht, um zwischen uns zu schlichten. Mich benachrichtigten sie, dass sie mich gegen 17:00 Uhr bei meinen Eltern besuchen würden. Sie wussten schon aus früheren Zeiten, dass es zwischen uns öfters zu Verstimmungen kam. Uns versöhnen wollten sie jedoch nicht, das konnten sie auch nicht, denn ich war fest entschlossen, dorthin nicht mehr zurückzukehren. Die Schwiegereltern und Irene klagten mich nur an. Sie waren die Engel und ich der Teufel. Nachdem sie sich meinen Standpunkt angehört hatten, fuhr ich sie mit meinem Pkw nach Hause bei Oppeln, wo sie wohnten. Der Besuch brachte jedenfalls keine Annäherung zwischen mir und Irene. Die Lage blieb danach unverändert.

Meinen Pkw hatte ich weiter in der Garage bei der Gastwirtin untergebracht. Die Garage lag ca. 1 km von meinem Elternhaus entfernt. Als ich einmal zur Garage unterwegs war, sah ich meinen Sohn Christoph (9), der zu Fuß zur Schule unterwegs war. Als er sah, dass ich auf ihn zukam, lief er weg und versteckte sich hinter einem Haus. Ich ging zu ihm und sagte: „*Christoph, warum versteckst du dich vor deinem Vater, ich habe dir doch nichts getan. In ein paar Monaten gehst du zur I. Hl. Kommunion. Willst du die ohne deinen Vater feiern? Wenn du dich vor deinem Vater versteckst, das ist doch eine Sünde. Kennst du nicht das 4. Gebot: ,Du sollst Vater und Mutter ehren'?*" Die ganze Zeit sah er mich nicht an und lief auf einmal davon. Irene bzw. die

Schwiegereltern hatten wohl das Kind angestiftet, so zu handeln, wenn es mich trifft.

In der Vorosterzeit 1969 waren in unserer Pfarrgemeinde eine Woche lang drei Pater – Prediger aus einem Franziskanerorden. Ihr Ziel war, bei den Menschen unserer Pfarrgemeinde den christlichen Glauben zu vertiefen bzw. zu erneuern. Nach all dem, was da mit mir in der letzten Zeit passiert war, hatte ich keine Lust, in die Kirche zu gehen. Das wäre eher etwas für Irene und ihre Eltern, damit sie zur Besinnung kämen. Durch die Osterpredigten sollten die Patres nicht nur den christlichen Glauben der Menschen vertiefen bzw. erneuern, sondern auch die zerstrittenen Familien der Pfarrgemeinde versöhnen.

Mit unserem Pfarrer lebte ich weiter in guter Beziehung. In der Zeit, als die Prediger noch in der Pfarrgemeinde waren, gab er mir bekannt, dass ich um 20:00 Uhr zu ihm kommen solle. Natürlich fuhr ich mit dem Pkw vor, denn ich dachte, dass er mich zu einer Fahrt brauche. Es war aber nicht so. Als ich beim Pfarrer ankam, da sagte er mir, dass Irene bei ihm sei. Sie wollte in Anwesenheit eines Paters sich mit mir aussprechen. Da sagte ich dem Pfarrer, dass ich nicht nur mit Irene sprechen wolle, wenn es zu einer Aussprache kommen sollte. Dann müssten Irenes Eltern dabei sein. Er war jedoch der Meinung, ich solle mich mit Irene treffen, denn man wisse ja nicht, was sie mir sagen wollte. Ich nahm den Vorschlag an. Als Irene mich sah, weinte sie. Ihre Tränen erregten mich nicht, denn sie konnte auf Bestellung weinen. Sie hatte nur eine Bitte, und zwar sollte ich zurück kommen, denn ihre Eltern wollten alles wieder gut machen. Darauf sagte ich: „*Nein, da gehe ich nicht zurück. Ich war doch schon ein paar Mal dort und keiner sprach mit mir. Alle haben sich vor mir irgendwo im Haus versteckt.*"

Der Pater bat mich jedoch, zu den Eltern zu gehen, um zu erfahren, was sie mir sagen wollten. Und dass mich doch dort keiner festhalten würde, und so könnte ich das Haus wieder verlassen. Da sagte ich: „*Gut, ich gehe. Mal sehen, was ein Gespräch uns dort bringen kann. Denn es gab in der Vergangenheit schon viele Gespräche, die aber keine Veränderungen in unser Zusammenleben brachten.*"

Es war ein Fehler, dass ich zu den Schwiegereltern gegangen bin. Der Schwiegervater zeigte sich wie ein Herrscher, der seinen Knecht in die Knie zwingen will. Meine Einstellung war ganz hart, und es kam zu einer kräftigen Auseinandersetzung. Er redete viel, und mir war zum Lachen. Als er mit seinen Vorführungen aufhörte, da fragte ich ihn, ob er mir noch etwas zu sagen hätte. Er sagte nichts. Ich stand auf und verließ das Zimmer. Irene und die Schwiegermutter Marie standen mir im Wege, damit ich das Haus nicht verließe. Wir standen eine Zeit in der Diele und unterhielten uns. Die Schwiegermutter versprach mir, dass sie alles machen würde, damit der Frieden zwischen uns wieder einkehre. Dann kam noch der Schwiegervater hinzu und sagte zu mir: „*Wenn du mir versprichst, dass du mir in Zukunft nicht widersprechen wirst, wenn ich dir etwas sage, dann könnten wir uns vielleicht vertragen.*" – „*Vielleicht machen wir es umgekehrt*", sagte ich. „*Wenn du und deine Frau mich in Ruhe lassen, so wird es auch keinen Zwist mit euch geben. Ich bin euer Schwiegersohn, der 36 Jahre alt ist, kein Grünschnabel mehr, dem einige Rechte in dem Haus hier zustehen.*"

Am Ende bin ich weich geworden und ging mit Irene in unsere Wohnung im Obergeschoss. Die Kinder Christoph und Damian sah ich an dem Abend nicht. Angeblich waren sie bei der Schwester der Schwiegermutter. Spät in der Nacht fuhr ich zu meinen Eltern, denn dort hatte ich meine Kleidung und meinen Aktenkoffer. An den folgenden Tagen bin ich langsam zu den Schwiegereltern zurückgezogen. Aber meine Dunkelkammer konnte ich nicht mehr für meine Zwecke benutzen, da der Schwiegervater in der Zeit meiner Abwesenheit den Raum mit Dingen für die Tischlerwerkstatt vollgepackt hatte. Seit der Zeit waren meine Fotolaborgeräte im Dachgeschoss untergebracht. Und bei den Fotoarbeiten holte ich die Geräte in unsere kleine Küche, die ich für einige

Stunden in eine Dunkelkammer umwandelte. Ich fuhr wieder meinen Schwiegervater mit seinen Pkw herum, und ich durfte den Pkw auch privat benutzen. Er sagte mir sogar: *„Verkauf deinen „Syrena'. Du kannst doch mit dem Pkw ‚Warszawa' fahren, wann und wohin du willst. "* Mehr zum Verkauf meines Pkws „Syrena" drängte mich Irene. Am Ende war ich auch mit dem Verkauf einverstanden, da ich meistens den Pkw des Schwiegervaters fuhr. Im März 1969 verkaufte ich den Pkw „Syrena 104".

Im Mai 1969 ging unser Sohn Christoph zur I. Hl. Kommunion. Die Hälfte des Geldes vom Verkauf des Pkw diente zum Kauf verschiedener Sachen für den Haushalt und für die Feier. Die andere Hälfte des Geldes ging auf ein Sparbuch. Bis Ende Mai konnte ich noch den Pkw „Warszawa" fahren. Aber ab Juni beschäftigte der Schwiegervater einen Rentner, der von Beruf Lkw-Fahrer war. Er wurde mit verschiedenen Arbeiten im Hof und der Tischlerwerkstatt beschäftigt. Er fuhr aber auch mit dem „Warszawa" den Schwiegervater herum. Ich hatte Verständnis dafür, denn ich beschäftigte mich auch weiterhin mit meinen außerberuflichen Tätigkeiten und hatte nicht immer Zeit, dem Schwiegervater zur Verfügung zu stehen. Aber einige Monate, nachdem mir der Schwiegervater Wiktor gesagt hatte: *„Du kannst doch mit den Pkw ‚Warszawa' fahren, wann und wohin du willst"*, kam es anders. Den Pkw „Warszawa" konnte ich nicht immer bekommen. Im Juni 1969 konnten wir nicht mit dem Pkw zu einer Geburtstagsfeier bei Onkel Hubert fahren, da der Schwiegervater den Pkw für eine eigene Fahrt benötigte. Wir fuhren dann mit dem Zug zu Onkel Hubert.

Anfang Oktober 1969 konnten wir zu einer weiteren Geburtstagsfeier bei Onkel Hubert mit dem Pkw „Warszawa" fahren. Es war ein Sonntag, und am Abend kamen wir nach Hause zurück. Ich stellte den Pkw in die Garage, danach saßen wir noch mit den Schwiegereltern zusammen und erzählten von der Geburtstagsfeier. Als ich am nächsten Tag von der Arbeit nach Hause kam, sagte mir Christoph, dass ich den Pkw kaputt gefahren hätte. Das Gespräch hörte die Schwiegermutter, schaltete sich in das Gespräch ein und sagte mir: „*Was hast du an dem Pkw gemacht? Beim Anlassen des Motors war er so laut wie ein Panzer. Mit so einem Lärm konnte man nicht auf die Straße herausfahren.*"

Angeblich war der Motor sehr laut, als der „Chauffeur" vom Schwiegervater mit dem Pkw aus der Garage herausfahren wollte. Der Pkw musste repariert werden, und der Schwiegervater fuhr zu einem wichtigen Termin mit einem „Taxi". Auch Irene war hierüber erschrocken und fragte, wann und wie wir den Pkw so kaputt gemacht haben konnten. Denn als ich den Pkw abgestellt hatte, war alles in Ordnung. Wenn der Pkw so laut war, da könnte nur was am Auspuff oder am Kollektor kaputt bzw. locker sein. Von selbst? Nach meiner Ansicht hatte der „Chauffeur" die Schrauben am Kollektor gelockert, dabei die Dichtung kaputt gemacht. So dauerte die Reparatur des Pkws länger, da erst eine neue Dichtung gekauft wurde. Der „Chauffeur" wollte wohl nur damit zeigen, dass ich mit dem Pkw nicht umgehen könne. Er brachte den Pkw wieder in Ordnung. Ich jedenfalls fuhr den Pkw „Warszawa" nie wieder. Ich hielt den „Chauffeur" für den Verursacher des Geschehens, denn später einmal wollte er von mir wissen, was mich so bei den Schwiegereltern störe. Er lockte mich damals in den Schuppen, wo vorher mein Pkw stand. Nichts ahnend beantwortete ich ihm einige Fragen, die er mir stellte. Das Gespräch wurde angeblich, wie mir später der Schwiegervater Wiktor gesagt hat, auf ein Tonband aufgenommen. Damals fragte ich ihn, warum er fremde Leute in unsere Angelegenheiten schalte. Das sei doch lächerlich, ein Gerät zur Tonaufnahme in den Schuppen zu stellen und mich da hineinzulocken, um ein Gespräch aufzunehmen. Ich sagte dem Schwiegervater, dass vieles von dem, was da aufgenommen worden sei, ihm bereits bekannt sei. Alles andere hätte ich ihm ins Gesicht sagen können, wenn er mir die Fragen dazu gestellt hätte. Wozu er so eine Aufnahme brauchte, das weiß ich nicht.

Aus Anlass unserer 10-jährigen Ehe bestellte Irene für den Tag unserer kirchlichen Trauung am 25. Oktober 1969 in der Kirche eine Hl. Messe. Eine Frau, die wohl Irene nicht mochte, sagte ihr: *„Wozu hast du die Hl. Messe für den 25. Oktober bestellt? Zu 10 Jahren fehlen dir doch einige Wochen, und zwar die, die du von deinem Mann getrennt gelebt hast.* " Die Frau hatte Recht, denn ich hatte einige Wochen getrennt von Irene gelebt.

Da ich ohne Pkw war, beschloss ich, wieder einen Pkw zu kaufen. Aber für den Kauf fehlte mir fast die Hälfte der Kaufsumme. Ich gab Irene auch die Schuld daran, dass ich den Pkw „Syrena 104" verkauft hatte. Mit Irene beschlossen wir, dass sie eine Arbeit aufnehmen sollte. Sie arbeitete schon manchmal als Aushilfe bei unseren Bekannten, die einen staatlichen Metzgerladen führten. Sie bekam dort auch, ab Mitte November 1969, eine feste Anstellung. Zur Arbeit hatte sie etwa 0,4 km und konnte in der zweistündigen Mittagspause nach Hause kommen. Die Stimmung in unserem Haus war dadurch sehr schlecht, da die Schwiegereltern nicht damit einverstanden waren, dass sie zur Arbeit gehe. Angeblich sollen der Schwiegermutter Leute im Ort öfter gesagt haben: *„Was, du hast eine Tochter, und die muss so hart in einem Metzgerladen arbeiten?"* Irene arbeitete dort aber weiter.

Ich nahm einen Kredit auf und sah mich nach einem Pkw um. Der kam wie vom Himmel gefallen. Im März 1970 bekam mein Oberchef einen neuen Pkw, einen „Fiat 125 P", der bis jetzt einen Pkw „Wartburg 311" fuhr. Nun fragte ich ihn, was er mit dem vier Jahre alten „Wartburg" vorhatte. Er sagte mir, dass der Pkw zu verkaufen sei, und er wollte ihn nur auf dem Automarkt in Katowice verkaufen, der jeden Sonntag stattfand. Da er selber nicht zu dem Automarkt fahren wollte, fragte er mich, ob ich es für ihn tun könnte. Er sagte mir: *„Du hast doch Pkw-Verkaufserfahrung, da du dort schon zwei Pkws verkauft hast."* Ich stimmte zu, nahm den Pkw an einem Samstag in meine Obhut, um ihn am Sonntag auf dem Automarkt zu verkaufen. Vorher legten wir den Verkaufspreis, von –

bis, fest. An dem Samstag bin ich noch etwas mit dem Pkw herumgefahren und zu der Ansicht gekommen, dass ich eventuell den Pkw „Wartburg" kaufen könnte. Und ich kaufte ihn auch. Nun war ich Besitzer des Pkws „Wartburg 311", den ich in meiner Garage unterbrachte. Am Montag ging ich zu meinem Oberchef und teilte ihm mit, dass der Pkw verkauft sei und legte ihm das Geld auf den Schreibtisch. Er war froh, dass das so schnell gegangen war. Nun fragte er mich, wer den Pkw gekauft hatte. Als ich ihm sagte, dass ich der Käufer sei, gefiel ihm das nicht. Er sagte, dass ich ihm vorwerfen würde, was da so alles kaputt sei. Ich beruhigte ihn, dass ich den Pkw besser kannte als er selber. Denn fast alle Reparaturen an dem Pkw machten Schlosser aus unserer Werkstatt, in seiner Garage, oder in der Werkstatt bei uns. Einige Schönheitsreparaturen machte ich nach dem Pkw-Kauf selber in meiner Garage, die ich mir bei der Wirtshauswirtin gebaut hatte. Ich war stolz, so einen Pkw zu besitzen.

Foto: Mein Pkw „Wartburg 311", Farbe: mittel blau – 1970

Auf dem Foto: ich (38) wasche den Pkw in einem flachen Gebirgsbach bei einem Sonntagsausflug in die Berge. Kein Beispiel zum Nachmachen! Heute wäre so eine Autowäsche in einem Bach strafbar. Ein schmutziger Pkw wurde nicht nur gewaschen, bevor er in die Garage gestellt wurde, er wurde, wie man sieht, sogar unterwegs gewaschen. In dieser Zeit gab es keine Autowaschanlagen. Bei dem Pkw „Syrena 103" erklärte ich schon die Bedeutung des Kennzeichens. Der Pkw „Wartburg 311" hatte als Kennzeichen: 0942 SI. Die Nummer 0942 bedeutete, dass der Pkw der 5942. Pkw (SI 5000 + 0942 SI) im Kreis Tarnowskie Góry (Tarnowitz), Polen, im Jahr 1970 war.

Als ich einmal in unserem Klo-Häuschen im Hof saß, hörte ich ein Gespräch zwischen meinem Sohn Christoph und der Schwiegermutter Marie bzw. seiner Großmutter. Christoph wollte irgendwo hingehen. Da sagte ihm die Großmutter: *„Geh zu Mama und frage, ob du dort hingehen darfst."* Christoph sagte: *„Ich frage den Vater!"*, denn er wusste, dass ich mich im Klo-Häuschen befand. Darauf sagte die Schwiegermutter: *„Der hat nichts zu sagen."* Nachdem ich meine „Geschäfte" erledigt hatte, fragte ich die Schwiegermutter, wer ich denn für Christoph sei. *„Dumme Frage"*, sagte sie, *„du bist der Vater, wer sonst?"* – *„Und der hat bei der Erziehung des Kindes nichts zu sagen"*, sagte ich. *„Wer hat dir so was gesagt?"*, fragte sie. *„Eben hast du dem Christoph es so erklärt"*, erwiderte ich. Darauf sagte sie, nicht zum ersten Mal: *„Was für ein Mensch bist du, der sich so etwas ausdenken kann, der Herrgott wird dich dafür einmal bestrafen!"*

Irenes Cousin Stefan war nach dem Wehrdienst wieder im Priesterseminar in Kraków. Die Frauen Irene, ihre Mutter und Stefans Mutter fuhren mindestens einmal im Monat dorthin, und das mit voll gepackten Taschen, damit es ihm dort an nichts fehlte.

Durch die Arbeit in dem Metzgerladen hatte Irene einen anderen Tagesablauf. Sie ging am Abend zeitig zu Bett, und so konnte sie nicht zum Tratschen mit der Mutter bzw. den Tanten usw. gehen. Irene war dadurch sehr unzufrieden und beschwerte sich überall über mich. Meine Mutter ging ab und zu zu der Familie, die den Metzgerladen führte, um ihnen beim Mittagskochen etwas zu helfen. In der Zeit traf sich auch meine Mutter mit Irene dort. Sie sprachen sehr wenig miteinander. Jedoch im Januar 1970 kam Irene mit meiner Mutter ins Gespräch und beschwerte sich bei ihr über mich. Sie sagte meiner Mutter, dass ich sehr nervös sei, und sie solle mich überreden, einen Nervenarzt aufzusuchen. Da sagte ihr meine Mutter ihre Meinung dazu. Zum Abschluss des Gesprächs sagte Irene meiner Mutter: *„Am schlimmsten ist es, wenn ein Armer eine Reiche heiratet."*

Als ich einmal meine Eltern besuchte, da sagte mir meine Mutter weinend, was ihr Irene gesagt hatte. Sie sagte mir, dass sie nicht einmal darüber mit meinem Vater gesprochen hätte. Sonst hätten sich wohl danach die bereits schlechten Verhältnisse zu Irene und ihren Eltern noch verschlimmert. An dem Tag, an dem mir meine Mutter dies sagte, sprach ich mit Irene darüber nicht. Denn sie hatte mir damals auch nichts gesagt, als sie mit meiner Mutter über mich gesprochen hatte.

Am Ende des Monats gab ich Irene mein Monatsgehalt nicht ab. So fragte sie mich, warum sie kein Geld von mir bekomme. Da sagte ich ihr, dass sie meiner Mutter gesagt hätte: „*Am schlimmsten ist es, wenn ein Armer eine Reiche heiratet.*" Nein, so etwas hatte sie nie gesagt. Aber das, was sie gesagt hatte, das hatten ihre Chefin und deren Tochter gehört. Ich sagte Irene, dass ich bis dahin nicht gespürt hätte, dass ich eine reiche Frau geheiratet hätte, denn die ganze Zeit lebten wir doch von meinem Gehalt und von meinem Nebenverdienst. Und damit ich es auch spüren könne, dass sie eine Reiche sei, würden wir jetzt von ihrem Reichtum leben. Zwei Wochen lang lief Irene weinend hinter mir her und bat um das Geld. Da sagte ich: „Erst musst du zu meiner Mutter gehen und die Worte die du ihr gesagt hast: ‚*Am schlimmsten ist es, wenn ein Armer eine Reiche heiratet*', zurücknehmen und dich bei ihr, für das was du ihr gesagt hast, entschuldigen!" Sie ging zu meiner Mutter und entschuldigte sich. Eigentlich kann man böse Wörter an jemanden nicht zurücknehmen, die bleiben weiterhin ewig an ihm hängen. Denn verletzende Worte schmerzen länger als Schläge. Mit dem Hingehen zu meiner Mutter und mit der Zurücknahme der Worte wollte ich Irene demütigen – ihr Ehrgefühl und ihren Stolz verletzen. Das ist mir gelungen, aber wie ich Irene kannte, konnte sie am nächsten Tag das Gleiche wieder sagen – ihr mangelte es an Ehre.

Einige Monate später, zu meinem 38. Geburtstag am 13. August 1970, kamen meine Eltern. Der Vater unterhielt sich noch mit dem Schwiegervater im Hof. Die Mutter kam inzwischen zu uns. Irene war mit irgendwelchen Vorbereitungen in der Küche beschäftigt und stand mit dem Rücken zur Diele. Meine Mutter sagte zu ihr:

„Guten Tag, Irene", doch sie drehte sich nicht um und sagte auch kein Wort. Da sagte ich: *„Irene, meine Mutter sagte zu dir ,Guten Tag'!"* Darauf Irene: *„Soll ich mich verneigen vor ihr oder was?"*

Meine Mutter ging weiter ins Wohnzimmer, und wir feierten meinen Geburtstag. Der Vater bekam davon nichts zu spüren, und sie sagte ihm später auch nichts. Mein Vater war schwerhörig, und es gab Themen, über die man mit ihm nicht sprechen wollte. Man musste zu ihm sehr laut sprechen, so dass manchmal die Bewohner des Hauses besser wussten, worüber man mit ihm gesprochen hatte, als er selber. Als ich wieder einmal bei meinen Eltern war, sagte mir meine Mutter: *„Es tut mir leid, aber ich komme nicht mehr zu dir. Ich lasse mich doch nicht von so einer ungezogenen Göre missachten!"* Da meine Mutter nicht mehr zu uns kam, fuhr ich öfters nach der Arbeit zu meinen Eltern, und den Pkw parkte ich immer auf der Straße, vor dem Haus. Als ich längere Zeit nach der Arbeit nicht nach Hause gekommen war, ging Irene nur um die Straßenecke, und so konnte sie meinen Pkw vor dem Haus der Eltern stehen sehen. Irene hat das nicht gefallen, und sie war immer danach stark verärgert. Einmal sagte ich zu ihr: *„Gefällt dir das nicht, dass ich meine Eltern besuche?"* Darauf sagte sie: *„Nein, das gefällt mir nicht, denn die stiften dich nur gegen mich und meine Eltern an."* – *„Gut"*, sagte ich, *„wir schließen eine Vereinbarung. Du gehst nie zu deinen Eltern und ich nicht mehr zu meinen."*

So eine Vereinbarung wollte sie mit mir jedoch nicht abschließen. Nach dem Gespräch stand ich mit dem Pkw nicht mehr vor dem Haus meiner Eltern auf der Straße, sondern ich stellte den Pkw in den Hof. Da konnte Irene nicht mehr von der Straßenecke aus den Pkw sehen.

Ein Armer heiratet eine Reiche. Das verstehe ich so – dass ich eine vermögende Person heiratete, die viel Geld und Sachwerte besaß. Im täglichen Leben war sie dann doch eine arme Frau. Sie zog manchmal Slips von mir (Herren) an, da sie wenig eigene hatte.

Durch mangelhafte Pflege ihrer Unterwäsche ging diese schnell kaputt und wurde weggeschmissen. Nicht nur Unterwäsche, auch ihre teuren Kleider gingen schnell kaputt, z. B. das Kleid (Foto) zur Hochzeit meines Bruders. Der Stoff wurde in den „PKO-Laden" für harte Währung (Valuta) gekauft und bei einer Schneiderin genäht. Sie hatte das Kleid nur zwei Mal an, zu der Hochzeit und zu einem Tanzabend im Karneval. Dann fand ich das Kleid im Keller, in einem Wäschekorb zerdrückt und teilweise verschimmelt. Dann wurde es wohl weggeschmissen, ich sah es nie wieder. Irenes Reichtum bestand aus gut essen, nicht arbeiten, Geld ausgeben, lügen, täglich lange schlafen, meine Herkunftsfamilie hassen usw. Ihr Vater besaß vielleicht etwas Geld, aber seine Tochter war ärmer als ich. Irene bildete sich nur ein, dass sie eine Reiche sei, und so auch ihre Eltern. Hierzu kann ich nur sagen, dass Irene einen reichen Mann geheiratet hatte – mich, der in den elf Jahren Ehe bei mehreren Arbeitgebern viel Geld verdient hatte. Dann, so könnte man sagen, waren zwei reiche Menschen miteinander verheiratet, nur einer, Irene, hatte laufend kein Geld.

Onkel Hubert hatte ein Jahr (1960) nach uns eine Halbwaise geheiratet. Bis 1970 bekamen sie drei Kinder, kauften ein Baugrundstück und bauten darauf ein Haus. Das Haus war so groß wie das Haus der Schwiegereltern. Seine Frau Margarethe arbeitete die ganze Zeit, und ihre Mutter, die noch zwei Söhne und eine Tochter zu versorgen hatte, sorgte in der Zeit für die Kinder. Da kann ich sagen, Onkel Hubert hat eine reiche Frau geheiratet, die durch ihre Berufsarbeit und Haushaltsführung, Sparsamkeit usw., dazu durch die Hilfe ihrer Mutter, viel Geld in der Ehe erwirtschaftet hat. Der Vater von Hubert kam jeden Sonntag nach dem Kirchgang zu ihnen, da Margarethe, seine Schwiegertochter, immer für ihn eine Tasse guten Kaffee machte. So etwas kann ich über Irene nicht sagen. Irene, der fehlte immer das Geld, weil sie nur gelernt hatte, das Geld auszugeben, und nicht, es zu verdienen. Ich verdiente etwas mehr als Onkel Hubert.

Wenn ich von der Arbeit zu Fuß nach Hause ging, kam ich immer an dem Metzgerladen vorbei, wo Irene arbeitete. Ich sah sie immer im Laden. Manchmal ging ich auch hinein und sprach mit ihr. Als ich an einem Tag im November 1970 an dem Metzgerladen vorbei ging, sah ich, dass neben der Chefin eine andere Person hinter der Ladentheke stand. Ich ging hinein und fragte nach Irene. Da erfuhr ich, dass Irene, nach einer dreimonatigen Kündigungszeit, seit einer Woche nicht mehr da arbeitete. Nun hatte Irene fast ein ganzes Jahr in dem Metzgerladen gearbeitet. Stark verärgert verließ ich den Metzgerladen, lief nach Hause und stritt mit Irene. So war sie eben, sie machte, was sie wollte, ohne darauf Rücksicht zu nehmen, was für Folgen das für sie haben könnte. Sie lebte mit mir unter einem Dach und konnte drei Monate lang die Kündigung der Arbeit vor mir verheimlichen. Was sind das für Menschen, die mit so einer Verhaltensart leben können? Sie sagte mir, dass sie für ihren Vater arbeiten würde, und für die Arbeit bekäme sie von ihrem Vater 1000 Zloty monatlich. Das gleiche, was sie in dem Metzgerladen verdient hatte. Also, mir sollte das egal sein, wo sie beschäftigt war. Das verdientes Geld habe ich bei ihr jedenfalls nie gesehen.

Ende des Jahres 1969 ging der Auftrag für die Straßenvermessung zu Ende. Aber mit den nebenberuflichen Tätigkeiten, wie mit der Fotografie, eingeschränkt mit den Malerarbeiten, mit meinem Pkw „Taxi-Leistungen" zu verschiedenen Anlässen usw., beschäftigte ich mich weiter. Ich war auch öfters in der Garage, denn bei einem alten Pkw war immer etwas zu tun. Aber wohl auch deswegen, weil ich das Zusammensein mit den Schwiegereltern gemieden habe. Das Eheleben ging irgendwie weiter, Irene, ich und die Kinder fuhren mit dem Pkw „Wartburg" öfter zu Onkel Hubert, um dort den Alltag bei den Schwiegereltern zu meiden und um diesen auch für kurze Zeit zu vergessen.

Irene konnte immer noch nicht selbstständig sein. Sie suchte bei verschiedenen Entscheidungen immer den Rat ihrer Mutter. Kaum hatten wir etwas beschlossen, da ging sie gleich zu ihrer Mutter, um ihre Stellungnahme dazu einzuholen. Es gibt viele Sprichwörter bzw. Aussagen über das Eheleben. Das, was ich hier beschreibe, ist kein Einzelfall, aber vielleicht doch etwas ungewöhnlich. Als ich schon verheiratet war, erfuhr ich, dass zu einer Heirat ein Mädchen und seine Mutter gehören. Aber zu meiner Heirat gehörten Irene, ihre Mutter Marie und ihr Vater Wiktor, der schlimmer war als ihre Mutter. Denn ihre Mutter sagte mir mehrmals, dass ich ihr nicht böse sein solle, wenn sie mir etwas sagte. Und Irenes Vater? Nach seinem Meister-Verstand sagte er immer das, was mich nur ärgerte.

Wenn Irenes Eltern nicht im Hause anwesend waren, so konnten wir in unserer Wohnung im Obergeschoss selten hören, wenn jemand an der Haustür klopfte. Anfang des Jahres 1969 kam mein Vater uns besuchen und wollte uns alles Gute für das Neue Jahr wünschen. Draußen war es schon dunkel. Unsere Wohnung im Obergeschoss war beleuchtet, und im Erdgeschoss war es dunkel. Das war ein Zeichen, dass wir im Obergeschoss zu Hause waren, und im Erdgeschoss keiner da war. Mein Vater klopfte an der Hauseingangstür, was wir im Obergeschoss nicht hörten. Da es in der Wohnung im Erdgeschoss dunkel war, nahm mein Vater an, dass sich keiner in der Wohnung befände, sonst klopfte man auch gelegentlich am Küchenfenster der Schwiegereltern. Mit einem Stück Holz, das er im Hof gefunden hatte, klopfte er am Fallrohr der Dachentwässerung, damit wir es vielleicht so hören könnten. Und so war es auch, wir hörten das Klopfen. Ich machte das Fenster im Nebenzimmer auf, um zu sehen, wer da klopfte. Ich sah meinen Vater unten stehen. Ich ging nach unten und ließ ihn herein. Nachdem mein Vater bei uns im Wohnzimmer war, ging ich hinaus, um irgend etwas aus der Küche zu holen. Dabei hörte ich, dass jemand aus dem Haus hinaus ging. Da ging ich schnell wieder zum Fenster, um zu sehen, wer da aus dem Haus hinausgegangen war. Da sah ich die Schwiegermutter Marie mit einer Taschenlampe in der Hand. Sie bestrahlte das Fallrohr und guckte es an, ob mein Vater es mit dem Klopfen beschädigt hätte. Dabei schimpfte sie laut: „*Der alte Dummkopf, schlägt am Fallrohr, bestimmt hat er es beschädigt!*"

Also war die Schwiegermutter im Haus und musste das Klopfen meines Vaters an der Haustür gehört haben. Sie hatte ihm aber nicht aufgemacht, denn nach ihrer Beurteilung war mein Vater wohl ein unerwünschter Gast in dem Haus. Mir war bekannt, dass die Schwiegermutter Marie öfters an den langen dunklen Tagen im Dunkeln am Küchenfenster zum Hof saß. Sie saß da, meistens, wenn der Schwiegervater außer Haus war. So sitzend betete sie den Rosenkranz, beobachtete Bewegungen im Hof und wartete auf ihren Mann Wiktor. Wenn sie ihn betrunken kommen sah, so versteckte sie sich irgendwo im Haus, auch öfters in unserer Wohnung. Denn betrunken war er aggressiv, und womöglich hätte er auch etwas anderes von ihr verlangt.

Das war der letzte Besuch meines Vaters bei uns, mit dem Klopfen an dem Fallrohr, denn drei Monate später, im März 1969, verstarb er im Alter von 65 Jahren. Bei der Beisetzung des Vaters waren die Schwiegereltern dabei, aber zum anschließenden Leichenschmaus, der in der Wohnung meiner Eltern stattfand, kamen sie nicht. In dem Jahr, in dem mein Vater starb, war ich zehn Jahre verheiratet. In den zehn Jahren waren meine Schwiegereltern mehrmals zu meinen Eltern eingeladen. Und das bei geraden Geburtstagen, Hochzeitstagen usw., sie sind aber nie gekommen. Das hatte mich immer sehr geärgert, denn wer meine Herkunftsfamilie auf diese Art verachtet, der verachtet zugleich mich. Ich sagte Irene öfters, wenn sie meine Eltern und Geschwister verachteten, so verachteten sie mich auch, denn ich sei doch ein Teil von ihnen. Unsere große Familie, wie wir es waren, Eltern und sechs Kinder, hielt zusammen. Ich bin nicht der Meinung, dass die zwei Familien in einer großen Freundschaft leben sollen, aber Respekt voreinander muss eingehalten werden.

Der Schwiegermutter und auch Irene sagte ich zu dem Nichthereinlassen meines Vaters und was ich dabei gesehen hatte kein Wort. Jedenfalls war ich stark verärgert über die Haltung der Schwiegermutter, denn sie kann doch nicht wie ein Türsteher bestimmen, wer mich besuchen darf.

Nun besorgte ich mir entsprechendes Material und baute eine Hausklingel ein. Beim Verlegen der Leitungen für die Hausklingel gab es seitens des Schwiegervaters einen großen Krach. Denn ich musste für die Kabelführung Schlitze in die Wände schlagen. Erst wurde ich gefragt, warum ich eine Hausklingel bräuchte. Nun berichtete ich den Vorfall mit meinem Vater. Die Schwiegermutter wusste jedenfalls, wie immer, nichts von dem Geschehen. Das hätte ich mir doch wieder einmal ausgedacht. Der Schwiegervater sagte mir, dass wir keine Hausklingel bräuchten, und so würde auch keine verlegt. Ich ging aber weiter meiner Tätigkeit nach. Als ich auf der Leiter stand und dabei ein Loch in der Wand durchschlagen wollte, kam er und befahl mir, ich solle von der Leiter herabsteigen und die Arbeit einstellen. Das tat ich nicht. Mit Meißel und Hammer schlug ich weiter in die Wand. Er fasste die Leiter an und sagte: *„Hör auf, Löcher zu schlagen, sonst schmeiß ich dich von der Leiter herunter!"* Da geriet ich in Wut und sagte: *„Geh weg von der Leiter, sonst bekommst du mit dem Hammer eins auf den Kopf! Danach bist du auf dem Friedhof und ich im Gefängnis, und so kommen wir uns nicht mehr ins Gehege. "*

Irene und ihre Mutter, die dabei waren, zogen ihn von mir und der Leiter weg. Er schimpfte weiter, laut und lange. Ich jedenfalls arbeitete weiter, bis meine Arbeit abgeschlossen war. Den Klingeltaster, versehen mit meinem Namen, befestigte ich an der Mauer, seitlich der Hauseingangstür. Die Glocke der Klingelanlage befand sich in der Diele im Obergeschoss. Die Anlage funktionierte reibungslos, und das Klingeln konnte man im ganzen Haus hören.

Eines Tages hörten wir, dass jemand im Erdgeschoss klopfte. Ich ging dort nachsehen und stellte fest, dass das Klopfen aus der Küche der Schwiegereltern kam. Ich schaute hinein und sah die Schwiegermutter Marie auf der Chaiselongue liegen. Sie hatte eine Bierflasche in der Hand, mit der schlug sie auf den Fußboden. Ich fragte was mit ihr los sei, bekam aber keine Antwort, und sie klopfte weiter. Irene und die Kinder standen schon hinter mir. Als Irene ihre Mutter in dem Zustand sah, ging sie zum Telefon und rief den Notarzt. Wir waren alle sehr erschrocken. Der Arzt kam, untersuchte sie und gab ihr eine Beruhigungsspritze. Danach begleitete ich den mir gut bekannten Arzt, einen Schulfreund, zum Rettungswagen. Ich fragte ihn nach der Diagnose, und er sagte mir, es wären seelische Störungen, „Schimäre" – keine ernsthafte Erkrankung. Wegen einer solchen Krankheitserscheinung war schon einmal ein Notarzt gerufen worden. Schon damals kam mir die Krankheitserscheinung etwas ungewöhnlich vor. Ich hielt die Schwiegermutter schon immer für eine Frau mit seelischen Störungen. Nach dem Arztbesuch stellte ich mir die Frage, woher die Schwiegermutter die Bierflasche hatte. War die Flasche durch Zufall an der Chaiselongue, oder hatte sie sich diese für die „Darbietung" vorher besorgt. Viele Jahre später spielte Irene zweimal so ein „Theater" meinem Sohn Christoph und seiner Frau vor, zu dem auch der Notarzt gerufen wurde.

Die Klingelanlage brachte auch Ärger ins Haus. Der Klingeltaster der Klingelanlage war mit meinem Namen versehen, und trotzdem benutzte die Kundschaft von Schwiegervater Wiktor die Klingel. Wenn jemand klingelte, ging ich zum Fenster und sah nach, wer an der Tür stand. War es jemand, der zu den Schwiegereltern wollte, so sagte ich, sie sollten unten am Fenster klopfen. Natürlich diente die Klingelanlage uns und den Schwiegereltern, aber sie wollten diese nicht haben.

Im Anbau des Hauses, wo meine Eltern wohnten, hatte ein älterer Herr gewohnt, der nun in ein Altersheim gezogen war. Der Altbesitzer des Hauses hatte im Hof zwei Ställe. Beide Ställe benutzten die Mieter des Hauses für verschiedene Zwecke. Ich sprach mit dem neuen Besitzer des Hauses, der nicht in dem Haus wohnte, ob ich die Wohnung des alten Mannes und einen Stall für mich mieten könnte. Aus dem Stall wollte ich eine Garage machen und die Wohnung für mich einrichten. Ich bekam die Zustimmung. Mit der Höhe der Miete war ich einverstanden, und so begann ich mit der Einrichtung der Garage und des Zimmers. Ich ging meistens nach der Arbeit hin, um dort zu arbeiten. Das gefiel Irene und den Schwiegereltern überhaupt nicht. Sie wussten, dass ich mir dort ein Zimmer einrichtete und somit auch, dass ich dort in Zukunft alleine weilen bzw. wohnen würde. Das wäre dann für die reichen Leute eine Schande. Dass es aber soweit gekommen war, daran trugen sie selber die Schuld. Wer mit mir nicht zurecht kommen kann, dem kann ich nicht helfen. Der ist selber schuld daran.

Im Herbst 1971 war mein Zimmer, wo meine Eltern wohnten, noch nicht ganz fertig. Da das Zimmer sehr hoch war, musste ich noch die Decke herabhängen. Der Eingang zum Zimmer war direkt vom Hof. Das Elektrische sowie die Wasser- und Kanalisationsleitungen baute ich um. Die Arbeiten führte ich selber aus, nur ein neues Doppelfenster und eine neue Doppeltür baute ein Maurer ein. Die Garage war auch noch nicht ganz fertig. Es waren bereits eine große Werkbank und eine Reparaturgrube vorhanden, und der Strom an den Zähler meines Zimmers war angeschlossen. Auf dem Betonfußboden sollten noch die Fliesen verlegt werden. An den vorhandenen Kaminzug sollte noch ein Kohleofen angeschlossen werden, um es bei den Reparaturarbeiten im Winter warm zu haben. In den Herbstmonaten war ich sehr oft mit den noch ausstehenden Arbeiten der Garage und des Zimmers tätig. So kam ich auch gleich am 18. Dezember nach der Arbeit dorthin, an dem Tag, an dem der Schwiegervater seinen 60. Geburtstag feierte. Er hatte mir im August, zu meinem 39. Geburtstag, nicht gratuliert, und wir sprachen seit dem Klingelbau nicht miteinander. So beschloss ich an diesem Tag nach der Arbeit auf die „Baustelle" zu gehen und wollte so von der Geburtstagsfeier fern bleiben. Da ich nach der Arbeit nicht zu Hause erschien, kam Irene darauf, dass ich eventuell in der Garage sei. Gegen 17:00 Uhr kam Christoph zu mir und sagte: *„Papa, hast du vergessen, heute hat Opa Wiktor Geburtstag. Komm schnell nach Hause, einige Geburtstagsgäste sind schon da."* Ich sagte zu ihm, dass ich gleich käme, und Christoph lief wieder zurück nach Hause. Ich ging aber nicht nach Hause, denn der Schwiegervater hätte sich mit mir vor dem Geburtstag aussöhnen können. Er hat das nicht getan, und so wollte ich auch nicht mit ihm seinen Geburtstag feiern. Eine Stunde nach Christoph kam Irene zu mir, und das zum ersten Mal, seitdem ich mir die Garage und das Zimmer baute. Irene machte ich klar, dass ich zum Geburtstag ihres Vaters nicht gehen werde. Irene bat mich, ging sogar auf die Knie und versprach mir, dass sie dafür sorgen werde, dass in Zukunft in unserem Haus Frieden herrsche. Ich arbeitete mit der Schaufel, und Irene stand mir kniend im Wege. So sagte ich zu ihr, sie solle mit dem Theaterspiel aufhören. Stark verärgert sagte ich zu ihr: *„Geh weg, sonst kriegst du mit der Schaufel eine drauf!"* Darauf sagte sie: *„Du kannst mir eine draufhauen, aber ohne dich gehe ich von hier nicht raus",* und bat mich weiter mit ihr nach Hause zur Geburtstagsfeier zu gehen. Am Ende sagte ich: *„Gut, ich gehe mit dir nach Hause, aber zur Geburtstagsfeier gehe ich erst, wenn mich dein Vater persönlich einlädt."* Wir sind danach mit dem Pkw nach Hause gefahren.

Erst stellte ich den Pkw in der alten Garage ab, aber Irene war unsicher und ließ mich nicht mehr aus den Augen. Als wir im Hause waren, kam der Schwiegervater Wiktor doch und lud mich persönlich zur Geburtstagsfeier ein. Mit der Einladung wollte ich ihn etwas demütigen, sein Ehrgefühl und seinen Stolz verletzen, und das war mir auch gelungen. An seiner Stelle hätte ich das nicht gemacht. Aber es waren viele prominente Gäste dabei, die mich, als seinen einzigen Schwiegersohn, gut kannten. Meine Abwesenheit hätte er vielen seiner Gäste erklären und dabei sich für diesen Zustand schämen müssen.

Ich arbeitete in einem sozialistisch-staatlichen Betrieb. Und bevor ich eine leitende Position bekam, wurde ich geschult, um die Menschen, die mir unter Aufsicht gestellt wurden, würdig zu behandeln und mit ihnen gut auszukommen. Also lernte ich, mit Menschen umzugehen und mit ihnen auszukommen. Mein Schwiegervater hatte nicht gelernt mit Menschen umzugehen, und er brauchte das auch nicht. In seiner Tischlerwerkstatt konnte er mit den Arbeitern umgehen, wie er es wollte. So dachte er, dass ich ihm auch unterstellt sei, und entsprechend behandelte er mich. Das ließ ich mir nicht gefallen, und so entstand immer Zwist zwischen uns.

In den oberschlesischen Gruben wird unter den Kumpeln groß die Freundschaft gepflegt, und nach der Schicht, der harten Arbeit, geht man oft in ein Gasthaus. Bei einigen Bieren oder Wodka wird nur über die Arbeit gesprochen. Und so ging ich auch ab und zu mit den mir untergeordneten Knappen in die Gasthäuser. Nach dem Gasthausbesuch gingen wir manchmal zu einem von den Knappen nach Hause. So konnte ich ihre Familien kennen lernen. Wenn sie dann einen mehr getrunken hatten, konnte ich etwas über mich bzw. über die anderen Kumpeln erzählen bzw. erfahren.

Meine neue Garage war fertiggestellt, und mein Pkw „Wartburg" wurde dort auch untergebracht. Die von mir gebaute Garage bei der Gastwirtin übergab ich ihr zur eigenen Nutzung. Für die Nutzung der Garage musste ich ihr noch 800,-- Zloty bezahlen, da sie den mündlichen Vertrag geändert hatte. Die Garage bei meinen Eltern gab mir viele Vorteile. Man konnte sich dort wie in einer Wohnung fühlen. In der Garage empfing ich auch, meistens nach einer Spät- oder Nachtschicht, meine „Steiger-Arbeitskollegen" zum Umtrunk. Das Garagentor machte ich zu, und so störte uns niemand und wir auch nicht. Es war auch von Vorteil, dass die Garage im Hof des Hauses war, wo meine Eltern wohnten. Denn manchmal brachte uns meine Mutter ein paar Häppchen. Kaffee konnte ich selber machen, denn gekochtes Wasser wurde in einem elektrischen Wasserkocher zubereitet.

Nach dem 60. Geburtstag von Schwiegervater Wiktor war die Hausstimmung ausgeglichen, ohne irgendwelchen Zwist. Vielleicht waren zwei Gründe dafür verantwortlich. Es standen nämlich zwei Feierlichkeiten vor uns – Stefans Priesterweihe und Damians Kommunionsfeier. Im März 1972 wurde Irenes Cousin Stefan in der Kathedrale in Katowice (Kattowitz) zum Priester geweiht. Die Primiz in unserem Ort fand im April statt. Die Primiz-Feier wurde bei uns, in der Wohnung der Schwiegereltern, gefeiert. Ein Priester in der Familie meiner Schwiegermutter Marie war Anlass, um stolz und überglücklich zu sein. Die Studienzeit von Stefan zum Priester kostete meine Schwiegermutter viel Geld. Vielleicht wäre es besser gewesen, das Geld in Tochter Irene zu investieren. Der Stolz Irenes und ihrer Mutter Marie, einen Priester in der Familie zu haben, dauerte nicht lange. Ab September wurde Stefan als Kaplan in einem kleinen Dorf eingesetzt. In den langen Herbstabenden wurde es ihm wohl mit einem alten Pfarrer zu langweilig. Nach zwei Monaten ist er von der Pfarrei, wo er wohnte, abgehauen, und lange Zeit wusste keiner, wo er sich befand. Schließlich, nach einigen Monaten Suche, fand ihn die Polizei lebend, und zwar in einem Ort, der 500 km von seiner Pfarrstelle entfernt lag. Einzelheiten zu der Flucht war ein Geheimnis der Familie, und ich erfuhr die Gründe des Verschwindens nicht. Als Priesteranwärter war er in alle Richtungen verwöhnt worden, und auf einmal saß er mit dem alten Pfarrer da, und das konnte er wohl nicht überwinden.

Foto: Damians I. Hl. Kommunion.
Irene (34), ich (40), Damian (9) und
Christoph (12) – Mai 1972.

Im Mai 1972 ging unser Sohn Damian zur I. Hl. Kommunion, zu der auch meine Mutter eingeladen war. Sie kam zum Kaffee, und gleich danach ging sie nach Hause. Sie kam nur für eine kurze Zeit, da sie Damian die Feier nicht kaputt machen wollte. Meine Geschwister gratulierten Damian und übergaben ihm nach dem Gottesdienst vor der Kirche Geschenke.

Wenn ich Spätschicht hatte, sah ich die Kinder selten. Vormittags waren sie in der Schule, und nachmittags arbeitete ich. Soweit es ging, half ich meinen Kindern bei den Schulaufgaben, und manchmal wartete Christoph damit, bis ich von der Spätschicht nach Hause kam. An einigen arbeitsfreien Samstagabenden spielten wir, Irene, die Kinder und ich, Karten, meistens Bridge oder Canasta.

An einem Sommertag 1972, als ich so gegen 22:30 Uhr nach Hause kam, saß der Schwiegervater Wiktor mit einem Bekannten draußen auf der Terrasse. Der Bekannte, den ich auch gut kannte, war dabei, nach Hause zu gehen. Ich beschloss, ihn nach Hause zu begleiten. Damit wollte ich vermeiden, mit dem Schwiegervater eventuell noch draußen zu sitzen und mit ihm ins Gespräch zu kommen, da er schon etwas getrunken hatte. Wenn er nämlich einen Schwips hatte, dann wollte er immer mit mir einige Gläser Wodka trinken und meistens mir dabei die Leviten lesen. Es war so, wie ich vermutet hatte. Denn als ich so nach etwa 45 Min. zurück kam, saß der Schwiegervater immer noch draußen, und auf dem Tisch stand eine Flasche russischer Kognak – den ich auch gerne trank. Nun bat er mich, mit ihm ein Gläschen zu trinken. Als die Flasche halb leer war, sagte er mir, dass er sein Anwesen, die Tischlerwerkstatt und das Haus, hatte schätzen lassen und es einen Wert von einer Million Zloty hätte. *„Wenn ich sterbe"*, sagte er, *„dann wirst du das alles erben, das weißt du doch."* Weiter sagte er, dass er nicht verstehe, warum ich ihn, statt ihn zu schätzen, lächerlich machte, indem ich auf einem Nachbarzaun einen Kürbis gemalt hätte. Ich hatte den gemalten Kürbis auf dem Zaun gesehen, aber den Sinn des Kürbisbildes verstand ich nicht. Die Nachbarin, auf deren Zaun sich der gemalte Kürbis befand, soll dem Schwiegervater gesagt haben, dass sie gesehen hätte, wie ich den Kürbis auf den

Zaun gemalt hätte. *„Ich war das aber nicht"*, sagte ich. Vom Schwiegervater erfuhr ich erst, was ich vorher nicht wusste, nämlich dass „Kürbis" sein Spottname war. „Kürbis" wohl deswegen, weil er einen großen und runden Kopf hatte. Ich sagte, dass ich ihn als meinen Schwiegervater schätzte, aber nicht als einen Millionär. Und dass ich über eine Erbschaft nach seinem Tod nicht nachdächte. Weiter sagte ich, dass ich jetzt eine Wohnung bräuchte, in der ich ungestört leben möchte, und eine Garage, für die ja auf einem Anwesen, das angeblich einen Wert von einer Million hätte, kein Platz sei. Als die Kognakflasche zu Ende ging, sagte er mir, dass er einen Käufer hätte, der die Tischlerwerkstatt und das Haus kaufen wolle. Nun fragte er mich, ob er es verkaufen sollte.

Ich sagte *„Ja"*, er solle es verkaufen, und dass ich davon Vorteile ziehen würde. *„Vorteile wirst du daraus ziehen, was für welche?"*, fragte er. Da sagte ich, dass wir nach dem Verkauf endlich getrennt voneinander wohnen würden. Als er das hörte, geriet er in Wut und begann zu schreien. Er legte sich auf den Boden und schrie: *„Trete mich mit den Füßen, wenn ich so ein schlechter Mensch für dich bin!"* Das nächtliche Geschrei weckte Irene und ihre Mutter Marie auf. Sie kamen nach draußen und beruhigten ihn, und ich ging in meine Wohnung. Es war das geschehen, was ich geahnt hatte, bevor ich den Bekannten nach Hause begleitete. Die Tage danach war er mir eigentlich nicht böse, sondern er genierte sich.

Die Erziehung der beiden Kinder, Christoph und Damian, die die meiste Zeit bei den Schwiegereltern verbrachten, gefiel mir nicht. Christoph und Damian wurden meistens von ihrer Großmutter Marie versorgt, da Irene viel außer Haus war. Sie war immer unterwegs, um angeblich dem Vater einige Dinge für die Tischlerwerkstatt zu besorgen. Und so wurden die Kinder im Geiste der Schwiegermutter und gegen mich erzogen. Wenn ich einmal den Kindern einen Klaps verpasste, dann sagte sie immer zu mir: *„Kinder schlägt man nicht!"* Eines Tages, als ich von der Arbeit den Hof betrat, sah ich, dass die Schwiegermutter mit einem Stock in der

Hand hinter Christoph herlief, um ihn damit zu schlagen. Da sagte ich zu ihr: *„Kinder schlägt man nicht!"* Darauf sagte sie: *„Das ist kein Kind, das ist ein Teufel!"* – *„Ja"*, sagte ich, *„den hast du zum Teufel erzogen. "*

Auf eigenen Wunsch wurde ich im Februar 1973 von meiner bisherigen Stellung als Ingenieur für den Bau von Urmustermaschinen für den Bergbau unter Tage in eine Steinkohlengrube verlegt. Ich übernahm dort die Stellung eines Steigers für Maschineneinrichtungen unter Tage. In dieser Zeit wurde Kohle immer mehr mit Maschinen statt mit der Schaufel abgebaut. Damit konnte man den Kohleabbau steigern und zugleich die vielen menschlichen Arbeitskräfte sparen. So waren Fachleute mit Maschinennutzungserfahrung unter Tage auf Steigerposten gesucht, und das nutzte ich aus. Als Steiger arbeitete ich im Schichtbetrieb. Die Frühschicht ging von 5:00 bis 15:00 Uhr, die Nachmittagschicht von 13:00 bis 23:00 Uhr und die Nachtschicht von 21:00 bis 7:00 Uhr. So ging das sieben Tage in der Woche. Zwei Sonntage im Monat musste ich zur Arbeit gehen. Wenn aber Urlaubszeit war oder ein Kollege erkrankte, ging ich auch gerne den dritten oder den vierten Sonntag zur Arbeit. So verdiente ich deutlich mehr. Nur zwei Sonntage und einen vollen Tag hatte ich im Monat vorschriftsmäßig frei. Als Steiger für Maschineneinrichtungen unter Tage verdiente ich viel mehr als vorher. Dazu kam das Deputat von zwei Tonnen Kohle mehr, eine höhere Rente usw. Ein weiterer Vorteil war, dass ich zu Fuß zur Arbeit gehen konnte. Von zu Hause waren es etwa zwei Kilometer. Öfters bekam ich eine Sonderprämie für Kohle-Export. Das Geld war immer für einen schönen Ausflug mit Irene und den Kindern vorgesehen.

Vor einigen Jahren war ein junger Schlosser aus meiner Werkstatt mit seinen Eltern in die Bundesrepublik Deutschland ausgewandert. Zu dieser Zeit sind viele Deutschstämmige aus Polen über Jugoslawien, wo sie Urlaub machten, in die BRD geflüchtet. Etwas Derartiges zu unternehmen, dazu war ich auch bereit, und Irene war damit einverstanden. Zusammen mit dem jungen Mann erstellten wir ein geheimes Schriftstück. Nach dem Schriftverkehr mit diesem geheimen Schriftstück war alles vorbereitet, und ich sollte Urlaub in Jugoslawien machen. Aber die Zeit bis zur Fahrt nach Jugoslawien floss dahin.

Inzwischen verkaufte der Schwiegervater den Pkw „Warszawa" und kaufte einen „Wartburg 353". Für den Kauf des Pkws erhielt er auch einen Bezugsschein von der Handwerkskammer. Den Pkw „Wartburg 353" fuhr ich öfter, da der „Chauffeur" nach einem Zwist mit dem Schwiegervater nicht mehr zu ihm kam.

Meine Ersatzwohnung war inzwischen fertig, und ich richtete sie langsam ein, was kein Geheimnis für Irene und ihre Eltern war. Aber irgendwie hat das alles Irene und ihre Eltern nicht gestört, denn sie wurden zu mir immer freundlicher. Diese freundliche Art mir gegenüber war für mich nichts Neues, denn immer, wenn sie mich auf ihre Seite bringen wollten, stimmten sie mich auf diese Art um. Erst nach längerer Zeit verstand ich den freundlichen Umgang mit mir. Das Dreigestirn – Irene und ihre Eltern – hatten einen Plan, damit ich nicht in die vorbereitete Wohnung bei meinen Eltern umzöge. Auf diese Idee hatte wohl Irene ihre Eltern gebracht. Ich erwähnte schon, dass ich mich ins Ausland absetzen wollte. Irene war damals mit meiner Idee einverstanden gewesen. Diese Idee hatte das Dreigestirn auf den Plan gebracht, mich ins Ausland auszusetzen. Anfang des Jahres 1973 sagte mir mein Schwiegervater Wiktor, dass er eine Auslandsreise mit seinem Pkw "Wartburg 353" nach Frankreich über die DDR (Deutsche Demokratische Republik) und die BRD (Bundesrepublik Deutschland) plane. Er fragte mich zugleich, ob ich mit Irene diese Reise mit ihm machen wolle. Natürlich war ich bereit, so eine Reise mitzumachen.

Das Jahr 1973 war ein Jahr des Tourismus, und so konnten einige polnische Bürger in den Westen fahren. Man konnte sogar für eine

Person 300,-- US$ mit polnischem Geld kaufen. Die Reise war aber nicht einfach. Erst musste man bei der Polizei (MO – Milicja Obywatelska = Bürger-Polizei) einen Antrag auf einen Reisepass, für eine schon vorher genannte Reise, stellen. Nach Erhalt des Reisepasses brauchte man noch die Zustimmung des Arbeitgebers. Mein Antrag ging drei Wochen lang durch verschiedene Instanzen bei meinem Arbeitgeber. Darüber sprach mein Chef mit mir, denn er musste den Antrag unterschreiben. Dem musste ich versprechen, dass ich von der Reise zurück nach Polen kommen würde, denn viele polnische Bürger kamen nach so einer Reise in den Westen nicht mehr zurück nach Polen. Als wir die Reisepässe hatten, besorgten wir problemlos das Visum in der Botschaft von Frankreich und der BRD in Warszawa (Warschau). Dann wurden der Polizei die Unterlagen vorgezeigt, dass man alles erledigt hatte, und die Reise konnte beginnen. Alles, was mit der Reise verbunden war, außer der Zustimmung meines Arbeitgebers, erledigte mein Schwiegervater Wiktor.

Kurz vor Antritt der Reise fragte mich Irene, ob es gut wäre, wenn wir beide von der Reise nicht zurück nach Polen kämen, sondern in der BRD blieben. Mit solchen Gedanken spielte ich schon immer, und zwar seit der geplanten Urlaubsreise nach Jugoslawien. Jetzt auf einmal könnte ich meinen Plan verwirklichen. Irenes Idee fand ich toll, und ich war bereit, mit ihr in der BRD zu bleiben. Die Kinder Christoph und Damian sollten später zu uns nachkommen. Für den Fall, dass wir in der BRD blieben, sammelte ich vor der Fahrt von mir bekannten und durch andere mir empfohlene Personen Anschriften in der BRD.

Die Zeit von 1973 - 2017 in der BRD

Zu dritt, Irene, der Schwiegervater Wiktor und ich, begann Ende Juli 1973 die Reise in die BRD und nach Frankreich. Nach vielen Papier- und Sachkontrollen auf dem Gebiet der DDR erreichten wir die BRD. In der BRD besuchten wir erst die Arztfamilie – Hebamme und Arzt – die unsere Kinder zur Welt gebracht hatten. Sie wohnten schon seit einem Jahr in Nordrhein-Westfalen (BRD). Dort erfuhr ich, was zu tun war, wenn ich in der BRD als Deutscher bleiben wollte. Einige Unterlagen über meine deutsche Herkunft hatte ich schon dabei. Von hier aus fuhren wir nach Frankreich, wo wir nur über eine Nacht waren. Der Schwiegervater schlief in einem Hotel und ich mit Irene im Pkw.

Von Frankreich kamen wir zurück in die BRD nach Weil der Stadt, wo ein Bekannter des Schwiegervaters in einer Notwohnung für Spätaussiedler wohnte. Auch bei ihm bekam ich Informationen, was zu tun war, um in der BRD zu bleiben. Irene, wie schon immer, änderte auch jetzt ihren Standpunkt. Sie sagte, ich solle alleine in der BRD bleiben, weil sie Sehnsucht nach den Kindern habe. Dabei versprach sie mir, dass sie mit Christoph und Damian zu mir nachkommen werde. In der Zeit sollte ich einen Arbeitsplatz finden, Geld ansparen und eine schöne Wohnung einrichten. Wir waren uns einig, dass ich eines Tages, ohne den Zeitpunkt zu nennen und mich zu verabschieden, spurlos verschwinden sollte.

Ich setzte mich nach Stuttgart ab. Eines Tages, Anfang August 1973, fuhren wir mit dem Pkw von Weil der Stadt nach Stuttgart. Einen Autoschlüssel besaß ich, den anderen der Schwiegervater Wiktor. In Stuttgart gingen wir in ein großes Warenhaus, wo jeder nach Sachen sah, die ihn interessierten. Als wir zueinander nicht mehr in Sichtweite waren, nutzte ich die Lage aus, verließ das Warenhaus und ging zum Pkw. Ich nahm meine Sachen heraus, legte den Autoschlüssel auf den Fahrersitz und schlug die Tür zu. Danach, wie mit Irene abgesprochen, verschwand ich spurlos.

Wie mir Irene später geschrieben hat, suchten sie mich eine Zeit lang im Warenhaus, und danach warteten sie auf mich längere Zeit vor dem Warenhaus. Als ich nicht erschien, sind sie zum Pkw gegangen. Als sie die Autoschlüssel im Pkw sahen, da war ihnen klar, dass ich weggelaufen war. Sie fuhren dann nach Weil der Stadt zurück. Von dort sind sie zurück nach Hause, nach Dąbrówka Wielka, Polen gefahren. Die Frage beschäftigte mich viele Jahre: habe ich mich in Stuttgart abgesetzt oder wurde ich ausgesetzt? Denn Irene kam nicht mit den Kindern zu mir in die BRD.

Ich wiederum ging mit meinem mitgenommenen „Hab und Gut" an eine Straßenbahnhaltestelle und stieg in die erste angekommene Straßenbahn ein. Beim Kauf der Fahrkarte sagte ich dem Schaffner, dass ich zu einem Bahnhof fahren möchte. *„Gut"*, sagte er zu mir, *„da müssen Sie am Bahnhof Stuttgart-Zuffenhausen aussteigen"*, und dass die Haltestelle ausgerufen werde. Als wir soweit waren, kam der Schaffner zu mir und sagte, dass ich an der nächsten Haltestelle aussteigen solle. Als ich im Gebäude des Bahnhofs Stuttgart-Zuffenhausen war, musste ich schnell auf die Toilette, denn ich bekam wohl durch die Aufregung Durchfall. Danach sah ich mir die mitgebrachten Anschriften der Personen in der BRD an. Die erste naheliegende Anschrift hatte ich von Leuten, Spätaussiedlern, die ich nicht kannte. Diese Leute, eine Familie mit zwei Kindern, wohnte noch in einer Notwohnung für Spätaussiedler in Mainz. Für sie war ich ein Unbekannter, und ihre Anschrift bekam ich vom Vater der Frau, den ich gut kannte. Von Stuttgart-Zuffenhausen fuhr ich mit der Bahn nach Mainz. Die Leute haben mich freundlich empfangen, und ich blieb zwei Tage bei ihnen. Dort bekam ich weitere Informationen, was zu tun war, wenn ich in der BRD als Spätaussiedler bleiben wollte. Nach Empfehlung der Leute fuhr ich mit der Bahn von Mainz nach Friedland. Für die Fahrt nach Friedland habe ich mir von den Leuten 100,-- DM geliehen, da ich nur einige DM bei mir hatte.

Am 12. August 1973 kam ich in Friedland an und meldete mich im dortigen Grenzdurchgangslager als deutscher Spätaussiedler aus Polen an. Das Grenzdurchgangslager Friedland bestand aus mehreren Baracken, gebaut nach dem Krieg. Dort wurden entlassene deutsche Gefangene aus Russland vorübergehend untergebracht, wo sie ärztlich untersucht, registriert usw. wurden. Danach diente das Grenzdurchgangslager zur vorübergehenden Unterbringung deutscher Aussiedler und Spätaussiedler aus den Ostländern. Sie wurden dort auch ärztlich untersucht, registriert usw., und zudem bei Vollpension auf Kosten des Deutschen Roten Kreuzes verpflegt. Untergebracht wurde ich in einem Zimmer mit Etagenbetten, zusammen mit fünf weiteren Personen (deutsche Spätaussiedler aus Rumänien). WC und Bad waren für die ganze Baracke im Korridor.

Foto: Ich (41) in Friedland – 12. August 1973. Ich stehe am Verwaltungsgebäude des Grenzdurchgangslagers Friedland. In jeder Hand eine Tasche – mein „Hab und Gut": Kulturbeutel, Dokumente, Fotoapparat usw.

Am Tag nach meiner Ankunft, am 13. August, feierte ich dort meinen 41. Geburtstag. Ich, mit 41 Jahren und mit dem kleinen „Hab und Gut", sah wie ein Bettler aus. Ich freute mich aber sehr, dass ich endlich auf dem Weg war, mir ein neues Leben aufzubauen. Dabei versprach ich mir nicht zu viel. Das Wichtigste war, dass ich von den Schwiegereltern endlich weit weg war. In den drei Tagen des Aufenthalts musste ich viele Formalitäten erledigen, um meine deutsche Staatszugehörigkeit unter Beweis zu stellen. Mein Vater Andreas war ein Deutscher, und so bin ich von deutscher Herkunft.

Ich wurde als Deutscher anerkannt und blieb in der BRD. Beim Erhalt des Deutschen Personalausweises wurde der polnische Reisepass durch die deutsche Behörde auf jeder Seite mit „Ungültig" abgestempelt. So verlor mein polnischer Reisepass seine Gültigkeit. Den schickte ich dann per Post der polnischen Botschaft in Deutschland, da auf dem Reisepass stand, dass der Reisepass ein Eigentum des polnischen Staates sei.

In Friedland erhielt ich ein paar Klamotten und Geld – 466,70 DM Rückführungskosten, 150,-- DM einmalige Unterstützung und 30,-- DM Überbrückungsgeld, zusammen 646,70 DM. Das war für mich viel Geld und eine große Hilfe. Von dem Geld schickte ich die geliehenen 100 DM nach Mainz zurück, und 100,-- DM + 4,-- DM Portogebühren Irene nach Polen.

An meinem Geburtstag, am 13. August, besuchte mich in der Baracke eine DRK-Frau. Sie bat mich, mit ihr zu den Schwestern des DRKs zu gehen, da dort auf mich eine Überraschung warte. Überraschung? Ich bekam einen Schreck. Denn da ging mir durch den Kopf, die Überraschung könnte Irene mit dem Schwiegervater sein. Nun bat ich die DRK-Frau, mir nähere Angaben zu der Überraschung zu machen. Sie sagte: *„Sie haben heute Geburtstag, und wir wollen mit Ihnen feiern."* Und tatsächlich, das war für mich nicht nur eine Überraschung, es war zugleich eine große Freude. Es gab Kaffee, Kuchen und viele praktische Geschenke. Über die Feier und die vielen Geschenke habe ich mich sehr gefreut, denn das war eine Geburtstagsfeier, wie ich sie in den vergangenen Jahren nicht erlebt hatte.

Foto: Ich an meinem 41. Geburtstag mit den Schwestern des DRKs Friedland, 13. August 1973

Vielen Dank an das DRK und den Schwestern des DRKs, besonders an die Schwestern, die immer im humanitären Dienst der Menschen in Not stehen.

Nach Polen konnte man damals DM über eine polnische Handels-vertretung mit Sitz in München schicken. Die 100,-- DM wurden Irene in Polen nicht in DM ausgezahlt, sondern in $-Warenbons, 100,-- DM gleich 46$-Warenbons. Für die $-Warenbons konnte man in Polen nur in den „PKO-Läden" alle möglichen Waren, Pkws usw. kaufen („Intershop" in der DDR – Ware nur für Valu-ta). Die erhaltenen $-Warenbons konnte Irene auch an andere Per-sonen verkaufen. Die Käufer zahlten für 1$-Warenbons zwischen 80,-- bis 120,-- Zloty, also 46$-Warenbons x 100 Zloty ≈ 4.600 Zloty ≈ ¾ von dem, was ich in einem Monat in Polen verdiente.

Am 15. August 1973 kam ich von Friedland in das Durchgangs-wohnheim Massen in Unna-Massen. Einige Tage später kam über Jugoslawien meine Schwester Maria hierher, und wir wohnten zu-sammen in einem Zimmer.

Foto: Durchgangswohnheim in Unna-Massen – 1973. Ich (41) mit meiner Schwester Maria (20) beim Kaffee in unserer Einzimmerwohnung. Sie schlief oben, ich unten.

Das Durchgangswohnheim Massen bestand aus mehreren einstöckigen Häusern und wur-de für deutsche Aussiedler aus den Ostländern gebaut, die sich in Nordrhein-Westfalen niederlassen wollten. Die Unterkünfte stan-den für uns kostenlos zur Verfügung. In jedem mit Etagenbetten ausgestatteten Zimmer waren meistens mehrere Personen unterge-bracht. Küche, WC, Bad usw. befanden sich für alle Bewohner eines Stockwerkes im Korridor des Gebäudes. Für die Reinigung und Einhaltung der Ordnung mussten alle Bewohner in dem Stockwerk, in dem sie wohnten, selber sorgen. Die Reinigungsmit-tel bzw. Gegenstände standen uns beim Hausmeister des Wohn-heimes (auch Lager genannt) zur Verfügung.

Männer, die in dem Wohnheim lebten, waren jeden Samstag zum Straßenreinigen aufgerufen. Wir wurden mit Besen, Schaufeln, Schubkarren usw. ausgerüstet, um die Straßen des Wohnheimes sauber zu fegen. Die meisten Männer versteckten sich an dem Straßenreinigungstag in ihren Wohnungen. In den acht Wochen, in denen ich dort wohnte, fegte ich die Straßen immer. An einem Samstag war ich nur der einzige, der die Straßen fegte. Der Hausmeister schimpfte auf die anderen Männer. Straßen fegen machte mir nichts aus, da ich das schon zu Hause in Oberschlesien, Polen gemacht hatte. Egal, was für eine Arbeit man ausführt, man braucht sich für sie nicht zu schämen. Für meine ständige Bereitschaft, Straßen zu fegen, belohnte mich der Hausmeister. Dreimal bekam ich Bons für Butter, die ich in einem Lebensmittelgeschäft einlösen konnte. Und als ihm bekannt wurde, dass ich nach Leverkusen verlegt würde, konnte ich aus dem Lager viele Gegenstände für den Haushalt mitnehmen, dazu auch noch einige gut erhaltene Kleidungsstücke. Im Durchgangswohnheim mussten wir uns selber versorgen.

Nachdem ich mich beim Arbeitsamt als Arbeitssuchender gemeldet hatte, bekam ich Arbeitslosengeld. Es waren mit Kindergeld 198,-- DM wöchentlich – monatlich 792,-- DM. Davon bekam Irene monatlich 200,-- DM + 4,-- DM Portogebühren. Das waren umgerechnet 92$-Warenbons x 100 Zloty ≈ 9.200 Zloty – gleich dem, was ich in sechs Wochen in Polen als Steiger unter Tage verdiente. Irene konnte die $-Warenbons verkaufen oder ihr Vater alles mögliche in den „PKO-Läden" kaufen. Irene und ihre Eltern hatten mich also aus dem Haus und dazu noch viel Valuta von mir. Damit machte ich Irene bzw. ihren Vater noch reicher. Dazu kamen noch Pakete, die ich per Post, Bahn und über die polnische Handelsvertretung schickte. Seitdem ich Irene und ihre Eltern kennen gelernt hatte, im Jahr 1956, trug ich viel zum Reichtum von Irene und ihren Eltern bei.

Nach Erledigung weiterer Formalitäten im Durchgangswohnheim Massen kam ich am 9. Oktober 1973 nach Leverkusen. Durch das Arbeitsamt fand ich in Leverkusen ein Arbeitsangebot. Meine Schwester Maria blieb in Unna-Massen, da sie dort einen dreimonatigen Deutsch-Sprachkurs besuchte. Ich brauchte keinen Deutsch-Sprachkurs besuchen, da meine deutschen Sprachkenntnisse, nach Einschätzung des Arbeitsamtes, ausreichend waren. Ich hatte mich damit verraten, dass ich einige Male als Dolmetscher einigen Spätaussiedlern im Arbeitsamt behilflich war. Meine Anfangszeit in Deutschland war nicht rosig. Ein fremdes Land, keine nahestehenden Personen, keine Arbeit, keine richtige Wohnung, und das 14-jährige Zusammenleben mit den Schwiegereltern hat auch an meiner Gesundheit gerüttelt. Das alles hat an meinem Körper seelische und gesundheitliche Schäden hinterlassen. Nach einiger Zeit habe ich Arbeit und gute Freunde gefunden und mir auch eine schöne Wohnung eingerichtet.

In Leverkusen bekam ich eine Unterkunft in einer Siedlung mit Notwohnungen für Vertriebene bzw. Spätaussiedler. Die mir zugeteilte Wohnung bestand aus einem leeren Zimmer mit Etagen-WC. Im Keller konnte man baden und Wäsche waschen, jedoch musste man vorher Feuer machen, um in einem Kessel warmes Wasser zu bekommen und dazu die Gussbadewanne sauber machen. Alte Möbel, Federbett, Bettwäsche usw. suchte ich mir in einem Lager aus, in dem noch zu gebrauchende Dinge aus Wohnungsauflösungen gelagert waren. Die Miete in der Notwohnung, kalt und mit Wasserverbrauch, war gering. Strom, je nach Verbrauch, musste jeder selber bezahlen. Die Wohnung beheizte ich elektrisch oder mit dem Kohleofen. Als Brennmaterial für den Ofen benutzte ich meistens Holz. Holz holte ich mir beim Sperrmüll und vom Rheinufer, das ich dann im Keller klein gemacht habe.

In dem Zimmer wohnte ich von Oktober 1973 bis Januar 1976. Die alten und gebrauchten Möbel, die ich mir aus dem Lager holte, wurden gestrichen, und die Oberflächen (Tisch usw.) mit Wachstuch bespannt. Das Küchenteil war vom Schlaf- bzw. Wohnzimmerteil mit einem Vorhang abgegrenzt.

Foto: Ich (41) in meiner Einzimmer-
Notwohnung „Küchenteil" – 1973

Bei der entsprechenden Behörde stellte ich einen Antrag auf Übernahme meiner Frau Irene und der Kinder Christoph und Damian in das Bundesgebiet. Im Dezember 1973 erhielt ich ein erfreuliches Schreiben der Stadt Leverkusen, dass das Bundesverwaltungsamt in Köln die Übernahme genehmigt hatte. Darüber wurden das Deutsche Rote Kreuz und die Botschaft der BRD in Polen informiert. Eine Kopie des Schreibens stellte ich Irene per Post zu. Irene und die Kinder sollten also „für immer" zu mir in die BRD kommen.

Während einer Sonntagsmesse teilte der Pfarrer in der katholischen Kirche „Hl. Antonius" den Gläubigen mit, dass die Kirche renoviert werde. Zu dieser Zeit war ich noch arbeitslos. Am nächsten Tag ging ich zum Pfarrer und fragte ihn, ob ich eventuell eine Beschäftigung bei den Renovierungsarbeiten bekommen könnte. Der Pfarrer sagte, ich solle am nächsten Tag um 19:00 Uhr zum Pfarrsaal kommen, da sich dort jeden Dienstag einige Leute der Gemeinde träfen. Und dass dort auch der Architekt kommen würde, der mir auch sagen könnte, ob er eventuell eine Beschäftigung für mich hätte. Im Pfarrsaal war eine Theke mit Ausschank, an der ein Ehepaar zur Bedienung der Versammelten zur Verfügung stand. Nach dem Treffen kam der Orgelspieler zu mir und sagte, dass ich am nächsten Tag zu Räumungsarbeiten in die Kirche kommen solle. Drei Monate lang arbeitete ich mit dem Orgelspieler bei verschiedenen Räumungsarbeiten in der Kirche. Ich verdiente einige DM und ging dann auch jeden Dienstag zu dem Treffen im Pfarrsaal, wo ich viele Leute aus der Pfarrgemeinde kennen lernte. Ich sang auch im Kirchenchor und gehörte sogar zum Pfarrgemeinderat – zuständig für Aussiedler. Zu meinen Aufgaben gehörte es, den angekommenen Spätaussiedlern zu helfen, damit sie sich in der katholischen Pfarrgemeinde zurechtfänden – Caritas, Probleme mit Kindern, Schule, Kindergarten usw. Das war auch der erste Schritt, um mich in Deutschland zu integrieren.

Nachdem meine Schwester Maria den dreimonatigen Deutsch-Sprachkurs in Unna-Massen beendet hatte, kam sie kurz nach Leverkusen. Dann zog sie nach Letmathe im Sauerland, da sie dort einen Freund kennen gelernt hatte, und blieb dort. Letmathe liegt 85 km von Leverkusen entfernt. Sie war glücklich, da sie dort neben ihren Freund auch eine Arbeitsstelle fand.

Als ich im Herbst 1973 erkältet war, besuchte ich die Praxis von Herrn Dr. med. Bock. Er wurde dann mein Hausarzt. Mit der Wahl des Arztes war ich sehr zufrieden. Bei den Arztbesuchen machte er mich auf mein Körpergewicht von 96 kg aufmerksam. Er sagte mir, dass ich keine Diät machen sollte. Ich dürfte alles essen, nur eben weniger und solle Zucker, Alkohol, Obst absetzen und statt Butter Margarine benutzen. Margarine essen! So wie es in meinem Elternhaus war. Das war wohl ein guter Rat, den mir schon vor vielen Jahren die Schwiegermutter Marie gegeben hatte: *„(...) soll er weiter alles mit Margarine fressen."* Ich habe mich an die Empfehlungen des Arztes gehalten und in drei Jahren 24 kg abgenommen. Die 72 kg habe ich über viele Jahre gehalten. Heute, 2017, wiege ich unter 80 kg, aber mit dem Gewicht des Menschen ist es so wie mit einem Baum: jedes Jahr bekommt er im Umfang des Stammes einen Ring hinzu.

Mein erster guter Freund war Wolfgang, mit dem ich aus Unna-Massen am gleichen Tag nach Leverkusen kam. Die Freundschaft mit Wolfgang besteht noch heute – 2017, obwohl wir jetzt 500 km voneinander entfernt wohnen. Zum Ausklang des Jahres 1974 waren wir mit Wolfgang in einer Gaststätte. Da staunten wir, wie fröhlich und mit wie viel Feuerwerk die Gäste das alte Jahr verabschiedeten und das neue Jahr begrüßten. So etwas kannten wir aus unserer alten Heimat nicht. Man sah, dass die Menschen arbeiteten, um zu leben, und wir im kommunistischen Polen lebten, um zu arbeiten.

Foto: Mit meinem Freund Wolfgang feiere ich meinen 42. Geburtstag in meinem „Wohn- und Schlafzimmerteil", der durch einen Vorhang vom „Küchenteil" getrennt wird – 13. August 1974

Zu meinen weiteren guten Freunden gehörten Kurt und Renate, die ich erst in Leverkusen kennen lernte. Sie waren Bekannte von Onkel Hubert, und von ihm bekam ich ihre Anschrift. Ich besuchte sie einmal, und so entstand die Freundschaft. Sie waren auch Spätaussiedler.

Die Siedlung mit den Notwohnungen, wo ich wohnte, lag direkt am Rhein, und so ging ich öfters an den Rhein. Auf einer Bank konnte man sich hinsetzen und die vielen vorbeifahrenden Schiffe beobachten, oder in Ruhe ein Buch lesen. Öfters ging ich direkt am Wasser des Rheines entlang und sammelte Holz, welches der Fluss an das Ufer brachte, um es später in meiner Wohnung zu verheizen.

Ich kam nach Leverkusen, um bei einem ansässigen Arbeitgeber zu arbeiten. Aber mit dem Gehalt, das mir der Arbeitgeber bot, war ich nicht einverstanden. So suchte ich eine besser bezahlte Stelle. Eine solche fand ich in einem Projektbüro einer Firma in Köln, die Anlagen für Nichteisenmetalle projektierte und baute. Als ich mich im März 1974 bei der Firma vorgestellt habe, wollte der Chef der Abteilung mein theoretisches Wissen zu chemischen Prozessen bei der Blei- und Zinkgewinnung prüfen. Das war für mich eine leichte Aufgabe. Danach zeigte er mir einige Zeichnungen – Baupläne, mit der Frage, ob ich solche anfertigen könnte. Mit einem Lächeln sagte ich „ja". Danach stellte ich die Frage nach dem Gehalt. Denn wie viel ich mit Abzügen auf die Hand bekommen müsste, das sagten mir schon die Leute in Mainz. Nach langem Hin und Her bekam ich 85% von dem, was ich wollte. Zu meinem festen Gehalt gehörte noch eine Leistungszulage, die er mir verschwiegen hatte. Mit der Leistungszulage war mein Gehalt dann höher als vereinbart. Zu meiner Tätigkeit gehörte die Anlagenbauplanung, die Auftragsabwicklung und die Konstruktion von Anlagen zur Bleigewinnung. Mein Arbeitsplatz befand sich in einem Großraumbüro mit 34 Angestellten: Ingenieure, Techniker, technische Zeichner, alle arbeiteten am Reißbrett.

Als Ingenieur für Anlagenbauplanung nahm ich im März 1974 die Arbeit auf. Für diese Beschäftigung hatte ich schon viele Jahre Berufserfahrung, da ich in Oberschlesien, Polen in der Branche tätig gewesen war. Zur Arbeit fuhr ich von Leverkusen nach Köln mit dem Bus und der Straßenbahn. Anfangs zeichnete ich vorwiegend Baupläne für eine, schon konstruktiv ausgearbeitete, Anlage. Die Baupläne zeichnete ich mit Bleistift und die Fertigstellung mit Tusche. Einige Anlagen zeichnete ich sogar in Perspektive. Dadurch lernte ich zugleich die räumliche Anordnung der Maschinen, Vorrichtungen usw. der Anlagen. Zur Beschriftung der Zeichnungen mit Tusche benutzte ich keine Schriftschablone wie meine Arbeitskollegen. Ich beschriftete die Zeichnungen mit der Hand, da ich eine schöne Druckhandschrift habe. In Polen hatte ich die Zeichnungen nur mit der Hand beschriftet, da es dort keine Schriftschablonen gab.

Der Chef sagte mir am ersten Arbeitstag, dass ich mich nicht zu viel mit meinen Arbeitskollegen unterhalten sondern mich mehr auf die Arbeit konzentrieren solle. Und so verhielt ich mich auch. Die Arbeitskollegen sind mit der Zeit langsam auf mich zugegangen, und so hatte ich mit ihnen, und sie mit mir, keine Probleme. Ein Arbeitskollege sagte mir aber einmal: *„Als Ausländer sprechen Sie* *gut Deutsch, aber als Deutscher miserabel.*" Ich sprach das schlesische Deutsch und sie die kölsche Sprache, die ich kaum verstehen konnte. Oftmals sagte ich, sie sollten mit mir Deutsch sprechen. Unser Abteilungsbote sagte mir einmal: „*Du bist ein „Pimok.*" Später erfuhr ich, dass die Kölner eingewanderte Menschen „*Pimoken*" nennen. So etwas kannte ich auch aus Oberschlesien. Dort nannte man nämlich die Menschen, die dort eingewandert sind, „*Gorole*". Ein anderes Mal sagte der Bote zu mir: „*Weißt du, was du bist?*" – „*Ja, ein Pimok*", sagte ich. „*Nein, du bist ein feiner Kerl*", sagte er.

Foto: Ich (42) am Arbeitsplatz – Köln, 1974

Nach dreimonatiger Probezeit bekam ich eine feste Anstellung. Meiner Einkünfte sicher kaufte ich mir im Juli 1974 einen Pkw „VW Passat", Farbe gelb. Nun fuhr ich mit dem Pkw zur Arbeit, und so konnte ich je eine Stunde bei der Hin- und Rückfahrt sparen.

Und mein Pkw „Wartburg 311" in Polen? Als wir Ende Juli 1973 nach Frankreich gefahren sind, stand der „Wartburg 311", nach einer Generalsanierung, in neuem Glanz in der neuen Garage, wo meine Mutter wohnte. Vor der Reise nach Frankreich schloss ich mit meinem Bruder Stanislaw einen Kaufvertrag für den Fall, dass ich von der Reise nicht zurückkommen sollte. Die Schlüssel des Pkws und der abgeschlossenen Garage befanden sich bei meiner Mutter.

Als Irene und der Schwiegervater von der „Frankreichreise" nach Hause zurückkamen, wollten sie den Pkw „Wartburg 311" aus der Garage holen. Da Irene zu Hause die Schlüssel nicht finden konnte, ging sie zu meiner Mutter und fragte nach den Schlüsseln. Meine Mutter sagte ihr, dass ich diese ihr zur Aufbewahrung hinterlassen hätte. Auf Verlangen händigte ihr meine Mutter die Schlüssel aus. Am gleichen Tag holte Irene in Begleitung ihres Vaters den Pkw ab und brachte ihn auf das Anwesen meiner Schwiegereltern. Dort parkten sie den Pkw im Hof, zugedeckt mit einer Plandecke. Vorher war kein Platz für meinen Pkw im Hof des Anwesens gewesen. Als mein Bruder erfuhr, dass Irene mit ihrem Vater den Pkw „Wartburg 311" aus der Garage zu sich geholt hatte, ging er zu ihnen. Er beschuldigte sie, dass sie ihm den Pkw geklaut hätten und zeigte ihnen den Kaufvertrag. Er bat sie, den Pkw schnellstens zurück in die Garage zu bringen, sonst würde er den Diebstahl bei der Polizei melden. Den Pkw brachten sie gleich nach dem Gespräch, etwas gedemütigt, zurück in die Garage.

Meine berufliche Tätigkeit in Polen als Steiger wurde mir zum 27. August 1973 gekündigt, da ich mich nach dem Urlaub bzw. der Reise nicht an meinem Arbeitsplatz zurückgemeldet hatte. Die Entlassungsunterlagen wurden an meine alte Anschrift in Polen geschickt. Die brauchte ich jedoch bei meinem Arbeitgeber in Köln nicht vorzulegen. Ich hatte alle meine Urkunden zu meiner Ausbildung und zu meinen früheren beruflichen Tätigkeiten dabei. Meine technische Ausbildung wurde mir anerkannt, und ich war befugt, die Berufsbezeichnung „Ingenieur" weiter zu führen.

Sozusagen war ich eigentlich in Deutschland ein Zuwanderer bzw. Flüchtling, der sich in die deutsche Gesellschaft integrieren müsste. Der Leiter einer Schule in Leverkusen, Herr Widera, organisierte an einigen Abenden Treffen für Aussiedler. Bei den Treffen konnte man die deutsche Sprache verbessern, mit anderen Menschen zusammenkommen und etwas über Sitten dieser Region und Politik der BRD erfahren. Wir gingen auch manchmal in ein Gasthaus oder organisierten eine kleine Feier in der Schule. Herr Widera stammte aus Oppeln, also war er unser Landsmann. Denn, wenn man sich integrieren will, so muss man versuchen, selber unter die einheimische Bevölkerung der Stadt oder des Landes, wo man leben will, zu kommen. Dadurch lernte ich viele Menschen kennen, und zwar in der Siedlung, wo ich wohnte, in der Pfarrgemeinde, bei dem Treffen mit Herrn Widera, am Arbeitsplatz und in der Volkshochschule, die ich drei Jahre lang besuchte. Zwar war ich ein Deutscher, aber zugleich ein Flüchtling – Ausländer. Es war auch mein besonderes Anliegen, mich in Deutschland zu integrieren. Heute will der Deutsche Staat mit viel Geld die Ausländer in Deutschland integrieren. Sie sind nicht integrationswillig und wollen nicht die deutschen Gepflogenheiten annehmen.

Die Pfarrgemeinde beauftragte mich einmal, bei den Einwohnern der Siedlung mit Notwohnungen Geld für die Caritas zu sammeln. Ich besuchte auch eine Spätaussiedlerin, die ich schon etwas kannte. Sie war alleinstehend, ledig, ohne Kinder, mit dem Vornamen Johanna. Sie ließ sich bei unserem Kennenlernen „Hanne" rufen. Sie stammte aus Racibórz (Ratibor), Oberschlesien, Polen. Bei dem Besuch sprachen wir über verschiedene Themen. Auch, dass ich öfters in meiner Freizeit mit dem Pkw in der schönen Umgebung von Leverkusen im Bergischen Land, in der Eifel usw. herumführe. Ich sagte ihr, dass ich sie einmal mitnehmen könnte, wenn sie sich das wünsche. Sie sagte mir, dass am kommenden Samstag, August 1974, in Koblenz „Rhein in Flammen" stattfände – vielleicht könnten wir dorthin fahren. Mit dem Vorschlag war ich einverstanden, und wir fuhren an dem Samstag nach Koblenz. Der „Rhein in Flammen" erwärmte unsere Herzen zueinander. Und so entstand zwischen uns, ich 42 und Hanne 41 Jahre alt, eine ehrliche Freundschaft. Nach den drei Freunden Wolfgang, Kurt und Renate kam eine weitere Freundin hinzu, Johanna bzw. Hanne. Hanne hatte schon eine Arbeitsstelle als Laborantin in Leverkusen, wo ihr auch, Anfang 1975, eine Wohnung zugewiesen wurde. Ich half ihr bei der Suche nach Möbeln und bei der Einrichtung der Wohnung. Ihr Onkel aus Münster, Bruder ihrer Mutter, half ihr dabei etwas finanziell. Ich wohnte weiter in der Notwohnung. In dieser Zeit wartete Hanne auf ihre Mutter, die noch in Racibórz, Polen, wohnte. Ich wiederum wartete auf Irene mit den Kindern, die weiterhin in Polen lebten. Es war schön, dass wir uns kennen gelernt hatten. Die gegenseitige Hilfsbereitschaft in der Zeit half uns, das alleinstehende Leben in der Fremde leichter zu verkraften.

Im April 1975 bekam ich eine Nierensteinkolik und wurde ins Krankenhaus eingeliefert und operiert. Und an einem Sonntag im November 1975 war ich bei Hanne zum Mittagessen eingeladen. Ich kam zu ihr, aber irgendwie war ich sehr schwach. Nach dem Mittagessen ging ich ins Bett, aber abends ging es mir noch schlechter, und so blieb ich über Nacht bei Hanne. Am nächsten Tag fühlte ich mich nicht besser, und so fuhr ich statt zur Arbeit mit dem Pkw zum Arzt. Der Arzt untersuchte mich, bestellte einen Krankenwagen und überwies mich als Notfall ins Krankenhaus. Im Krankenhaus stellten die Ärzte bei einer Magenspiegelung ein blutendes Magengeschwür fest. Die Diagnose erschrak mich, obwohl mich die Ärzte beruhigten, dass sie die Erkrankung bewältigen würden. Den Ärzten glaubte ich nicht so sehr, denn mit ähnlichen Beschwerden und gleicher Zuversicht der Ärzte war mein Bruder Josef ins Krankenhaus gekommen. Trotz der Zuversicht der Ärzte verstarb er einige Monate später im Alter von 27 Jahren 1968 an Magenkrebs. Nach einer Woche wurde ich aus dem Krankenhaus entlassen, aber ich musste noch Tabletten schlucken. Ich ging gleich zur Arbeit, denn mir war es peinlich, in einem Jahr zweimal „krank zu feiern". Bei den Aufenthalten im Krankenhaus besuchte mich regelmäßig die Hanne und einmal auch ein Arbeitskollege. Die zwei Krankheiten entstanden vielleicht aufgrund der Erlebnisse der letzten Jahre, oder durch die Reduzierung meines Gewichts. Oder es kam das, was mir meine Schwiegermutter Marie öfter gesagt hatte: *„Dich wird einmal der Herrgott bestrafen."*

Vielleicht hatte mich der Herrgott mit den zwei Krankheiten bestraft. Wenn es so war, dann hatte mich der liebe Herrgott nur mit einer Hand bestraft, und mit der zweiten Hand war er mir gnädig. Er hatte wohl dazu beigetragen, dass ich Hanne kennen gelernt hatte, die sich um mich bei den zwei Krankheiten wie eine Mutter um ihr krankes Kind kümmerte. Sie tröstete mich, machte meine

Wäsche usw. Sie half mir, die Krankheiten leichter zu überstehen. Wegen meiner Krankheiten war ich im Jahr 1975 (Nierenstein-Operation und Magengeschwür) zu einer dreiwöchigen Kur in Durbach im Schwarzwald. Hanne war zehn Tage dort bei mir.

In der Notwohnung, wo ich wohnte, lebten auch andere Männer, die auf die Zusammenführung ihrer Familien aus Polen warteten. Alle Familien waren bis Ende des Jahres 1975 zusammen. Und Irene hatte bis zu dieser Zeit, knapp 3 Jahre seit unserer Trennung, noch keinen Antrag bei der Deutschen Botschaft in Polen gestellt, um mit den Kindern zu mir in die BRD zu kommen. Sie vertröstete mich nur in den vielen Jahren mit verschiedenen Ausreden. Zum Beispiel, dass es besser wäre, wenn Christoph erst die Grundschule zu Ende brächte, oder dass er erst das Abitur machen sollte usw. Auch diesmal hielt Irene ihr Versprechen nicht ein, mit den Kindern zu mir zu kommen. Mir war zu dieser Zeit auch klar, dass ich mich in Stuttgart nicht abgesetzt hatte, sondern dass ich ausgesetzt worden war. Denn die Fahrt nach Frankreich war ein raffinierter Plan, mich aus dem Haus wegzubekommen. Sie hatten mich damit nicht bestraft, sondern sich selber, und am stärksten die Kinder.

Foto: Hanne an der Rurtalsperre, Ausflug in die Eifel – 1974

Irene, die Kinder und ich? Warum sollte Irene eigentlich zu mir nach Deutschland kommen, ihr ging es doch bei den Eltern sehr gut. Zur Arbeit brauchte sie nicht zu gehen, und um die Kinder kümmerte sich meistens ihre Mutter. Ich war weg, und so konnte sie alle Freiheiten genießen. An Geld mangelte es ihr auch nicht. Beim Einkaufen im Ort hatte sie immer eine dicke Geldbörse voller Geld in der Hand. Ja, so kannte ich sie, nur um den Leuten zu zeigen, dass es ihr sehr gut ging. Sie bekam von mir viel Geld, und dazu erfüllte ich ihr und den Kindern viele Wünsche. Für die Kinder kaufte ich teure Fahrräder (1974), einen schönen großen Ponton, und Irene einen Pkw „Fiat 126 P" (1976), viele Pakete usw. Für den Urlaub schickte ich extra Geld, so machten sie Urlaub im teuersten Hotel in Zakopane, Polen, im Hotel „Kasprowy". Denn damals sagte ich mir, ich mache auch schöne Urlaube, so sollten sie auch solche haben.

Denn im Jahr 1975 machte ich mit der Hanne einen zweiwöchigen Urlaub in Tunesien. Es war der erste Urlaub in unserem Leben, mit Vollpension und dazu in Tunesien. Das war der erste Flug für uns. Damals machte Fliegen noch Spaß, es gab nur eine Passkontrolle an den Flughäfen. Es war ein sehr schöner Urlaub. Und im Heiligen Jahr, im Oktober 1975, unternahmen wir, Hanne und ich, eine siebentägige Pilgerfahrt mit einem Sonderzug von Köln nach Rom, Italien. Von Rom fuhren wir nach Assisi und Venedig. Bei der Rückfahrt besuchten wir die Wallfahrtskirche in Einsiedel, Schweiz. Die Pilgerfahrt war für uns ein Erlebnis. Von so einem Urlaub und so einer Pilgerfahrt konnten wir vorher, in Polen, nur träumen.

Als ich im April 1974 die zwei teuren Fahrräder gekauft habe, war ich erst neun Monate in Deutschland und hatte seit einem Monat einen Arbeitsplatz. In der Zeit brauchte ich vieles für mich. Meine Kleider stammten vorwiegend aus der Altkleidersammlung, und ich wohnte in einer Notwohnung mit Möbeln aus der Altmöbelsammlung. Ich stellte Irene und die Kinder damit ebenfalls zufrieden, was sie auch stets in ihren Briefen und Ansichtskarten zum Ausdruck brachten. Aber mein Konto bei der Bank war immer überzogen.

Zum Friseur ging ich nicht, die Haare habe ich mir selber mit dem Rasiermesser geschnitten. Einmal wollte ich mir die Haare beim Friseur schneiden lassen, fragte aber zuerst nach dem Preis. Der Haarschnitt sollte 8,-- DM kosten. Das war für mich zu teuer, und ich ließ mir die Haare nicht schneiden. Am Anfang meines Aufenthalts in der BRD habe ich alle DM-Preise in Zloty umgerechnet, und 8,-- DM waren 369,-- Zloty. Das war für mich zu teuer, denn es entsprach gleich 11 Arbeitsstunden als Steiger unter Tage. Nach dem Friseurbesuch bin ich zu einem Fachgeschäft gegangen und kaufte mir Friseurwerkzeug wie Handhaarschneider, Schere und Kamm. Mit dem Werkzeug schnitt ich mir die Haare einige Jahre lang selber. Ich schnitt auch Hanne die Haare, und vielen Männern in der Siedlung der Notwohnungen schnitt ich die Haare für 2,-- DM. Für 2,-- DM konnte man damals viel kaufen. Das bei meinem Vater erlernte Haarschneiden kam mir auch in dieser Zeit zu Gute.

Im Mai 1974 erhielt ich ein Telegramm mit folgendem Text: *„Christoph verunglückt. Bitte schicke Geld – Irene"*, ohne nähere Angaben über das Wie, Was, Wo usw. So rief ich meinen Freund in Polen an, um bei ihm zu erfahren, was da passiert war. Er wusste darüber noch nichts. Erst am nächsten Tag rief er mich zurück und sagte mir, was passiert war. Christoph war aus einer überfüllten Straßenbahn auf die Straße gefallen. Mit Kopfverletzungen und bewusstlos war er ins Krankenhaus gebracht und notoperiert worden. Ich konnte mir nicht erklären, warum Irene immer nur Geld und Geld von mir wollte. Sie, Tochter eines Millionärs! Warum sorgte nicht ihr reicher Vater für sie und die Kinder? An der Stelle von Irenes Vater hätte ich gesagt: *„Vom Lumpen Heinrich nimmst du keinen Pfennig. Ich werde für euch sorgen."* Wäre mir auch recht. Dort stank ich dem Schwiegervater Wiktor, aber mein Geld stank ihm dort nicht. Nun sollte der arme Heinrich, der seit einem Monat berufstätig war, der reichen Irene zusätzliches Geld schicken, da Christoph verunglückt war. Zusätzliches Geld schickte ich nicht, da ich auch keins hatte.

Irene bedauerte immer in ihren Briefen, dass ich den Pkw „Wartburg 311" verkauft hätte. So müsste sie mit der Bahn zu Onkel Hubert fahren. Im Alter von 16 Jahren bekam Christoph den Führerschein, und so kaufte ich Irene im Jahr 1976 den Pkw „Fiat 126 P". Irene war aber nicht lange die Besitzerin des Pkws. Der Wagen wurde verkauft, und der Schwiegervater Wiktor kaufte den Jungs einen gebrauchten Pkw „Manta". Die „Mantas" waren zu dieser Zeit für Jugendliche Kultautos. Christoph und Damian erzählten

dann überall, dass der Großvater Wiktor ihnen den Pkw „Manta"
gekauft hätte. Deswegen wollte Irene immer nur Geld haben, denn
man konnte schließlich nicht feststellen, von wo es herkam. Dann
hieß es, der Großvater Wiktor hätte ihnen das Auto gekauft.

Foto: Der Pkw "Fiat 126 P". Am
Steuer mein Sohn Damian (13). Im
Hintergrund das Hotel „Kasprowy"
in Zakopane – 1976

Mein Verbleib in Deutschland
war auch für Irenes Vater Wiktor ein Geldsegen. Darüber,
dass der Pkw „Fiat 126 P" ver-
kauft wurde, schrieben mir weder Irene noch die Jungs. Aber ich
hatte im Ort, wo sie wohnten, viele Beobachter, die mir laufend
über die Geschehnisse im Hause von Irene bzw. den Schwiegereltern berichteten.

Viele Pakete schickte ich mit der Bahn (internationale Eisenbahn-
beförderung) vom Bahnhof in Köln nach Katowice. Diese kamen
schneller (in zwei, drei Tagen), sicherer, unbeschädigt usw. in Katowice an. Ein Vorteil war auch, dass die Pakete erst in Anwesenheit des Empfängers – Irene – durch das Bahn-Zollamt in Katowice geöffnet wurden. Und so konnte ich in die Bahnpakete Briefe
und auch Geld in DM hineinlegen. Für das Geld in DM, das ich in
die Pakete gelegt hatte, habe ich heute keinen Nachweis. Der Versand der Pakete mit der Bahn war viel teurer als der mit der Post.
Die Pakete mit der Post gingen erst nach Warschau. Dort wurden
sie geöffnet, verzollt, neu verpackt und weiter zum Empfänger
geleitet. Die Pakete mit der Post waren von drei bis zu sechs Wochen unterwegs, und meistens kamen sie beschädigt an. Dazu war
die Ware des Pakets durchwühlt. Die nicht deklarierte Ware kam
nicht wieder in das Paket, manchmal fehlte auch etwas von der
deklarierten Ware. In die Postpakete konnte man kein Geld legen,
sonst wäre das Geld in Warschau durch das Zollamt beschlag-

nahmt worden. In den späteren Jahren konnte man Pakete über eine Privatfirma mit Sitz in Leverkusen verschicken. Die Pakete wurden dann Irene nach Hause, in Dabrówka Wielka, zugestellt. Der Versand der Pakete war auch teurer als bei der Post, aber diese wurden binnen einer Woche dem Empfänger zugestellt.

Andere Pakete, die im Sortiment der polnischen Handelsvertretung in München waren, schickte ich durch die Firma, z. B. den Pkw „Fiat 126 P", Südfrüchte, Schinken, Süßigkeiten usw. Ich besitze heute noch alle Wareneinkaufs- und DM-Einzahlungsbelege von dem, was ich an Irene und die Kinder geschickt habe, z. B. aus dem Jahr 1976: Pkw „Fiat 126 P", drei Pakete und zwölf Geldüberweisungen, zusammen: 5.390,-- DM. Umgerechnet in damalige polnische Währung = 247.940,-- Zloty. Für diese Summe hätte ich in Polen drei Jahre als Steiger unter Tage arbeiten müssen.

In der Notwohnung wohnte ich schon 2½ Jahre. Die Männer, die mit mir dort angekommen waren, wohnten schon längst in schönen Wohnungen mit ihren Familien. So kam ich zu dem Entschluss, dass ich mir eine kleine Wohnung suchen müsste, denn Irene würde bestimmt nicht zu mir kommen. Bei Hanne konnte ich auch nicht mehr so oft wie ich wollte weilen, da inzwischen ihre Mutter zu ihr gezogen war. Sie wohnten zusammen. Die Mutter, eine ältere Dame, war immer freundlich zu mir. Manchmal spürte ich aber, dass sie etwas eifersüchtig war. Sie wollte wohl ihre Hanne am liebsten nur für sich haben. Hanne hatte auch wenig Zeit für mich. Sie musste immer zu Hause sein, um ihre kranke Mutter zu versorgen. Es ist schön, wenn eine Tochter die alte Mutter pflegt, aber eine Mutter darf doch nicht vergessen, und müsste das auch akzeptieren, dass die Tochter ein Recht auf etwas Privatleben hat. Es kann doch nicht so sein, dass man das alte Leben pflegen muss und dabei das junge Leben kaputt macht.

Ich fand dann auch eine schöne Wohnung in Leverkusen – Wiesdorf. Eine Appartementwohnung in einem Sechsfamilienhaus mit

Balkon und die Garage im Hof. Hanne half mir, die Wohnung einzurichten. Unsere Wohnungen lagen ca. 1 km voneinander entfernt. Nach über zwei Jahren in der Notwohnung zog ich im Januar 1976 in die neue Wohnung ein und wohnte dort neun Jahre, bis zum Mai 1984.

Foto: Ich (47) in meiner Wohnung –
„Prosit Neujahr 1977"

Im März 1976 machte ich mit Hanne einen zweiwöchigen Urlaub in Playa Del Ingles, Gran Canaria, Spanien.

Irene und die Jungs haben mir immer geschrieben, wie sie unter meiner Abwesenheit litten. Deshalb las ich ihre Briefe nicht am Empfangstag, sondern am nächsten Tag, früh auf der Arbeit. Denn manche Briefe, die ich gleich gelesen hatte, machten mich so nervös und unruhig, dass ich in der Nacht kaum schlafen konnte. Wenn ich die Briefe früh am Tag las, hatte ich das bis zum Abend schon verdaut. Seit einiger Zeit waren Irenes Briefe im Stil einer Predigt geschrieben. Da dachte ich mir, die Briefe schreibt der Priester, ihr Cousin Stefan. Sie schrieb mir auch, dass sie jeden Tag früh um 6:00 Uhr zur Hl. Messe gehe und die Hl. Kommunion empfange. Ebenfalls schrieb sie mir, dass sie in der Kirche den Herrgott um meine Gesundheit bitte. Ich schrieb ihr zurück, dass der Herrgott ihre Bitte nicht erhört habe, da ich doch in letzter Zeit zweimal so schwer erkrankt sei. Das frühe Aufstehen von Irene, um in die Kirche zu gehen, war etwas Ungewöhnliches, denn zu meiner Zeit konnte sie kaum so früh aufstehen.

In einem Brief schrieb mir Irene, dass sie eine Arbeit angenommen hatte, weil ihr zu Hause zu langweilig war. Zu der Zeit, als ich mit ihr zusammen gelebt hatte, hatte sie nicht zur Arbeit gehen wollen, und jetzt, wo es ihr am Gelde nicht fehlte, ging sie zur Arbeit. Damals war sie doch nie zu Hause gewesen, weil sie immer unterwegs gewesen war, um Beschläge für ihren Vater zu besorgen. Das war allerdings nur tagsüber, am Abend war sie zu Hause. Auf einmal wollte sie jedoch abends weg von zu Hause sein. Denn die Arbeitsstelle war in einem „Café", als Eisverkäuferin, wo sie fast alle Tage in der Woche, und dazu fast den ganzen Tag, arbeiten musste. Die Arbeitsstelle lag 30 km von ihrem Wohnort entfernt. Das Frühaufstehen und dazu zur Arbeit gehen, das passte irgendwie nicht zu Irene. Und so dachte ich mir, dahinter steckt wohl ein Mann, den sie wegen der Eltern zu Hause nicht besuchen konnte.

Inzwischen war das Jahr 1977 erreicht, und ich war schon fast vier Jahre in der BRD. Irene erwähnte in dieser Zeit ihr Kommen überhaupt nicht mehr. Ich erwähnte schon die Frage, warum sie auch hätte kommen sollen. Ihr ging es doch in Polen sehr, sehr gut. Sie hatte in der Zeit viel Geld und viel Freiheit. Aber ihr fehlte doch etwas. Ihr fehlte ein Mann, den sie auch gefunden hatte. Es war ein katholischer Priester mit dem Vornamen Kasimir, der 1976/77 in unserem Ort als Kaplan tätig war. Das erfuhr ich aus einem Brief, der mir anonym zugeschickt wurde. Der anonyme Absender wollte nämlich Irene mit dem Priester in einem Waldstück im Pkw des Priesters gesehen haben. Das Waldstück liegt an der Trasse von Irenes Wohnung zu ihrer Arbeitsstelle. Seit der Zeit war mir auch klar, wer für sie die Predigt-Briefe geschrieben hatte – der Priester Kasimir. Und warum sie täglich in die Kirche lief – wohl um den Priester zu sehen. Und warum sie so weit von zu Hause eine Arbeit aufgenommen hatte – damit der Priester sie am Abend von der Arbeit abholen konnte. In einem Brief fragte ich Irene, was sie mit dem Priester Kasimir verbinde. Mein Brief wurde nie beantwortet. Aber sie schrieb mir danach zweideutig: *„Obwohl wir weit weg von dir sind, obwohl das Leben traurig und böse ist, so gedenke, dass jemand aus der Ferne dir liebliche Grüße sendet."* Ja, das Leben ist traurig und böse, weil mir jemand über die Beziehung mit Priester Kasimir geschrieben hatte, was sie verheimlichen wollte. Nun schrieb ich meiner Familie und fragte, ob ihnen bekannt sei, dass Irene mit dem Priester in einer Beziehung stehe. Die Antwort war: „*Nicht nur uns ist das bekannt, darüber spricht der ganze Ort – Dąbrówka Wielka.*"

Bei mir ging das Leben irgendwie weiter. Mit Hanne traf ich mich nur ein- oder zweimal in der Woche, da sie jetzt ihre Freizeit ihrer kranken Mutter widmen musste. Um nicht allein zu sein, ging ich nach der Arbeit zur Volkshochschule, um meine deutschen Schreibkenntnisse zu verbessern. Am Wochenende fuhr ich manchmal zu meiner Schwester, die inzwischen verheiratet war und weiter in Letmathe wohnte. Im August machten wir mit Hanne einen zweiwöchigen Urlaub auf der Insel Rhodos. Auf Rhodos feierte ich meinen 45. Geburtstag.

Meinem Chef, der mich nach dem Vorstellungsgespräch eingestellt hatte, habe ich viel zu verdanken. Er führte mich gut in meine Tätigkeit ein. Anfang des Jahres 1978 sprach er mich an und fragte, ob ich Lust hätte, Überstunden zu machen. Wenn ja, so könnte er mich an eine Schwesterabteilung ausleihen, die Anlagen zur Aluminiumherstellung plane. Damit war ich einverstanden, denn ich hatte viel Zeit und wenig Geld. Am nächsten Tag war ich schon nur eine Etage höher am neuen Arbeitsplatz. Mein Arbeitsplatz war auch in einem Großraumbüro, mit vielen Angestellten – Ingenieure, Techniker, technische Zeichner, und alle arbeiteten am Reißbrett. Anfangs zeichnete ich wieder vorwiegend Baupläne für eine Aluminium-Anlage in Kanada. Täglich machte ich zwei Überstunden, am Samstag vier.

Foto: Mein Chef vorne links, der mich nach dem Vorstellungsgespräch eingestellt hatte, und ich (45) in der Mitte. Weihnachtsfeier in der Abteilung – Köln, 1977

Im Februar 1978 machten wir mit Hanne einen zweiwöchigen Urlaub in Israel. Eigentlich war das eine Israel-Rundreise mit dem Bus

– mit Aufenthalt in Tel Aviv, in Naharya, auf den Golan-Höhen, am See Genezareth, in Bethlehem, in Jerusalem und mit einem Ausflug zum Toten Meer. Wir besuchten Plätze, die man schon früher aus Büchern des Geschichts- bzw. Religionsunterrichts kannte.

Meine Schwester Maria wurde im Juli 1978 Mutter. Sie gebar einen Sohn David, dessen Taufpate ich wurde.

Foto: Hanne (45), ihre Mutter (73) und ich (46) bei einem Spaziergang in Altenberg – 1978.
Nach Altenberg sind wir öfter gefahren, dort befindet sich der Altenberger Dom, ein Märchenwald, Restaurants, ein Café mit Wasserspielen usw.

Ich besaß eine doppelte Bürgerschaft – halb Deutscher und halb Pole. Das gefiel mir nicht, denn zwei Staaten wollte ich nicht dienen. Ich lebte in der BRD – hier in Deutschland, nahm alle Leistungen, die einem Deutschen zustanden, in Anspruch, und deswegen wollte ich ausschließlich Deutscher werden. So stellte ich bei der polnischen Botschaft in der BRD einen Ausbürgerungsantrag aus der polnischen Staatsbürgerschaft.

Da immer mehr Informationen über Irene und den Priester zu mir kamen, ließ ich die beiden durch einen privaten Detektiv beobachten. Er bestätigte mir, dass sie öfters nach Irenes Arbeitszeit in einen Wald fuhren. Bestimmt nicht, um dort einen Rosenkranz zu beten, das konnten sie doch öffentlich in der Kirche tun. Ich kannte Irene. Sie war eine Frau, die einen Mann brauchte. Sex einer verheirateten Frau mit einem fremden Mann ist in der katholischen Kirche eine Sünde. Aber der Priester konnte ihr wohl gleich danach die Absolution erteilen, und so konnte sie am nächsten Tag, während der Hl. Messe, als eine sündenfreie Katholikin die Hl. Kommunion empfangen. Der Priester Kasimir besuchte sie auch zu Hause, sozusagen als Hausfreund der Familie. Das hat wohl Irenes Mutter gefallen. Ihre Tochter an der Seite eines „Seelenhirt-Liebhabers" zu sehen und nicht beim „Armes-Schwein-Ehemann" Heinrich. Mir war auch egal, ob sie einen Liebhaber hatte und e-benso, wer ihr Liebhaber war. Sie sollte nur mit mir Klartext spre-chen, dass sie in Polen bleiben und nicht mit den Kindern zu mir kommen wolle. Denn ich müsste mir endlich ein Leben mit ihr aufbauen, oder auch ohne sie und die Kindern. Sie wollte weiter die Rolle einer Ehefrau und Mutter spielen, aber ohne Ehemann und Vater der Kinder, sondern mit einem Liebhaber. Nein, das konnte ich nicht akzeptieren.

Um die Verhältnisse mit Irene in Ordnung zu bringen, beauftragte ich in Deutschland einen Rechtsanwalt, der die Scheidung bean-tragte. Das deutsche Gericht stellte Irene einen Rechtsanwalt, der aber auf meine Kosten tätig war. Zuerst rechneten die Rechtsan-wälte die Höhe der Unterhaltszahlungen für die arme und kranke Irene aus. Und das belegte sie mit vielen Bescheinigungen in polni-scher Sprache, die dann auf meine Kosten ins Deutsche übersetzt wurden. Was ich verdiente, das war den Rechtsanwälten anhand der Lohnabrechnungen bekannt. Irene konnte keine zustellen, da sie angeblich sehr krank und arbeitslos war. Sie schickte ihrem Rechtsanwalt in Deutschland viele Bescheinigungen zu, und zwar von mehreren Ärzten, die ihr folgende Krankheiten bescheinigten: Psychoneurose, Schwindelsucht mit Übelkeit und Ohrensausen, Schwerhörigkeit, Gallenblasenentzündung; Kern-Neurose. Dazu schrieb sie ihrem Rechtsanwalt, dass sie monatliche Alimente bean-trage und eine einmalige Zahlung für das ihr zugefügte Unrecht und die Demütigung erwarte.

Zu meinem Ausbürgerungs-Antrag brauchte ich für die polnische Botschaft von Irene eine notariell beglaubigte Bescheinigung, dass sie Unterhaltsgeld von mir bekomme. Eine längere Zeit erwähnte sie in ihren Briefen das Thema nicht, und sie schickte mir auch keine Bescheinigung zu. Nun stellte ich die Zahlungen an sie ein und teilte ihr mit, dass sie weiteres Geld bekomme, sobald ich eine Bescheinigung darüber erhielte. Sie schrieb mir dann zurück, dass sie bei mehreren Notaren gewesen sei, aber keiner wolle ihr so eine Bescheinigung beglaubigen. Nun bat ich sie, mir die Anschriften der Notare zuzuschicken. Als Antwort bekam ich, dass sie sich strafbar machen würde, wenn sie mir in die BRD Anschriften der Notare in Polen zuschicke. Da bat ich sie, mir eine Bescheinigung nur mit ihrer Unterschrift zuzuschicken. Nach einigen Monaten erhielt ich so eine Bescheinigung, in der sie bescheinigte, dass sie monatlich zwischen 150,-- DM und 200,-- DM bekomme. Ich schickte die Bescheinigung der polnischen Botschaft zu und schrieb, warum diese nicht notariell beglaubigt worden sei.

Das gerichtlich eingeleitete Scheidungsverfahren zog ich Anfang des Jahres 1980 zurück. Es hatte keinen Sinn, die Scheidung in Deutschland durchzuführen. Aus den Bescheinigungen, welche Irene ihrem Rechtsanwalt zugeschickt hatte, war zu entnehmen, dass Irene (die Tochter eines Millionärs), wegen ihrer vielen Krankheiten in Armut lebe. Meine Kündigung des Scheidungsverfahren wurde durch das Gericht angenommen, und ich musste die bis dahin angefallenen Rechtsanwalts- und Gerichtskosten bezahlen.

Im November 1978 machten wir, Hanne und ich, einen dreiwöchigen Urlaub auf Sri Lanka (Ceylon).

Ich erwähnte schon, dass ich im Obergeschoss wohnte. Das Treppenhaus musste ich vom Obergeschoss bis zum Erdgeschoss jede zweite Woche am Freitag putzen, und so putzte ich an dem Tag auch meine Wohnung. Die Wäsche machte mir gegen Bezahlung eine Bekannte. Denn Hanne sorgte nach ihrer beruflichen Tätigkeit für ihre Mutter, und so wollte ich sie entlasten.

Nach einem Freitagsputz im März 1979 machte ich mir ein paar Häppchen, nahm dazu ein Gläschen Wein und machte es mir vor dem Fernseher bequem. Gegen 19:00 Uhr klingelte das Telefon. Ich hob den Hörer ab, aber der Anrufer brach die Verbindung ab, ohne etwas zu sagen. Das Verhalten des Anrufers erweckte in mir den Verdacht, dass jemand damit kontrollieren wollte, ob ich zu Hause sei. Und tatsächlich! Es dauerte nicht lange, als gegen 20:00 Uhr jemand an meiner Haustür klingelte. Ich war mir sicher, dass da unten jemand stand, der um 19:00 Uhr wissen wollte, ob ich zu Hause war. Auf das Klingeln reagierte ich nicht, denn Überraschungsgäste mochte ich nicht. Nach einiger Zeit hörte ich, dass meine Nachbarn an ihrer Wohnungstür im Treppenhaus mit jemandem ein Gespräch führten. Es war Irene mit einem Mann. Durch Zufall oder absichtlich hatten sie bei meinen Nachbarn geklingelt. So ließen sie sie in das Treppenhaus herein und warteten auf die Besucher an ihrer Wohnungstür. Als der „Besuch" im Obergeschoss war, sagte Irenes Begleiter zur Nachbarin: *„Ist Ihr Mann zu sprechen?"* – „Ja", sagte sie und rief: *„Paul, komm mal bitte!"*

Als Paul an die Tür kam, sagte Irene zu ihrem Begleiter auf polnisch: *„Das ist er nicht."* Irenes Begleiter sagte dann, dass sie zu Makiela wollten, aber auf das Klingeln bei ihm keiner reagieren würde. *„Vielleicht ist er nicht zu Hause"*, sagten die Nachbarn. Darauf sagten sie: *„Aber in seiner Wohnung brennt Licht."* Da antwortete ihnen meine Nachbarin, dass bei mir manchmal das Licht brenne, auch wenn ich nicht zu Hause sei. Am Ende meinte Irenes Begleiter, dass sie die Frau von Makiela sei, und sie sollten mir nicht sagen, dass sie hier waren. Ich hörte nur die letzten Gespräche, wusste aber, dass das Irene war. Am nächsten Tag erzählten mir die Nachbarn alles. Mit den Nachbarn war ich befreundet, und sie wussten auch über das Verhältnis zwischen mir und Irene. Danach rief ich Hanne an und vereinbarte mit ihr ein Anrufsystem, damit ich sicher sein konnte, dass sie es war, die mich anrief. Irene dachte wohl, dass ich so dumm sei wie sie schlau. Denn wenn sie in meine Wohnung hineingekommen wäre, wäre sie von alleine nicht hinausgegangen. Eventuell mit der Polizei oder mit einem Krankenwagen. Vielleicht dachte sie auch, dass ich sie bei mir übernachten ließe. Dann könnte sie ihrem Rechtsanwalt berichten, dass ich mit ihr geschlafen hätte. Und die Trennungsjahre könnten bei einer Scheidung nicht als Grundlage genommen werden.

In den nachfolgenden Tagen nahm ich am Samstag und am Sonntag die Telefonanrufe nicht an. Und überaus vorsichtig verließ ich meine Wohnung. Am Montag fuhr ich sehr zeitig zur Arbeit und stellte den Pkw so auf den Parkplatz, dass er nicht so schnell zu finden war. Am Arbeitsplatz nahm ich mir vor, nicht ans Telefon zu gehen. So bat ich meinem Arbeitskollegen, er solle an mein Telefon gehen, wenn mein Telefon klingelte. Dem Anrufer sollte er dann auch sagen, dass ich abwesend sei. Und tatsächlich! Gegen 9:00 Uhr rief der Pförtner an und sagte, dass Makielas Frau ihren Mann sprechen wolle. Da sagte mein Arbeitskollege, dass ich an dem Tag in Urlaub sei. Von der Arbeit fuhr ich zu meinem Freund Wolfgang und erzählte ihm, was da bei mir los war. Wolfgang und seine Frau waren der Meinung, ich solle nach Hause fahren und beim Anruf ans Telefon gehen. Denn am Telefon könnte ich doch Gespräche mit Irene führen, vielleicht wollte sie mir etwas Wichtiges sagen.

Gegen 18:00 Uhr rief mich Irene an und sagte mir, dass sie seit Freitag vergeblich versucht habe, mit mir zu telefonieren. Da fragte ich sie, was passiert wäre, dass sie mich anrufe. Denn bis zu dieser Zeit, 6 Jahre lang, hatte sie mich nie angerufen. *„Nichts"*, sagte sie, *„ich bin in der BRD, und zwar nicht weit von Leverkusen, und so wollte ich dich gerne treffen."* – „Gut", sagte ich und bat sie um die Anschrift und die Telefonnummer, von wo aus sie anriefe, damit ich sie besuchte. Sie gab mir die Daten durch. Alleine wollte ich nicht zu ihr fahren, und so bat ich Wolfgang, mit mir dorthin zu fahren. Am nächsten Tag traf ich mit Wolfgang Irene vor dem Haus, wo sie zur Zeit als Gast weilte. Wir gingen in eine Gaststätte und unterhielten uns etwa eine Stunde lang. Sie sah selig aus, wohl aus dem Grund, weil sie mich nach sechs Jahren sehen und sprechen konnte. Dass sie versucht hatte, mich in Leverkusen und in Köln zu treffen, erwähnte sie nicht. Sie hatte auch einige Wünsche, die ich ihr erfüllte. Unter anderem wollte sie Stoff für ein Kleid und für Anzüge für die Jungs, da sie zu einer Hochzeit gehen wollten. Wir haben die Farbe und das Muster der Stoffe besprochen. Am nächsten Tag kaufte ich das Gewünschte in Leverkusen, und spät am Abend brachte ich ihr das alles, wieder mit Wolfgang. Wir verabschiedeten uns, und in den nächsten Tagen kam der Alltag wieder zurück.

Im Mai/Juni 1979 unternahmen Hanne und ich eine sechswöchige Flugreise zu meiner Schwester Maria in die USA, nach El Paso, Texas, wo ihr Mann eine Ausbildung absolvierte. Von El Paso aus machten wir eine zweitätige Flugreise nach Los Angeles. Wir besichtigten die Stadt und Disneyland.

Von Los Angeles flogen wir für eine Woche nach Honolulu, Oahu, Hawaii, USA. Bei einem kleinen Spaziergang fragten wir einen Touristen nach dem berühmten Waikiki-Strand. Er sagte uns, dass wir uns auf dem Strand befänden. Den Waikiki-Strand stellten wir uns groß vor, aber in der Länge ist er klein. Die vielen Menschen, die sich zu diesem Strand begaben, befanden sich im Wasser, in das man weit hineinspazieren kann.

Foto: Ich (47) auf dem Vulkanhügel vom „Diamond Head", Oahu, Hawaii, USA. Im Hintergrund die Stadt Honolulu und der Waikiki-Strand, der in einem Bogen, an meiner linken Hand, zu sehen ist – 1979

Von Honolulu aus flogen wir über Los Angeles zurück nach El Paso. Von El Paso aus machten wir auch Tagesausflüge in die Umgebung sowie nach White Sands, New Mexico /USA und zum Basar in Juarez, Mexiko. Ein Teil des Gebiets „White Sands", wie auf dem Foto zu sehen ist, bestand nur aus Sand und war zum Freizeit- bzw. Picknickpark ausgebaut. Auf der Fläche des Parks befanden sich viele überdachte

Grillplätze, mit Tischen und Bänken. Die Überdachungen spendeten Schatten und eventuell Schutz bei Regen. Die Grillplätze waren mit Straßen verbunden, die ein Sandpflug von Sandverwehungen frei hielt.

Foto: Hanne (46) und ich (47) in White Sands, New Mexico, USA. Tagesausflug von El Paso – 1979

Die zweite Flugreise ging von El Paso nach Mazatlán in Mexiko, wo wir einen einwöchigen Urlaub machten. Die Zeit verbrachten wir am Strand, auf dem Basar in der Stadt Mazatlán und auf dem Balkon unseres Appartements. Auf dem Basar kauften wir öfter Mangos. Dies waren wohl die besten von allen, die wir jemals gegessen haben.

Ende des Jahres 1979 kam ich von der Abteilung Anlagenbauplanung für Aluminiumherstellung, an die ich ausgeliehen worden war, in die alte Abteilung zurück, und war wieder bei der Anlagenbauplanung Blei, Zink tätig. Zu dieser Zeit arbeitete ich schon fast sechs Jahre in der Anlagenbauplanung, und mein Bankkonto war immer noch überzogen. Und so suchte ich in der Firma eine andere Stelle, wo ich eventuell mehr verdienen könnte. Mein Arbeitskollege war der Meinung, dass ich nicht so viel reisen sondern mehr sparen sollte, und dass eine Freundin auch viel Geld koste. Nein, Hanne kostete mich kein Geld. Alle Reisen, die wir zusammen machten, zahlte Hanne aus ihrer Kasse.

Eines Tages bekam ich aus der Abteilung, an die ich ausgeliehen gewesen war, einen Tipp. Eine leitende Person der Abteilung sagte mir vertraulich: *„Wir suchen im ‚Intern Informationen' Nr. .. einen Anlagenbauplaner. Melde dich auf diese Anzeige, und wir schicken dich nach Kanada."* Ich habe mich bei der Personalabteilung gemeldet, die mich für den ausgeschriebenen Posten nahm. So gewann mich auch die Leitung, die mich für den ausgeschriebenen Posten haben wollte.

Da mir bekannt war, dass ich in den ersten Monaten des Jahres 1980 dienstlich nach Kanada gehen würde, buchten Hanne und ich kurzfristig im Januar einen zweiwöchigen Urlaub in die Karibik – Bahamas und Jamaika.

Foto: Hanne (47) und ich (48) am Hotel-Strand in Montego Bay - Jamaika, 1980

Das Wasser dort war sehr klar, und man konnte alles, was da am Boden wuchs bzw. sich im Wasser bewegte, sehen. Trotzdem verletzte ich mich beim Schwimmen am rechten Fußrücken an einer Korallenbank. Ich blieb stehen, trat dazu noch auf einen Seeigel und hatte in der Fußsohle jede Menge Stacheln. Ich ging aus dem Wasser und wandte mich an einen farbigen Hotelstrand-Aufseher. Er sah sich meinen Fuß an und sagte, dass es schlecht aussehe, und dass wir einen Arzt in der Stadt aufsuchen müssten. *„Holen Sie Geld, und wir fahren mit dem Taxi zum Arzt"*, sagte er zu mir. Ich holte das Geld. Wir fuhren aber nicht zum Arzt. Der Aufseher ließ mir den Fuß unter Wasser sauber machen, und danach sah er sich die Verletzung an. Er nahm meinen Fuß auf seinen Schoß und begann, die Stacheln mit einer Pinzette herauszuholen. Am Ende schmierte er mir den Fuß mit einem roten Desinfektionsmittel ein. Als er mit der Behandlung fertig war, verlangte er von mir 3,-- US$. Dazu sagte er, dass er mir viel Geld erspart hätte, denn das Taxi hätte 4,-- US$ und der Arzt 12,-- US$ gekostet. Er bekam die 3,-- US$ und belehrte mich, an diesem Tag nicht mehr ins Wasser zu gehen. Am nächsten Tag lagen wir am Hotelstrand und sahen den farbigen Hotelstrand-Aufseher am Strand entlanggehen. Man sah, dass er jemanden suchte. Hanne sagte, er suche mich, und tatsächlich, als er mich sah, kam er zu mir und sah sich den Fuß an. Er war zufrieden und meinte, dass ich demnächst auf die Korallenbänke im Wasser und auf die Seeigel aufpassen sollte.

Als ich nach dem Urlaub an meinen Arbeitsplatz zurückkam, sah ich, dass mein Chef etwas verärgert war, weil ich in die andere Abteilung ging. Er spürte wohl auch, dass ich in die andere Abteilung abgeworben wurde und sagte mir, dass er nie mehr Leute an andere Abteilungen ausleihen werde. Seine Bedenken räumte ich ihm aus, indem ich ihm sagte, dass ich mich von selbst für eine Stelle ins Ausland beworben hätte. Der Grund war, dass ich mir damit meine finanzielle Lage aufbessern wollte. Weiter erklärte ich ihm, dass ich als Alleinstehender eine Auslandsdienststelle annehmen könnte. Letztlich stimmte er zu, und ab März 1980 wurde ich in die andere Abteilung beordert. Für Kanada brauchte ich eine Arbeitserlaubnis der kanadischen Botschaft in der BRD. Nach einer ärztlichen Untersuchung bei einem Vertrauensarzt der kanadischen Botschaft in der BRD bekam ich eine Arbeitsgenehmigung für sechs Monate. Mein Arbeitsplatz sollte in der schönen Stadt Vancouver, B.C. sein, wo die Büroräume durch unsere Tochterfirma in Montreal vorbereitet worden waren.

Für die gleiche kanadische Firma hatten wir schon vorher in Deutschland Baupläne einer Anlage dieser Art angefertigt, an denen ich auch mitgearbeitet hatte. Diesmal wollten die Kanadier, dass wir mit den kanadischen Ingenieuren in Vancouver Baupläne für eine zweite Anlage gleicher Art erstellten.

Dienstlich in Kanada. Anfang April 1980 kam ich am Flughafen in Vancouver an, und nach einer strengen Personalien-Kontrolle der kanadischen Einwanderungsbehörde konnte ich den Flughafen verlassen. Am Flughafen holte mich ein Abgesandter der Firma ab. Er brachte mich in ein Hotel, das an der Robson Street lag. Die Robson Street ist eine beliebte und lebendige Straße mit vielen europäischen Geschäften, Restaurants usw. Auf Kosten des Kunden bewohnte ich ein Appartement mit Wohnzimmer, Küchenteil, Schlafzimmer, Bad und Balkon im 17. Stockwerk. Vom Balkon meiner Wohnung hatte ich eine herrliche Aussicht auf die Robson Street, die Stadt, das Meer, die Berge usw. In dem Appartement wohnte ich bis zum Ende meiner Tätigkeit in Vancouver, im Jahr 1982.

Am zweiten Tag nach der Ankunft habe ich meine Arbeit aufgenommen. Meine Arbeitsstelle (Office) befand sich in einem großen Bürohaus (Officeblock). Aus meiner Firma in Deutschland waren neben mir noch vier weitere Ingenieure – Anlagenbauplaner hier, die an der Anlagenbauplanung arbeiteten. Ein kanadischer Ingenieur kontrollierte und stempelte unsere Zeichnungen ab, und so bekamen diese die rechtliche Gültigkeit für Kanada. Dazu kamen noch kanadische Hilfsarbeiter wie Technische Zeichner und Bürokräfte. Vertreter der Firma, für die wir arbeiteten, hatten ein Büro im gleichen Bürohaus, um unsere Planungsarbeit zu koordinieren und zu überwachen.

Foto: Ich „Cowboy Henry" auf dem Weg zur Arbeit – Kanada, 1980 - 1982

Die Arbeit in Vancouver war sehr hart, und der Kunde sah uns auf die Finger. Die Arbeitszeit dauerte von Montag bis Freitag neun Stunden und am Samstag vier Stunden täglich. An vielen Tagen arbeitete ich bis in die Abendstunden, vor allem dann, wenn der Kunde einige Änderungen in der Bauplanung schnell geändert haben wollte. Alle Baupläne waren mit dem Bleistift gezeichnet, damit man die Änderungen durch Radieren schnell durchführen konnte. Meine Arbeitsstelle erreichte ich vom Hotel aus zu Fuß. Nachdem die Bauplanung fertig war, erstellten zwei kanadische Projektbüros teilweise die Werkstatt-Zeichnungen für die Anlage. Die von ihnen erstellten Zeichnungen mussten von uns geprüft und unterschrieben werden. Diese Aufgabe gehörte zu meiner Tätigkeit, und so war ich teilweise bei uns im Office und teilweise als Ratgeber (Adviser) in den kanadischen Projektbüros. Dabei gehörte zu meiner Tätigkeit auch die Überwachung der Arbeitsstunden der Konstrukteure, da sie von unserer Firma bezahlt wurden.

Am Wochenende stellte mir der Kunde kostenlos einen Leihwagen zur Verfügung, und für private Telefonate bekam ich 300 kanadische Dollar monatlich. Mit dem Leihwagen fuhr ich gerne und oft in die um Vancouver liegenden Berge. Von vielen Aussichtspunkten konnte man die Aussicht auf die Stadt Vancouver, das Meer, die Berge usw. genießen. Und auf den vielen Pkw-Parkplätzen konnte man grillen, sich ausruhen oder auch von dort aus wandern.

Foto: Ich mit dem Pkw im „Cypress Falls Park", Kanada, 1980 - 1982

In der Mittagspause ging ich anfangs in ein Schnellrestaurant zum Mittagessen. Die Mittagspause war zu kurz, um in ein anderes Restaurant zu gehen. Als ich das Mittagsessen in den Schnellrestaurants sogar nicht mehr riechen konnte, kochte ich es im Hotel selber, und das gleich für mehrere Tage vor. In der Mittagspause kam ich zum Hotel, machte das Essen warm, dazu trank ich ein Glas Wein. Das Essen schmeckte mir viel besser als das in den Schnellrestaurants. Zwei deutsche Arbeitskollegen waren mit ihren Frauen hier, und diese kochten für ihre Männer im Hotel. Manchmal war ich auch bei ihnen zum Essen eingeladen, meistens zum Abendessen. In meiner Freizeit, meistens am Abend bzw. am Wochenende, kochte ich das Mittagessen, machte Einkäufe oder ging in die Stadt, um etwas zu bummeln. Ich kaufte mir auch ein Fahrrad, und mit diesem fuhr ich oft in die Umgebung von Vancouver. Ansonsten lief ich jeden Sonntag früh eine 10 km lange Strecke vom Hotel aus rund um den „Stanley Park" und zurück zum Hotel.

Obwohl Irene einen Freund hatte, sorgte ich weiter für den Unterhalt, aber ich war nicht mehr so großzügig wie vorher. Mitte des Jahres 1981 stellte ich die Zahlung des Unterhalts und die Korrespondenz mit Irene, Christoph und Damian ein. Dies hatte folgenden Grund: Im April 1981 feierte meine Mutter ihren 70. Geburtstag. In einem Einschreibebrief erinnerte ich Irene und die Jungs daran, dass meine Mutter am 15. April 1981 ihren siebzigsten Geburtstag feiern würde. Zugleich bat ich Irene und die Kinder, meine Mutter an diesem Tag zu besuchen und einen schönen Blumenstrauß, auch in meinem Namen, zu überreichen. Leider kamen sie meiner Bitte nicht nach. Das ärgerte mich sehr, und so bekam Irene ab Juni 1981 von mir kein Unterhaltsgeld mehr. Wenn Irene und die Kinder in meiner Mutter keine Schwiegermutter bzw. Großmutter sehen, so habe ich keine Frau und keine Kinder, für die ich sorgen soll. Außerdem hatte Irene in den vergangenen acht Jahren keinen Antrag bei der Botschaft der BRD in Warschau gestellt, um zu mir nach Deutschland zu kommen. Nur mein Geld wollte sie von mir weiter haben. Nachdem ich kein Geld und keine Pakete an Irene mehr schickte, bekam ich viele böse Briefe von ihr, aber die ganz bösen von Christoph und Damian. Irene und die Kinder wollten mich psychisch kaputt machen. Die bösen Briefe der Kinder waren Irenes Waffe gegen mich. Einige der Briefe befinden sich noch heute in meinem Ordner.

Christoph und Damian schrieben mir z. B., dass sie bis jetzt von mir nichts Besonderes erhalten hätten, dass sie nur das bekämen, wozu ich als Vater verpflichtet sei. Weiter, dass sie sich schämen müssten, dass sie so einen Vater hätten. Als die Briefe geschrieben wurden, war Christoph 21 Jahre und Damian 18 Jahre alt. Sie waren schon volljährig, aber wohl noch nicht erwachsen, weil sie mir das schrieben, was Irene wollte.

Ich war ein guter Ehemann, Vater, Bruder, Freund, solange ich Geld und Pakete an sie alle geschickt habe. Als ich das aber einstellte, geriet das alles in Vergessenheit – Undankbarkeit schmerzt länger als Schläge. Da die Briefe von Irene und den Kindern mich nicht bewegten, für den Unterhalt zu sorgen, schrieben Christoph und Damian (in deutscher Sprache) an meinen Arbeitgeber, damit er mich bewegen sollte, meinen „Unterhaltspflichten" nachzukommen. Das Schreiben vom Dezember 1981 an meinen Arbeitgeber wegen Nichtzahlung des Unterhaltsgeldes wurde von Christoph unterschrieben und im Januar 1982 in einem Ort im Saarland aufgegeben. Das Schreiben überreichte mir kommentarlos unser Direktor in Kanada, als er bei uns zu Besuch war. Es veränderte meinen Entschluss nicht, und ich sorgte weiterhin nicht für den Unterhalt. Die Grenze meiner Geduld war längst überschritten.

In Vancouver besuchte mich Hanne. Für sie hatte ich nur Zeit in der Mittagspause, nach der Arbeit und am Wochenende. In der Zeit hatte ich einen Leih-Pkw, und so konnten wir in der Umgebung von Vancouver herumfahren und gingen am Abend irgendwo essen.

Foto: Hanne (47) und ich (48) im "Cypress Falls Park", bei einem Ausflug mit dem Pkw in die Berge. Im Hintergrund der "Stanley Park" und die Stadt Vancouver – Kanada, 1980 - 1982

Im „Stanley Park" konnte man spazieren gehen oder sich am schönen „Third Beach", den ich öfter besuchte, gut ausruhen und dabei auch die vorbeifahrenden Schiffe, Boote usw. beobachten. In meiner Freizeit war ich ab und zu auch mit meinen kanadischen Arbeitskollegen zum Essen oder auf Wanderungen. In meiner Freizeit machte ich ebenfalls alleine Ausflüge mit der Fähre nach Vancouver Island und besichtigte Victoria, eine der „britischsten Städte" Nordamerikas, sowie den berühmten „Butchart Garden". Manchmal unternahm ich Tagesausflüge mit dem Bus nach Seattle. Langweilig war es mir in Vancouver nicht. Ich bin auch öfters zu deutschen und polnischen Klubs gegangen, wo ich einige Leute mit deutscher und polnischer Herkunft kennen lernte. In einem deutschen Klub lernte ich ein Ehepaar mit deutschen Wurzeln kennen. Sie luden mich oft zum Kaffee ein, und danach bekam ich noch jede Menge Kuchen für zu Hause.

Man kann, auch wenn man alleinstehend ist, sich die Feiertage schmackhaft und schön einrichten und sie genießen.

Foto: Ich (49) am Ostertisch, Kanada, 1980 - 1982

Anfang August 1982 ging nach knapp 2½ Jahren meine harte Arbeit, ohne Urlaub in dieser Zeit, in der schönen Stadt Vancouver, B.C. in Kanada zu Ende. Eine schöne Stadt, in der mehrere Kulturen zusammenleben, und das nicht immer friedlich.

Unser Office wurde geschlossen, und ich trat meinen rückständigen Urlaub aus drei Jahren an. Natürlich bedrängte mich mein Arbeitgeber in Köln jedes Jahr, meinen Urlaub zu nehmen. Der kanadische Kunde fragte mich immer: „*Willst du in Urlaub gehen, oder musst du?*" – „*Ich muss*", sagte ich. Der Kunde verhängte dann über mich immer eine Urlaussperre, und mein Arbeitgeber in Köln musste das akzeptieren. Ich flog nach Deutschland, um einiges in Deutschland bzw. in Leverkusen zu erledigen. Danach sollte ich zurück nach Kanada kommen, um in der Anlage, die wir gebaut hatten, zu arbeiten. Der kanadische Kunde mochte mich und warb um mich, in der Anlage als Betriebsleiter zu arbeiten. Ich war damit einverstanden. Die Arbeitsbedingungen und der Verdienst waren schon besprochen. Auch mein Arbeitgeber in Köln wurde schon darüber informiert. In dem Betrieb konnte ich im Monat viermal mehr verdienen als in Deutschland. Jedoch lag die Anlage hoch im Norden Kanadas, wo es neun Monate Winter und danach für den Rest des Jahres nur Sommer war.

Während meines Aufenthaltes in Kanada betreute Hanne die ganze Zeit meine Wohnung und mein Bankkonto. Die Aufgabe erledigte sie problemlos. Sie war nur einmal bei mir in Kanada, da man weitere Besuche nicht planen konnte. Mein Aufenthalt wurde laufend verlängert, dann stand mein Urlaub in Frage, oder sie konnte wegen ihrer kranken Mutter nicht nach Kanada kommen.

Zurück nach Deutschland kam ich mit der „Air Canada" in Frankfurt an. Als die Maschine im Landeanflug zum Flughafen Frankfurt immer tiefer flog, und ich die schöne Landschaft mit den Städten, Dörfern und den Autobahnen mit den vielen Autos sah, spürte ich das Leben in Deutschland. Von Frankfurt flog ich mit der „Lufthansa" nach Düsseldorf. Im Flughafengebäude wartete eine große Überraschung auf mich. Dort warteten mein Bruder und meine Schwester mit ihrem Mann und ihren Kindern auf mich. Die Kinder haben ein Transparent hoch gehalten, und darauf stand: „*Welcome dear uncle, we love you – David und Anja.*" Und im Hintergrund beobachtete mein Freund Wolfgang mit seiner Frau Inge die Begrüßung. Es gab große Freude beiderseits.

Eine weitere Überraschung wartete auf mich zu Hause in Leverkusen. Die Bewohner des Hauses, wo ich wohnte, begrüßten mich mit Plakatsprüchen von der Hauseingangstür an, über das Treppenhaus bis zu meiner Wohnungstür. Hanne wartete auf mich in meiner Wohnung, und für meinen Begrüßungsempfang hielt sie Häppchen und einige Sektflaschen bereit.

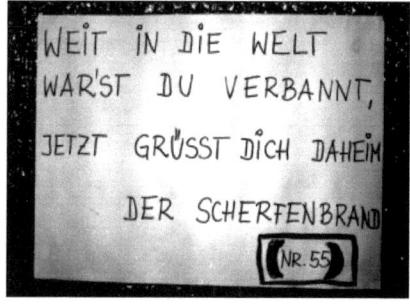 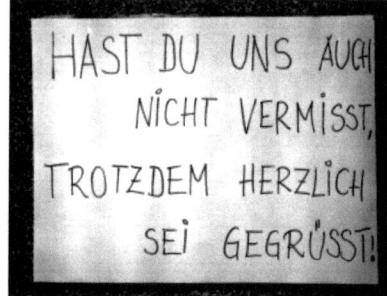

Fotos: Zwei von vielen Plakatbegrüßungssprüchen, die mich von der Hauseingangstür, durch das Treppenhaus bis zu der schön geschmückten Wohnungstür
begleiteten

Gleich nach der Ankunft gab es in meiner Wohnung eine große
Feier, zu der auch alle Bewohner des Hauses eingeladen waren. Alle
waren gekommen, und das Wiedersehen machte allen viel Freude.
Zu der Begrüßungsfeier gab es auch frischen kanadischen geräu-
cherten Lachs und Whisky, den ich mitgebracht hatte. Eigentlich
war ich immer im Ort, wo ich wohnte, am Arbeitsplatz, unter den
Freunden, Bekannten usw. eine gemochte Person. Anders war das
jedoch bei den Schwiegereltern – da war ich eine böse und unbe-
liebte Person. Aber auch der ruhigste Hund kann dich anbellen,
anknurren und dich beißen,
wenn er aufgehetzt wird.

Foto: Ich (50) begrüße meinen kanadischen "Freund" Bolter, den ich eben
aus der Truhe heraushole. Zurück in
Deutschland – 1982

Auf dem Foto sieht man von
links meinen Freund Wolfgang,
die Nachbarskinder Peter und Johannes, Hanne und mich mit meinem kanadischen Freund „Bolter". Mein „Freund" Bolter? Bei
einem Einkaufsbummel guckte ich einmal in einen großen Korb
mit verschiedenen Stofftieren. Und oben saß ein kleines Äffchen,
das mich mit traurigen Augen anguckte. Ich nahm das Äffchen aus

dem Korb und sah es mir an. Da kam eine Verkäuferin und sagte: *„Nehmen Sie es mit, es wird Ihnen bestimmt Freude machen."* – „Wie heißt es?", fragte ich. Sie sagte: *„Bolter"* (Ausreißer). Mit dem Gedanken, das Äffchen der Tochter meines Arbeitskollegen zu schenken, kaufte ich es.

Foto: Zur Erinnerung an die Zeit in Kanada hängt heute das Foto in meinem Arbeitszimmer: *„In memory of the double Jesse James."* Dienstlich in Kanada, 1980 - 1982

Bolter verschenkte ich nicht, ich habe ihn für mich behalten. Am nächsten Tag, als ich zur Arbeit gegangen bin, ließ ich Bolter mit der Bettdecke zugedeckt in meinem Bett liegen, nur seinen Kopf konnte man sehen. Die Tür vom Schlafzimmer ließ ich nur etwas offen stehen, mit der Bemerkung auf dem Türblatt: *„Please be quiet, he sleeps"* (Bitte leise, er schläft). Die Putzfrau, die mein Zimmer putzte, las das und wusste nicht, ob sie ins Schlafzimmer hineingehen sollte. Sie rief eine Kollegin zu Hilfe. Zusammen öffneten sie langsam die Tür und sahen im Bett Bolter. Sie haben gelacht und gelacht, riefen sogar die anderen Putzfrauen und sagten: *„Kommt mal gucken! Henry schläft mit einem Affen."* Seit der Zeit war Bolter sehr beliebt, und die Putzfrauen fragten mich öfter: *„Was macht Bolter?"*

Meiner Schwiegertochter Violetta gefiel Bolter so gut, dass sie ihn nach Oberschlesien, Polen mitnahm. Er hat mich jedoch mehrmals mit der Schwiegertochter in Deutschland besucht. Er ist immer noch bei ihr. Mit Bolter hat ihr Sohn, mein Enkel Andreas, viel gespielt, und er sieht heute nicht mehr so schön aus wie damals, als ich ihn aus dem Korb herausholte.

Am 13. August 1982 feierte ich meinen 50. Geburtstag. Die Geburtstagsfeier fand mit 20 Personen in einem Restaurant statt.

Foto: Ich (50) mit den vielen Geburtstagsgeschenken bei mir in der Wohnung – Leverkusen, August 1982

Und Ende September 1982 holten wir, Hanne, Wolfgang, seine Frau Inge und ich, in Sindelfingen das große Geburtstagsgeschenk – einen Mercedes Benz Coupé 230 CE – ab. Nach Sindelfingen sind wir einen Tag vor dem Auslieferungstag mit meinem „VW Passat" gefahren, wo wir auch übernachteten. Am nächsten Tag, nach einer Werksbesichtigung bei Mercedes, folgte die Abnahme des bestellten Mercedes. Das war mein fünfter Pkw – „Syrena 103", „Syrena 104" – polnischer Hersteller; „Wartburg 311" – DDR-Hersteller; „VW Passat" und jetzt ein Mercedes Benz „Coupé 230 CE". Ich beabsichtigte, den Pkw nach Kanada mitzunehmen.

Die Freude an dem Pkw war kurz. Denn Anfang Oktober bekam ich zum zweiten Mal ein Magengeschwür und musste ins Krankenhaus. Das machte mich traurig und nachdenklich, denn ich hatte noch große Zukunftspläne. Aber der Mensch denkt und der Herrgott lenkt. Am Ende verstand ich die Krankheit als eine Warnung. *„Heinrich, bleibe besser in Deutschland, wo du besser ärztlich versorgt und in der Obhut von Hanne bist."* Und wie das deutsche Sprichwort sagt: *„Nichts ist so schlimm, um nicht zu etwas gut zu sein."* Nach diesem Motto sagte ich die Arbeitsstelle in Kanada ab. Es war gut, dass ich die Arbeitsstelle in Kanada abgesagt habe, denn es kam noch etwas dazu. Kaum war das Magengeschwür abgeheilt, bekam ich Mitte

November eine Nieren-Kolik. Erneut musste ich ins Krankenhaus und wurde operiert. Meine Krankheiten aus dem Jahr 1975, die Nierensteinoperation und das Magengeschwür, wiederholten sich, nur jetzt 1982 in umgekehrter Reihenfolge. Erst das Magengeschwür und dann die Nierensteinoperation.

Den Stillstand mit Irene und den Kindern unterbrach mein Sohn Christoph. Ich hatte ihn in einem Schreiben als einen „Grünschnabel" bezeichnet, als er mich über meine Vaterpflichten belehren wollte. Er wollte mich besuchen und mir die zwischen uns beiden entstandenen Missverständnisse erklären. Um mich zu besuchen, brauchte er von mir eine Einladung. Diese musste begründet werden, um bei der polnischen Behörde einen Reisepass beantragen zu können. Ich schickte ihm die Einladung – ein Telegramm, in dem von meinem Hausarzt bescheinigt wurde, dass ich krank sei.

Im Jahr 1982 starben Irenes Eltern. Im November verstarb Vater Wiktor zu Hause im Alter von 71 Jahren. Im Dezember verstarb Mutter Marie in einer Heilanstalt im Alter von 72 Jahren. Mir war bekannt, dass sie in den letzten Lebensjahren verwirrt war und viele Personen, die ihr nahe standen, nicht mehr erkannte – Alzheimer? Oder? Im Dezember 1982 verstarb Hannes Mutter im Alter von 78 Jahren im Altersheim, wo sie nur einige Monate lang lebte.

Anfang des Jahres 1983 lebten Hanne und ich in zwei Wohnungen. Und so wurden wir uns einig, zusammen in eine Wohnung zu ziehen. Zu dieser Zeit kannten wir uns schon knapp zehn Jahre. Nun, was sagen die Horoskope zu einem „Löwen-Mann" und einer „Stier-Frau" – passen die zusammen? Es hatte nämlich in den zehn Jahren doch einige Verstimmungen gegeben, aber wo gibt es diese nicht? Nun las ich, dass eine *„Stier-Frau" sich den Wünschen des Mannes unterordnen kann, um an seiner Seite treu durch dick und dünn zu gehen* – man kann also sagen, eine ideale Frau für mich, den

„Löwen-Mann". Aber: *Die Stier-Frau kann schlecht Komplimente machen und innere Gefühle ausdrücken* – das erwartet ein „Löwen-Mann" von dieser Frau. Und noch etwas: *die Stier-Frau weicht keinem Streit aus, aber selten kommt es zum endgültigen Bruch* – erfreulich.

Die Ersparnisse von mir und Hanne legten wir zusammen und sahen, dass wir uns eventuell eine Eigentumswohnung bzw. ein Haus kaufen könnten. Die ersten Schritte waren, in der lokalen Zeitung nach Immobilien zu suchen. Wir fanden Angebote bei einigen Immobilienmaklern, und so besuchten wir mutig und hoffnungsvoll drei davon in Leverkusen. Nette, sehr freundliche Leute, bieten dir Kaffee an. Sie wollten aber gleich wissen, wie hoch unser Eigenkapital und Einkommen war. Alle Makler wollten mit uns gleich eine Reservierungsvereinbarung abschließen, da die Objekte womöglich schnell vergeben sein könnten. Die Reservierungsvereinbarungen haben wir abgeschlossen und die Reservierungsgebühren hinterlegt. Bei den zwei ersten Immobilienmaklern haben wir damit einige DM verloren. Bei dem dritten, der Häuser in Leverkusen baute, sind wir geblieben. Mit der Immobilien GmbH haben wir einen notariellen Kaufvertrag für eine Doppelhaushälfte abgeschlossen.

Im Februar 1983 kam Christoph zu Besuch zu mir und meine Mutter zu meiner Schwester Maria. Beide wollten nicht zurück nach Polen. Im gleichen Monat meldete ich sie als Spätaussiedler in Friedland an, wo sie als Deutsche anerkannt wurden. Nach dem Aufenthalt in Friedland wohnten sie zusammen in einem Zimmer im Durchgangswohnheim in Unna-Massen. Von dort ging meine Mutter nach Letmathe zu meiner Schwester Maria, und im März 1983 kam Christoph nach Leverkusen und wohnte in der Siedlung mit Notwohnungen für Vertriebene bzw. Spätaussiedler.

Die Einladung für Christoph, damit er mich besuchen konnte, nutzte Irene mit Damian aus, und im April 1983 kamen sie mit dem Pkw ebenfalls nach Deutschland. Sie wohnten teilweise bei

Christoph und irgendwo außerhalb von Leverkusen. Irene wollte unbedingt in meine Wohnung, womit ich nicht einverstanden war. Denn schon damals, an einem Freitag im März 1979, hatte sie überraschend in meine Wohnung hineinkommen wollen. Hätte ich sie damals oder jetzt hineingelassen, so hätte sie meine Wohnung nicht mehr von selbst verlassen. So müsste ich sie dann, eventuell mit Gewalt, aus der Wohnung vertreiben, und das war auch ihre Absicht. Denn dabei könnte sie einen Nervenzusammenbruch vorspielen mit Notarzt und Polizeieinsatz. Nach so einem „Schauspiel" hätte sie dann darüber überall geschrieben bzw. gesprochen, wie ich sie unwürdig behandeln und beschimpfen würde, so wie sie es schon nach dem Besuch im März 1979 ihrem Rechtsanwalt geschrieben hatte. Das, was ich ahnte, spielte sich dann auch in Christophs Wohnung tatsächlich ab. In Christophs Wohnung erlitt Irene angeblich einen Schwächeanfall mit Atemnot bzw. einen Nervenzusammenbruch. Der Notarzt wurde gerufen, der sie ins Krankenhaus in Leverkusen einliefern ließ. Am nächsten Tag wurde sie aus dem Krankenhaus entlassen. Über das „Schauspiel" berichtete mir Christoph erst am nächsten Tag. Das war ein Schauspiel, um auf mich einen Schatten in Leverkusen zu werfen. So etwas vorzuspielen hatte Irene bei ihrer Mutter gelernt, darüber schrieb ich schon.

Einige Tage später fragte ich im Krankenhaus nach dem Befund von Irenes Krankheit. Mir wurde gesagt, dass sie ohne erkennbare Krankheit aus dem Krankenhaus entlassen worden war. Den Ärzten soll sie gesagt haben, dass sie nicht wisse, was mit ihr passiert sei. Jedenfalls kam der Zusammenbruch angeblich, nachdem ich sie unwürdig behandelt haben soll. Zum Zeitpunkt des Geschehens war ich aber überhaupt nicht in Christophs Wohnung.

Eigentlich war das Zusammentreffen nach zehn Jahren Trennung freundlich abgelaufen. Ich fuhr Irene, Damian und Christoph mit meinem Pkw in der Gegend herum, lud sie in ein Restaurant zum Essen ein usw. Irene versuchte, mich umzustimmen und wollte bei mir bleiben. Aber nach zehnjähriger Trennung mit all den Geschehnissen in unserer Ehe sah ich diese längst als gescheitert an. Mein Leben lief nun in geordneten Bahnen. Jetzt, kurz nach dem Tod ihrer Eltern, konnte sie, ohne ihre Eltern, ihr Tun selber bestimmen und so zu mir kommen. Auch in ihrer Wohnung konnte ihr Priester Kasimir sie zu jeder Stunde besuchen, wo er auch bei ihr Mittagsschläfchen machte. Schade nur, dass ihr Besuch in Leverkusen keine Annäherung zwischen uns brachte, denn wir hätten doch in Freundschaft und nicht verfeindet unsere Beziehung pflegen können.

Foto: Irene (45), Damian, Christoph und ich im Japanischen Garten in Leverkusen. Das ist das letzte Foto, wo wir alle zusammen sind, von links: Irene (45), Damian (20), Christoph (23) und ich (51) – April, 1983.

Nachdem Irene aus dem Krankenhaus entlassen worden war, blieb sie mit Damian nicht mehr bei Christoph in Leverkusen. Angeblich voller Wut auf mich, dass sie bei mir nicht bleiben konnte und dazu kein Geld von mir bekommen hatte, fuhren sie aus Leverkusen weg. Wo sie danach geblieben sind und wann sie nach Polen zurückgefahren sind, ist mir nicht bekannt. Natürlich hätte ich Irene etwas Geld geben bzw. jeden Monat weiterhin Geld schicken können, aber nicht nach ihrem Verhalten mir gegenüber in der letzten Zeit. Während ihres Besuchs in Leverkusen hatte Irene Christoph so verrückt gemacht, dass er zwei Wochen später nach Polen zurückkehrte. Angeblich auch wegen seiner Freundin Violetta. Sehr verärgert räumte und löste ich dann seine Wohnung auf.

Aufgrund meiner am Ende des Jahres 1982 erlittenen Erkrankungen, Magengeschwür und Nierensteinoperation, kam ich im Juli

1983 nach Bad Brückenau zur Kur, wo auch Hanne zehn Tage bei mir war. Die Kur musste unterbrochen werden, da ich zur Beerdigung meiner Mutter fahren musste, die im Alter von 72 Jahren verstarb. Sie ruht auf dem Friedhof in Nachrodt, Sauerland – dort, wo meine Schwester Maria wohnt.

Im November 1983 machte ich mit Hanne einen dreiwöchigen Urlaub auf den Seychellen. Es war ein wunderschöner Urlaub, und der Fisch schmeckte uns dort am besten.

Als wir aus dem Seychellen-Urlaub im November 1983 zurückkamen, war der Bau der Doppelhaushälfte bis auf das Dach vorangeschritten. Im Mai 1984 sollte er fertig erstellt werden. Und so beschäftigten wir uns mit der Ausstattung und Einrichtung der Doppelhaushälfte. Die Sonderwünsche der Ausstattung waren mit dem Architekten besprochen und ausgesucht. Denn die notarielle Ausstattung der Doppelhaushälfte war vom Preis her gesehen das Billigste, was im Handel geboten wurde. Eine Firma ein Haus bauen zu lassen ist heutzutage nicht so einfach. Für das viele Geld wollen sie wenig leisten.

Als alles mit der Hausausstattung abgeklärt war, beschäftigten wir uns mit der Auswahl der Möbel. Und so sind wir in der Freizeit viel herum gefahren und sahen uns die Möbel in den Möbelhäusern an. Eine Entscheidung zu treffen war, bei der sehr großen Auswahl der Möbel, nicht so einfach. Natürlich war die Einrichtung der Küche am wichtigsten. Dann kam die Bestellung der Möbel fürs Wohnzimmer und für die Essecke. Später beschäftigten wir uns mit der Auflösung der zwei Haushalte. Vieles packten wir in die Umzugskartons, einiges wurde verschenkt bzw. als Sperrmüll entsorgt.

Ende Mai 1984 sind wir in die Doppelhaushälfte zusammengezogen. Das Haus war bei der vertraglichen Bezugfertigkeitsabnahme nicht in vollem Umfang fertiggestellt, und so verweigerte ich die Abnahme des Hauses. Die Innenarbeiten waren noch nicht fertig.

Die Innentreppenanlage bestand vom Kellergeschoss bis zum Dachgeschoss aus losen, verschmutzten Brettern. Einige Arbeiten waren noch im Gange. Die Garage fehlte, die Außenarbeiten waren kaum angefangen. Das Haus konnte nur über ausgelegte Bohlen erreicht werden. Mit dem Architekten einigte ich mich, dass wir lediglich eine Besichtigung des Hauses vornähmen und dabei die Mängel und die ausstehenden Leistungen zu Protokoll aufnähmen. Wir notierten 68 Mängel und 20 ausstehende Leistungen, außerdem wurde der Verbrauchsstand für Strom, Gas und Wasser abgelesen und notiert. Strom- und Wasserverbrauch, das die Bauträger GmbH während der Bauzeit verbraucht hatte, bezahlte sie. Jedoch musste ich die Rechnung für den Gasverbrauch bezahlen, und die Baufirma wollte mir nichts zurückzahlen. So ging die Streitigkeit sogar vor das Landgericht. Das Landgericht gab mir Recht, und ich bekam nach einigen Jahren das Geld zurückerstattet.

In die Doppelhaushälfte mussten wir Ende Mai umziehen, da wir unsere Wohnungen zu diesem Termin gekündigt hatten. Als wir dann im neuen Haus wohnten, mussten wir den Handwerkern ständig zur Verfügung stehen, damit sie die ausstehenden Leistungen erbringen und die Mängel beseitigen konnten. Das hat uns viele Urlaubstage gekostet. Vieles im und um das Haus machte ich selber. Wir hatten uns das Haus sehr schön eingerichtet, aber Freude an dem Haus haben wir wenig gehabt. Zur Ruhe mit dem Haus kamen wir erst nach einigen Jahren.

Zweimal freuten wir uns über die Doppelhaushälfte – einmal bis zur Bau-Vertragsunterzeichnung, denn danach gab es die ersten Verstimmungen mit der Immobilien GmbH (Makler) wegen der hohen Preise für die Sonderwünsche und der vielen Mängel. Die zweite Freude kam erst einige Jahre später, als wir die Doppelhaushälfte gut verkauft haben.

Da die Baufirma viele Mängel nicht beseitigen wollte, zahlte ich die letzte Kaufpreisrate nicht, um die Firma dazu zu zwingen, die

Mängel zu beseitigen. Die Verzugszinsen und andere Zahlungen, welche die Immobilien GmbH in Höhe von 20.000,-- DM errechnet hatte, zahlte ich nicht. Auf einen Mahnbescheid des Amtsgerichts zur Zahlung der geforderten Summe reagierte ich nicht. Da bekam ich ein Schreiben eines Obergerichtsvollziehers mit der Zahlungsaufforderung. Ich zahlte auch da nicht, sondern stellte das Schreiben einem Rechtsanwalt zu. Weitere Schritte in der Angelegenheit erledigte mein Anwalt, es kam zu Gerichtsverhandlungen am Landgericht, die über fünf Jahre dauerten.

Foto: Die Doppelhaushälfte: links die Straßenseite; rechts die Gartenseite
Leverkusen – Stand 1990

Trotz der Unzufriedenheit mit der Doppelhaushälfte wurde diese von uns schön eingerichtet. Um ein Haus zu besitzen und die Wohnungsräume schön einzurichten, braucht man keine Millionärstochter zu heiraten, die dich dann für ein armes Schwein hält. Das war ich zu jener Zeit.

Mit Hanne besaß ich nun die Krönung unserer harten, zehnjährigen Arbeit in der BRD. Wir hatten das mit unserem Fleiß und unserer Sparsamkeit erreicht. Hanne ist zwar auch eine Tochter eines Tischlermeisters, der eine eigene Tischlerwerkstatt in Ratibor (jetzt Racibórz), Oberschlesien) führte. Ihr Vater Norbert war 1945, nach dem verlorenen Krieg, nach Russland verschleppt worden und kehrte nicht mehr zurück. Er ist da irgendwo verschollen, und wurde dann durch die polnische Behörde für tot erklärt. Ihre Mutter, auch eine Marie, hatte es nicht leicht, mit drei Kindern durchzukommen. Nach der Ausbildung zur Laborantin arbeitete Hanne immer im Labor. In Polen arbeitete sie bis Mitte des Jahres 1973 sogar in Schichtarbeit: Früh-, Spät- und Nachtschicht. Ab 1974 arbeitete sie weiter als Laborantin bei einem Arbeitgeber in Leverkusen. Hanne ist eine Frau, die bei ihrer Mutter Haushaltsarbeiten usw. gelernt hatte. Und im Beruf war sie eine geschätzte Laborantin. Im Privatleben ist sie für mich eine verständnisvolle Ehefrau und Freundin mit mütterlichem Instinkt. Zwischen Irene und ihr liegt ein Unterschied wie zwischen Tag und Nacht.

Im Juni 1984 heiratete mein Sohn Christoph (24) seine Violetta (23). Zu der Hochzeit war ich eingeladen. Aber ich bekam von der polnischen Botschaft in der BRD kein Visum für die Einreise nach Polen. Im Dezember 1984 lernte ich Violetta kennen, die zu uns nach Leverkusen zu Besuch kam. Nach der Hochzeit wohnte sie mit Irene im gleichen Haus, und zwar im Erdgeschoss, in der Wohnung der verstorbenen Eltern von Irene. Mit Geburt des Sohnes Andreas (1990) machten mich Violetta und Christoph zum Großvater.

Im Herbst 1984 wohnte ich schon mit Hanne in unserem Haus. Es war wohl an einem Freitag, ich stand gerade am Fenster zur Straßenseite und sah einen Pkw mit polnischem Kennzeichen ganz langsam an unserem Haus vorbeifahren. Die Insassen blickten auf unser Haus. In der Annahme, dass der Pkw noch einmal vorbeifahren könnte, stand ich weiter am Fenster. Statt des Pkws sah ich Irene mit Damian auf unser Haus zugehen. Da rief ich Hanne zu: *„Hanne, ich bin nicht zu Hause!"* Nachdem sie an der Haustür geklingelt hatten, machte Hanne die Tür auf. Irene fragte nach mir. Zur Antwort bekam sie, dass ich nicht zu Hause sei. Irene zeigte auf Damian und sagte, dass er der Sohn von Heinrich Makiela sei. Irene und Damian sind dann wieder gegangen und meldeten sich nicht mehr wieder. Damit war ich bzw. wir bestimmt von einem unangenehmen Besuch verschont geblieben.

Ich wollte sie nicht in das Haus hineinlassen, da ich nicht wusste, aus welchem Grund sie uns besuchen wollten. Schließlich könnte man einen Besuch vorher telefonisch ankündigen. Später erfuhr ich, dass sie mich zur Hochzeit von Damian einladen wollten. Na gut, ich lud auch einmal Gäste zu meiner Hochzeit ein. Ich ging aber nicht mit meiner Mutter, sondern mit meiner zukünftigen Frau, mit Irene. Dazu wussten die Gäste auch, dass wir sie an jenem Tag besuchen würden. Meine zukünftige Schwiegertochter saß, wie ich später erfahren konnte, mit noch anderen Personen im Auto, das einige Häuser weiter stand. Ich mag keine Überraschungen, Besuch auf diese Art ist ein Überfall bzw. eine Störung des privaten Lebens. Nach diesem Ereignis war Damian verärgert, so dass er jeglichen Kontakt mit mir abbrach. Er heiratete am 10. August 1985, und erst nach 21 Jahren, im Jahr 2005, nahm er wieder Kontakt mit mir auf, da war seine Mutter, Irene, tot. Irene war ihren Eltern hörig und wollte sich so erst nach ihrem Tod mit mir versöhnen. Und Damian war seiner Mutter hörig, und so versöhnte er sich mit mir erst nach dem Tod seiner Mutter.

Ich hätte Irene alle drei Male in meiner Wohnung empfangen können, aber ich kannte sie sehr gut und wusste, dass sie in meiner Wohnung ein Schauspiel abspielen könnte, wie es im Jahr 1983 in der Wohnung von Christoph in Leverkusen passiert war. Um Irenes Intrigenspiele zu beenden und um endlich Ruhe vor ihr zu haben, bevollmächtigte ich Ende 1982 einen Freund in Polen, der in meinem Namen einen Rechtsanwalt beauftragte, um die Scheidung mit Irene erneut gerichtlich durchzuführen, diesmal aber in Polen.

Zwei Tage vor Violettas Abreise, am 8. Februar 1985, wurde zwischen 17:00 und 20:00 Uhr, während wir mit Violetta Abschied in einem Restaurant feierten, bei uns eingebrochen. Der Einbruch erfolgte durch die Terrassentür, die stark beschädigt wurde. In Hannes Kleiderschrank wurde die angeschraubte Schmuckkassette herausgerissen und mitgenommen. In der Kassette waren 3.000,-- DM und Schmuck im Wert von ca. 50.000,-- DM. Es waren Erb- und Eigenstücke, sowie Geschenke von ihrer Mutter und von mir. Aus dem Nachttisch wurde die Scheckkarte von Hanne mitgenommen.

Hierzu stellt sich die Frage, woher die Diebe (nach den Schuhabdrücken im Schnee waren es zwei) wussten, dass wir in der Zeit abwesend waren. Von Hanne nicht und von mir auch nicht. Von Violetta? War das nur ein Zufall? Das glaube ich nicht. In meinem Arbeitszimmer befand sich auch eine abgeschlossene Kassette mit meinen Wertsachen. Neben dem Fernseher stand meine Handtasche, in der sich mein Sparbuch mit 700,-- DM befand. Diese Sachen nahmen die Diebe nicht mit. Es sah so aus, als ob nur Hanne bestohlen werden sollte. Und es sah auch danach aus, als ob der Dieb bzw. die Diebe unsere Räume kannten.

Kurz nach dem Einbruch, Februar/März 1985, machte ich mit Hanne einen zweiwöchigen Urlaub auf den Malediven – Insel „Meeru Fen Fushi". Eine einfache Unterkunft, aber Wasser und Strand waren sehr sauber.

Der Verlauf der beantragten Ehescheidung mit Irene lief in Polen irgendwie schleppend. Anfang des Jahres 1985 schrieb ich die polnische Botschaft in der BRD an und fragte nach der Bearbeitung meines Ausbürgerungsantrages aus der polnischen Staatsbürgerschaft. Zur Antwort bekam ich, dass ich mich von Irene scheiden lassen müsste. Ich schrieb zurück, dass ich dazu das Einreisevisum nach Polen bräuchte, um dort einen Rechtsanwalt damit zu beauftragen. Ohne Kommentar bekam ich ein Antragsformular für ein Visum. Ich füllte es aus und beantragte ein Visum für zehn Aufenthaltstage in Polen. Dazu legte ich meinen deutschen Reisepass und schickte alles zusammen an die polnische Botschaft. Nach

Einzahlung von Tagesgeldern in Höhe von 360,-- DM auf das Konto der Botschaft erhielt ich das Einreisevisum. Das Gleiche machte Hanne, und sie bekam auch ein Einreisevisum. Im Mai 1985, nach zwölf Jahren Aufenthalt in der BRD, fuhren ich und Hanne nach Racibórz (Ratibor), Oberschlesien, Polen und wohnten dort bei einer Freundin von Hanne.

Von Ratibor aus fuhr ich nach Katowice (Kattowitz), wo ich den Rechtsanwalt besuchte, der die Scheidung mit Irene durchführen sollte. Bei der Gelegenheit trafen wir uns mit Christoph, Violetta und mit unseren Freunden. Wir waren jedoch nicht in Dąbrówka Wielka, wo Irene und Damian wohnten. Die beiden wollten wir aus verschiedenen Gründen nicht treffen.

Nach der erwähnten Anfrage über die Bearbeitung meines Aus-bürgerungsantrages aus der polnischen Staatsbürgerschaft ging die Ausbürgerungs-Bearbeitung sehr schnell zu Ende. Nach einer Zahlung in Höhe von 1.010,-- DM wurde ich mit einem Schreiben im September 1985 aus der polnischen Staatsbürgerschaft ausge-bürgert.

Im August 1985 heiratete mein Sohn Damian seine langjährige Freundin Danuta. Dass Damian geheiratet hatte, erfuhr ich erst nach seiner Heirat. Seine Frau Danuta, wie ich schon erwähnte, lernte ich erst im Jahr 2006 kennen, da war er schon 21 Jahre mit ihr verheiratet. Mit der Geburt ihrer Tochter Claudia (1987) und ihres Sohnes Matthäus (1990) machten sie mich zum Großvater.

Mein Privatdetektiv beobachtete Irene und den Priester Kasimir weiter, und mir wurde bekannt, dass er Irene zu Hause besuchte. Was sich da in Irenes Wohnung abspielte, das konnte mein Detek-tiv nicht erfahren. Das erfuhr ich aber von meiner Schwiegertoch-ter Violetta, die mit Christoph im gleichen Haus mit Irene wohnte. Christoph besaß die Wohnung nach Irenes verstorbenen Eltern im Erdgeschoss, und Irene wohnte weiter in der Wohnung im Ober-geschoss.

In der Angelegenheit „Irene und Priester Kasimir" schrieb ich im Januar 1985 dem dortigen zuständigen Bischof. Bevor ich eine Antwort vom Bischof bekam, schrieb mir meine Schwiegertochter Violetta folgendes: *Das Leben bei uns verlief eigentlich bis zum 29. März (1985) ruhig. An dem Tag kam um 21:30 Uhr Priester Kasimir zu uns, mit einem Brief in der Hand, den du an unseren Bischof geschrieben hast. Mit unbeschreiblichem Zorn ging er auf mich los, ein Fluch solle mich und meine Familie bis zur sechsten Generation begleiten. Er behauptete, dass ich dir das alles erzählt hätte und du das dem Bischof geschrieben hättest. Angeblich schreibst du in dem Brief Tatsachen, die nur mir und Christoph bekannt sind. Seit dieser Zeit ist in unserem Haus eine schlechte Stimmung, die nicht zum Aushalten ist. Irene will uns nicht im Haus haben. Wir werden behandelt wie Missetäter, wie Gewaltverbrecher. Auf die Dauer ist die Lage nicht auszuhalten, und ich sehe nur einen Weg – möglichst schnell aus dem Haus auszuziehen."*

Das Haus von Irenes Eltern ist ein „Schleuderhaus". Als ich im Jahr 1987 Christoph und Violetta in dem Haus besuchte, wollte Irene mich sogar mit Hilfe der Polizei aus dem Haus verjagen. Dann jagte Irene ihre Schwiegertochter Violetta aus dem Haus. Und 2011 jagte Damian, als Besitzer dieses Hauses, seinen Bruder Christoph mit Frau Violetta und Sohn Andreas aus dem Haus. Der böse Geist, der angeblich in meiner Person steckte, ist nicht mit mir aus dem Haus weggegangen, sondern er ist da geblieben. Und so herrscht der böse Geist dort weiter.

Im April 1985 antwortete der Bischof auf mein Schreiben vom Januar 1985, folgend einige Sätze aus dem Schreiben: „*(...) Eines steht fest: .Sie müssen ehrlich zugeben, dass Ihre Ehe durch Ihre eigene Schuld auseinander fiel und dass Ihre Frau viele Male versucht hat, eure Ehe zusammenzubringen. Sein Glück darf man nicht auf dem Unglück anderer Menschen aufbauen wollen. Grüß Gott (Unterschrift) Bischof von ..."*

Der Bischof antwortete mir überhaupt nicht zur Sache, denn ich hatte ihm nur beschrieben, was mir über Irenes und Priester Kasimirs Verhältnis bekannt war. Ich hatte ihn gebeten, er solle die „Seelsorge" meiner Frau unterlassen, denn sie sei immer noch meine Frau. Den Priester Kasimir wiederum solle er zur Besinnung bringen. Weiterhin solle er den Priester Kasimir daran erinnern, dass er ein keusches Leben führe. Fraglich ist, wer dem Bischof solche Informationen lieferte, dass ich mir hier in der BRD mein Glück aufgebaut und Irene damit ins Unglück gestürzt hätte. Es war doch mit Irene abgesprochen, dass ich hier bleiben und sie mir nachkommen sollte – wo das „Glück lacht".

Im Mai 1985 schrieb ich dem Bischof noch einmal. Ich gab ihm zu verstehen, dass meine Ehe mit Irene immer noch bestünde, und dass wir zur Zeit nur gezwungenermaßen getrennt lebten. Und er solle seinem unterstellten Priester klar machen, dass er im Schlafzimmer meiner Frau nichts zu suchen habe. Ich schrieb ihm auch den Satz, den uns während unserer kirchlichen Trauung der Priester vorgelesen hatte: *„Die Ehefrau soll ihrem Mann untergeben sein, wie die Kirche dem Christus untergeben ist."* Ich schrieb ihm auch, dass der Priester Kasimir sich bei meiner Schwiegertochter Violetta für sein ihr gegenüber zorniges Verhalten am 29. März 1985 entschuldigen solle. Ebenso solle er den ausgesprochenen Fluch auf sie und ihre Familie zurücknehmen. Im Falle, dass der Priester meiner Forderung nicht nachkommen würde, würde ich mich in dieser Angelegenheit noch an eine andere Stelle wenden.

Auf den zweiten Brief bekam ich vom Bischof keine Antwort, und Priester Kasimir entschuldigte sich bei meiner Schwiegertochter Violetta nicht. Im September schrieb ich den Bischof wieder an, indem ich ihn daran erinnerte, dass mein Schreiben vom Mai 1985 unbeantwortet geblieben war. Auch auf dieses Schreiben bekam ich keine Antwort. Keine Antwort verstehe ich als *„Du kannst mich mal!"*

Wie kann ein katholischer Priester, der anderen im Namen des Herrn die Sünden vergibt, aber andere bis zur sechsten Generation verflucht, weiter tätig sein? Das ist doch kein Priester, eher ein Satan, der im Dienste des Teufels ist, und nicht im Dienste des Herrn. Wäre Priester Kasimir ein kluger Mensch, so müsste er sich so verhalten, als ob er keinen Brief vom Bischof erhalten hätte.

Priester Kasimir hat sich für sein zorniges Verhalten und den aus-gesprochenen Fluch bei Violetta nicht entschuldigt. Die Leute sprachen in unserem Ort sogar laut darüber, dass Irene mit dem Priester intim sei. Irene soll jedenfalls immer gesagt haben, dass das, was die Leute herumreden, sie nicht interessiere. Sie habe ein reines Gewissen. Welche Frau würde es anders interpretieren?

Meine Schwiegertochter lebt mit Christoph weiterhin in Ober-schlesien, Polen. Sie glaubt noch heute, dass der Priesterfluch sie begleitet, da sie in den vielen Jahren einiges erleben und ertragen musste.

Meine Schwiegermutter Marie sagte öfters zu mir, dass mich der Herrgott einmal dafür bestrafen würde, dass ich sie für eine Ver-schwörerin gegen mich hielt. In meinem Leben war nicht alles rosig, aber man darf den Kopf nicht hängen lassen und denken, ja, sie bzw. er hat mir das vorhergesagt. Wenn ich heute, mit 85 Jah-ren, zurückblicke, so kann ich nur mit Freude feststellen, dass der Herrgott mich mehr beschenkt hat als bestraft – wenn meine Krankheiten ihm nicht anzurechnen sind.

Es sah so aus, als ob der Bischof die Beziehung des Priesters Ka-simir zu Irene legalisiere, denn er beförderte ihn zum Pfarrer einer Pfarrgemeinde. Diese Pfarrgemeinde ist 100 km von Irenes Wohnort entfernt. Seit der Zeit war Irene seine Haushälterin, wohnte und lebte mit Kasimir im Pfarrhaus. Mit mir wollte Irene im Oktober 1965 nicht in die Wohnung der Wohnungsbaugenos-senschaft ziehen und auch nicht nach Leverkusen kommen. Aber ins Pfarrhaus zu Priester Kasimir ist sie gezogen und lebte dort mit ihm, angeblich wie Schwester und Bruder. Die später geschiedene Frau wohnt im katholischen Pfarrhaus und ist obendrein in der

Pfarrgemeinde als Religionslehrerin tätig. Na ja, sie konnte sagen, dass sie unschuldig geschieden wurde. Bei einer Scheidung tragen aber meistens beide Seiten die Schuld.

Also, in der Pfarrgemeinde, beim Pfarrer Kasimir, gab Irene den dortigen Kindern Religionsunterricht. Sie muss doch die Kinder auch über die „Zehn Gebote" unterrichtet haben. Das vierte Gebot sagt: *„Du sollst Vater und Mutter ehren"*, doch ihren eigenen Kindern, Christoph und Damian, brachte sie bei: *„Du sollst deinen Vater nicht ehren."* Damian war ihr hierzu hörig, oder er dachte nicht darüber nach, dass er das Gebot missachtete. Dazu halfen Irene und Damian auch Priester Kasimir, denn ihm war recht, dass Damian keinen Kontakt zu mir pflegte. Da wird doch nicht gesagt, dass man nur gute Väter ehren soll. Meine Enkelkinder Claudia und Matthäus fragten nach mir, ihrem Großvater Heinrich. Denn dass es einen gibt, das wussten sie von ihrem Cousin Andreas, der mich von seiner Geburt an kannte und ihnen von mir erzählte. Claudia und Matthäus wurde eingebläut, dass ich ein böser Mensch sei und keine Kinder möge. Und das achte Gebot sagt: *„Du sollst kein falsches Zeugnis geben wider deinem Nächsten."*

Und im „Vater Unser", dem Gebet des Herrn, beten wir unter anderem: *„Und vergib uns unsere Schuld, wie auch wir vergeben unseren Schuldigern."* Und so konnte ich nicht verstehen, wie eine Religionslehrerin Kinder unterrichten kann, die selbst die „Zehn Gebote" und das „Gebet des Herrn" nicht richtig verstand. Aber Priester Kasimir hätte sie doch darauf aufmerksam machen können, oder verstand er diese selber nicht? Irene, als katholische Religionslehrerin, gab fremden Kindern Religionsunterricht. Aber eigenen Kindern, Christoph und Damian, lehrte sie nichts Gutes. Damian verachtete den Vater, und Christoph sollte aus der katholischen Kirche ausgetreten sein und betrat sogar keine katholische Kirche mehr.

Um die Jahreswende 1985/1986 – über Weihnachten und Neujahr – machte ich mit Hanne einen zweiwöchigen Urlaub in Eilat/Israel.

Nach knapp 28 Ehejahren, davon lebten wir 14 Jahre getrennt, wurde die Ehe mit Irene durch ein Gericht in Polen im Januar 1987 geschieden. Und im Dezember 1987 wurde die ausländische Scheidung durch den Justizminister des Landes NRW anerkannt.

In vielen Briefen bat mich meine Schwiegertochter Violetta, ihnen zu helfen, aus Irenes Haus auszuziehen. Und so fuhr ich nach ihrem Hilferuf im April 1987 nach Polen, um ihnen eventuell dabei zu helfen. In meinem Reisepass vermerkte die polnische Botschaft den Zweck der Reise, der lautete: Besuch des Sohnes Christoph Makiela mit Hausanschrift, wo auch Irene und Christoph wohnten. Während des Besuchs sollte ich bei Christoph wohnen und mich pflichtgemäß im Meldeamt des Ortes melden. Die Anmeldung musste das Meldeamt in meinem Reisepass vermerken. Das wurde bei der Rückreise durch polnische Grenzer kontrolliert.

Als ich am Ankunftstag an Irenes Haus heranfuhr, kam Irene als Erste heraus, stand im Hofeingang und sagte zu mir: *„Du kommst in das Haus nicht rein!"* Ich sagte darauf kein Wort. Unsere Ehe war schon geschieden, und über was sollte ich mit ihr nach so einer Begrüßung reden? Sie war wohl auch über mich stark verärgert, da ich sie dreimal in meine Wohnung in Leverkusen nicht hineingelassen, die Briefe an den Bischof geschrieben und die Scheidung mit ihr durchgezogen hatte. Gleich nach Irene kam Christoph aus dem Haus. Wir standen eine Zeit auf dem Gehweg und gingen danach in den Hof hinein. Irene stand Wache an der Hauseingangstür. Als ich mich noch mit Christoph im Hof unterhielt, kam Damian Irene zu Hilfe, den sie telefonisch herbeigerufen hatte. Damian war zu dieser Zeit schon verheiratet und wohnte im Elternhaus seiner Frau. Zu mir sagte er kein Wort und ging gleich zu Irene an die Hauseingangstür. Ich wollte doch nicht Irene besuchen, sondern Christoph und Violetta, die in dem Haus eine eigene Wohnung hatten. Als ich dann letztlich in das Haus hineingehen wollte, versperrten mir Irene und Damian den Eingang. Christoph schob die beiden zur Seite, damit ich hineingehen konnte. Zwischen Christoph und Damian kam es zum Handgemenge, da ging Irene zwischen die beiden. So war der Hauseingang für mich frei und ich ging ins Haus hinein und weiter in die Wohnung von Christoph, wo Violetta schon auf mich wartete.

Nach kurzer Zeit kamen Irenes Freundin mit Mann ihr noch zu Hilfe. Alle standen in der Diele und warteten auf die Polizei, die zu Hilfe gerufen wurde. Während wir noch beim Kaffee waren, kam die Polizei. Den Polizisten sagte sie, dass ich in dem Haus und überhaupt in Polen nichts zu suchen habe, und dass ich ein Vaterlandsverräter sei und ins Gefängnis gehörte. Anhand meines Reisepasses stellten die zwei Polizisten fest, dass ich meinen Sohn Christoph in dem Haus besuchen dürfe. Nach der Polizei wurde der Notarzt gerufen, da Irene einen Schwächeanfall bzw. einen Nervenzusammenbruch (Schimäre) erlitten haben soll, wie es schon in Leverkusen passiert war. Ein Schauspiel, das ich von ihrer Mutter Marie kannte.

Als ich nach dem Schauspiel mit Christoph im Hofe stand, kam Damian zu uns. Er wollte mir etwas sagen und sprach das Wort „Vater" aus. Darauf sagte ich: „Was für ein ,Vater', du hast mich wie einen Fremden behandelt, so sprich mich bitte mit ,Herr Makiela' an". Wir standen noch eine Zeit mit Christoph im Hof, und ich verließ dann das Anwesen. Ich fuhr danach zu meiner Nichte, wo ich auch die ganze Besuchszeit wohnte.

Am nächsten Tag meldete ich mich mit Christoph im dortigen Meldeamt, um meinen Besuch bei Christoph anzumelden. Eine Beamtin wollte mich nicht an die Christoph-Anschrift anmelden. Irene war wahrscheinlich schon vor uns dort gewesen und hatte ihr gesagt, dass sie mich nicht anmelden solle, da ich in dem Haus unerwünscht sei. Der Beamtin machte ich klar, dass ich persönlich so eine Anmeldung nicht bräuchte, sondern die polnischen Grenzer. Und so bat ich sie, mir diese „Nicht-Anmeldung" zu bescheinigen. Schließlich holte sie sich Rat im Nebenzimmer, und danach schrieb sie „Anmeldung" in meinen Reisepass.

Jetzt, nach soviel Krach in Irenes Haus, wollte ich Christoph und Violetta helfen, aus Irenes Haus auszuziehen. „Irenes Haus" – das war eigentlich auch mein Haus, das ich mit Irenes Eltern zusammen gebaut hatte. Aber ich wollte mit dem Haus nichts mehr zu tun haben. Ich hatte inzwischen mit Hanne ein Haus in Deutschland. Ein zweites, bzw. ein Haus zur Hälfte mit Irene, brauchte ich nicht. Der Briefkasten, den ich einmal an der Wand am Hauseingang angebracht hatte, war nicht mehr vorhanden. Auch die Hausklingel, die ich einmal angebracht hatte, war abmontiert.

Als ich mein Geld in Deutschland verdiente, legte ich für die Kinder Christoph und Damian ein Sparbuch an. Jeden Monat zahlte ich eine bestimmte Summe ein. Mit den Ersparnissen beabsichtigte ich, den Kindern finanziell zu helfen, wenn sie eigene Familien gegründet hatten. Nach dem Überraschungsbesuch im Herbst 1984 in Leverkusen brach Damian mit mir den Kontakt ab. Und letztlich versperrte er mir, wie einem Fremden, den Weg zu Christophs Wohnung. Also hatte ich nur einen Sohn, Christoph, denn Damian bekannte sich nicht zu mir. Auf dem Sparbuch waren inzwischen die Ersparnisse von zehn Jahren zu einer beträchtlichen Summe angewachsen.

Die Ersparnisse kamen Christoph und Violetta zugute. Zusammen suchten wir nach einer Immobilie. Im Herbst 1987 kaufte ich für Christoph und Violetta ein Haus in Siemianowice Śląskie (Siemianowitz, O/S), Polen. Die Stadt liegt 5 km von Irenes Wohnort entfernt. Es war ein freistehendes Haus mit Garten und Garage. Es liegt in einer Siedlung, die nach 1945 entstand, mit nur freistehenden Häusern (Villen) und schön angelegten Gärten. Gemäß

Kaufvertrag gehört das Haus Christoph und Violetta je zur Hälfte. Das Haus ist etwa so groß wie das Haus von Irenes Eltern. Es ist aber schöner und freistehend. Der Garten ist größer, und es liegt an einer ruhigen Straße. Das Haus wurde modernisiert, eine Gaszentralheizung installiert, eine Gartenterrasse am Haus angelegt, der Garten umgestaltet usw. Nach Wilhelm Busch: „*Wem Fortuna ein Haus schenkt, dem schenkt sie auch Möbel.*" So war es auch bei Christoph und Violetta. Zum Haus bekamen sie auch noch Möbel. Küchen- und Wohnzimmermöbel, die Christoph selber entworfen hatte, wurden in einer Tischlerwerkstatt nach Maß angefertigt.

Foto: Das gekaufte Haus für Christoph und Violetta in Siemianowice Śląskie, links: die Straßenseite, rechts: Straßen- und Gartenseite – Stand 1989

Im März 1988 machte ich mit Hanne einen zweiwöchigen Urlaub in Kenia/South Coast Mombasa. In Kenia machten wir mehrmals Urlaub, da es kein zu langer Flug aus Deutschland war, und die kilometerlangen Strände, dazu die Wärme, uns begeisterten.

Ich bin zu Hause katholisch erzogen worden und habe drei grundlegende Sakramente empfangen: die Taufe, die Firmung und die Eucharistie. Im Sakrament der Ehe habe(n) ich (wir) den Bund zwischen Christus und Kirche geschlossen, der unlösbar ist: „*Was Gott verbündet hat, das darf der Mensch nicht trennen.*" Doch im Falle eines Falles können die Eheleute getrennt voneinander leben. Bei der kirchlichen Eheschließung vor dem Altar versprachen wir uns gegenseitig: „*Die Treue zu halten in guten und bösen Tagen, in Gesundheit*

*und Krankheit, uns zu lieben, zu achten und zu ehren, bis der Tod uns schei-
det.*" Na ja, wer denkt da schon bei der Eheschließung, dass die
einmal auseinandergehen wird? Man weiß doch nicht, wie das Eheleben sich entwickeln wird. Da ist nicht nur die Ehefrau, da sind
noch die Schwiegereltern, die sich dann auch in die junge Ehe
einmischen, wie das z. B. in meiner Ehe war. Als ich schon von
Irene getrennt lebte, schrieb sie mir einmal, dass manche bereit
wären, für die Ehe ihr Leben zu opfern, ich aber das Leichtlebige
gewählt hätte. So leichtlebig, wie das Irene sah, lebte ich doch
nicht. Aber warum sollte ich mein Leben opfern? Das konnte sie
doch auch tun, und so hätte unser Leben unserem Versprechen bei
der kirchlichen Eheschließung entsprochen – der Tod hätte uns
getrennt.

Gemäß der katholischen Kirchenlehre bin ich jetzt, nach der Ehescheidung, ein großer Sünder, da ich gegen das Sakrament der Ehe
und gegen das Versprechen verstoßen habe. Und nicht nur das,
jetzt will ich eine zweite Ehe eingehen und Hanne heiraten: Natürlich standesamtlich, da eine zweite kirchliche Eheschließung un-
möglich ist. Geschiedene Eheleute, die kirchlich geheiratet haben,
sind aus der katholischen Kirche teilweise ausgestoßen. Sie dürfen
zwar Kirchensteuern zahlen und die Hl. Messe besuchen, sie dürfen aber das hl. Abendmahl (Kommunion – Leib Christi) z. B. am
Sonntag während der Hl. Messe nicht empfangen. Das kann man
so interpretieren: du darfst an einer Feier teilnehmen, aber von
dem reich gedeckten Festtisch musst du fern bleiben.

Als ich in Oberschlesien lebte, besuchte ich die Hl. Messe fast jeden Sonntag und an katholischen Feiertagen, jedoch ohne Empfang des Abendmahls (Kommunion). Es war damals so, dass man
beim Empfang des Abendmahls sündenfrei sein sollte, also zuvor
die Beichte ablegen musste. Viele Bewohner des Ortes, wo ich
lebte, gingen jeden ersten Freitag im Monat zur Beichte und am
Sonntag zur Kommunion. In unserer Familie praktizierte es so nur
unser Vater und in Irenes Familie nur ihre Mutter Marie. Zur

Beichte ging ich nur vor großen familiären Festen, sonst nur einmal im Jahr, und das vor Ostern. So praktizierte ich das weiter, bis ich geschieden war. Aber nach der Scheidung stellte ich mir die Frage: Soll ich das mit der Beichte und mit dem Empfang des hl. Abendmahls weiter so praktizieren wie vor der Scheidung? Da müsste ich dem Priester bei der Beichte die Scheidung verheimlichen, und so wäre die Beichte ungültig.

Damals ging ich zur Beichte, und zwar zu einem Dekanatspriester, dem ich mein Anliegen erläutert hatte. Bei der Beichte vereinbarten wir einen Termin, und ich besuchte ihn in seinem Dekanatsbüro. Nun erklärte ich dem Priester, wie es zu der Scheidung gekommen war. Ich sagte ihm auch, dass ich, wenn ich teilweise aus der Kirche ausgestoßen werden sollte, ich aus dem katholischen Kirchenbund austreten würde. Der Priester sagte mir zum Schluss, dass ich immer zu ihm zur Beichte kommen sollte, so bekäme ich die Absolution. Danach könnte ich am hl. Abendmahl teilnehmen. Eigentlich wird das in Deutschland mit dem hl. Abendmahl nicht so ernst genommen, denn fast alle Teilnehmer nehmen an der Hl. Messe am Tisch des Herrn teil. Einen frommen Katholiken konnte man früher erkennen, wenn er am hl. Abendmahl teilnahm, heute, wenn er zur Beichte kommt.

Hanne und ich haben geheiratet. Nach fünfzehnjähriger Bekanntschaftszeit, in der wir durch dick und dünn gegangen sind, haben wir, Hanne (55) und ich (56), am 14. Juni 1988 standesamtlich in Leverkusen geheiratet. Unsere Hochzeitsreise ging mit dem Pkw zum Bodensee, wo wir zehn Tage in Meersburg wohnten, sehr schöne Schifffahrten unternahmen und mit dem Pkw um den Bodensee herum gefahren sind. Wie Verliebte das so machen, unternahmen wir auch eine einwöchige Reise nach Paris.

Im März 1989 machten wir drei Wochen Urlaub in Kenia, South Coast Mombasa. Und im November 1989 machten wir zwei Wochen Urlaub in Marokko. Eine Woche Rundreise: Agadir – Marrakesch, Casablanca, Rabat, Kenitra, Meknes, Ifrane, Beni-Mellal, Marrakesch – Agadir. Dann eine Woche Erholung in Agadir. Februar 1990 machten wir einen dreiwöchigen Urlaub in Kenia, South Coast Mombasa.

Foto: Hanne und ich: Hochzeitsfoto – Juni, 1988

Im Juli 1990 machten uns Christoph und Violetta zu Großeltern, und das mit ihrem Sohn Andreas. Den Vornamen Andreas bekam er nach seinem Urgroßvater Andreas. Nicht nur durch Andreas' Geburt wurden wir zu Großeltern. Unsere zwei weiteren Enkelkinder Claudia (geb. 1987) und Matthäus (1990) kannten wir zu dieser Zeit jedoch nicht.

Aus zwei Gründen fuhren wir im August 1990 nach Polen, O/S. Erstens: wir wollten unseren Enkel Andreas begrüßen. Und zweitens: wir waren zu einer Hochzeit eingeladen. Geheiratet hat Beate, die Tochter meines verstorbenen Bruders Josef. Die Hochzeit fand in Dąbrówka Wielka statt, in dem Ort, wo Irene und Damian mit Familie wohnten. Aber von ihrer Tante Irene und ihrem Cousin Damian bekam das Brautpaar keine Glückwünsche. Traurig, aber die „Heilige Irene" und ihr Sohn Damian brachen nicht nur mit mir den Kontakt ab, sondern auch mit allen Makielas, die in Dąbrówka Wielka bzw. in Oberschlesien wohnten. Die Hochzeit dauerte zwei Tage, und in diesen zwei Tagen bekam ich weder Irene noch Damian mit Familie zu Gesicht. Sogar die Gräber meines Vaters, meines Bruders und meiner Schwester besuchten sie nicht. In der Besuchszeit wohnten wir bei Christoph und Violetta in Siemianowice Śląskie.

Die Doppelhaushälfte in Leverkusen! Ich berichtete, dass es wegen der Streitigkeiten mit der Baufirma zu Gerichtsverhandlungen am Landgericht kam. Die Streitigkeiten dauerten von Mai 1984 bis April 1991. Um die beanstandeten Mängel zu bewerten, wurden sieben Sachverständige in das Verfahren hineingezogen, und diese bewerteten 383 Beanstandungen. Meine Vorauszahlungen als Kläger (für Gericht, Rechtsanwälte, Sachverständige usw.) betrugen über 38.000 DM. Die Rechtsstreitigkeiten brachten mir am Ende einen finanziellen Gewinn in Höhe von 23.150,00 DM. Die letzte Kaufpreisrate mit Verzugszinsen in Höhe von 20.000 DM hatte ich zu Recht einbehalten.

Im Mai 1991, sieben Jahre nach Übergabe der Doppelhaushälfte und einen Monat nach Erhalt des letzten Schreibens meines Rechtsanwalts bezüglich des Rechtsstreits mit der Baufirma, war ich fest entschlossen, das Haus wieder zu verkaufen. Die schönste und größte Freude an dem Haus war eigentlich die Vorfreude – die Zeit als wir noch mit dem Gedanken spielten, Bauherren zu werden. Ein Haus zu kaufen brachte uns die gute Erinnerung an unsere Häuser in Oberschlesien wieder, die wir dort zurücklassen mussten.

Die Vorfreude auf die Doppelhaushälfte war eigentlich nur von kurzer Dauer. Danach kam die Zeit, in der wir aufgeregt und nachdenklich wurden. Später wiederum waren wir verärgert bzw. wütend, und das über viele Jahre. Dann kam langsam die größte Freude, nämlich die Nachfreude. Die Nachfreude war für uns auch eine große Freude, jedoch empfand man hierzu auch Schmerz und Traurigkeit. Denn das Traumhaus, auf das wir uns so gefreut hatten, stand zum Verkauf, und das tat auch sehr weh.

Wohin sollte die Karawane jetzt gehen? Die Verkaufsentscheidung kam nicht auf einmal. Es gab verschiedene Gründe dafür, die uns, vielleicht auch mich, auf den Gedanken brachten, das Haus zu verkaufen. Auch andere vermutete Umstände brachten mich auf die Idee, nicht nur aus dem Haus auszuziehen, sondern auch die Stadt Leverkusen zu verlassen. Ich hatte ebenso Bedenken, dass die zwei Makler nach den verlorenen Streitigkeiten mir etwas anhaben könnten, denn sie hatten bei den Ämtern usw. viele Verbündete.

Meiner Gesundheit zuliebe planten wir (eigentlich ich), in einen Kurort zu ziehen. Ich hatte Knochenprobleme sowie Handgelenk-, Knie- und Rückenschmerzen. Im Mai 1991 machte ich den ersten Schritt und ging auf Erkundungsreise, um ein neues Zuhause zu finden. Ich besuchte fünf Kurorte, die im Osten der BRD lagen, denn ich wollte auch näher zu Oberschlesien, Polen und zur ehemaligen DDR wohnen, wo in der Nähe von Chemnitz einige Makiela-Familien lebten. Bei der Erkundungsreise erfuhr ich, was die von mir ausgewählten Badeorte zu bieten haben – Wohnungsmöglichkeiten, Gesundheitswesen, Freizeitgestaltung, Geschäfte, Kommunikation usw. Nach der Erkundungsreise und einigen Überlegungen stand fest, dass wir sogar in ein anderes Bundesland, nämlich nach Bad Steben in Bayern ziehen. Bad Steben liegt ca. 500 km näher an den Makiela-Familien, die in Sachsen und Oberschlesien wohnen, als Leverkusen.

Die Doppelhaushälfte in Leverkusen wurde nicht über einen Immobilienmakler verkauft, sondern auf eigene Faust. Denn ein Maklerbüro wollten wir nicht mehr betreten. Ich als Verkäufer ersparte auch damit dem Käufer die Makler-Provision. Der Käufer des Hauses war ein Ehepaar aus Köln mit einem kleinen Kind. Der notarielle Kaufvertrag wurde im Juni 1991 beim Notar, den sich der Käufer ausgesucht hatte, unterzeichnet. Wir waren sehr zufrieden, da wir schnell und problemlos das Haus verkaufen konnten. An einem Haus las ich einmal folgende Lebensweisheit: *„Das Haus ist mein und auch nicht mein – der vor mir war, dachte auch es wäre sein; Er zog aus und ich zog ein – nach meinem Tode wird es auch so sein!"* Aber man kann sich auch zu Lebzeiten von einem Haus trennen, wie wir das gemacht haben. Viele Menschen behaupten, dass ein Haus ein

Eigentum ist. Dies ist aber nur der Fall, solange man lebt, und wenn es nicht von irgendwelchen Naturgewalten zerstört wird.

Die Erlebnisse mit dem Bau der Doppelhaushälfte und die „Freude" an dem Haus beschreibe ich in meinem Buch unter dem Titel: „Traumhaus?" – Ein langer Weg vom Mieter zum Traumhaus und zurück. Verlag: Books on Demand, ISBN 978-3-8334-6785-1, © 2006, 384 S. In dem Buch beschreibe ich meine Auseinandersetzungen mit Maklern, Architekten, Bauunternehmern, Handwerkern, Nachbarn, Sachverständigen und Gerichten und gebe Tipps und Anregungen zum Eigenheimbau. Gewusst wie! Im zweiten Buch unter dem Titel: „Schritte zum eigenen Heim" – Tipps und Empfehlungen für zukünftige Bauherren. Verlag: Books on Demand, ISBN 3-8334-4818-0, © 2006, 80 S. informiere ich über die notwendigen Voraussetzungen für den Abschluss eines sicheren Bauvertrages und beschreibe den Weg zum eigenen Heim. Dieses Buch ist allen zukünftigen Bauherren und denen, die sich privat oder beruflich mit dem Thema „Eigenheimbau" befassen müssen, sehr zu empfehlen.

Das neue Haus in Bad Steben. Nach der Erkundungsreise stand fest, dass wir nach dem Verkauf der Doppelhaushälfte in Leverkusen, Nordrhein-Westfalen, nach Bad Steben, Bayern, umziehen würden. In Bad Steben gab es Eigentumswohnungen, Häuser und Baugrundstücke zu kaufen. Wir entschlossen uns ein Haus zu bauen, und so kauften wir im Juni 1991 ein Baugrundstück und bauten darauf ein freistehendes Haus – ein Fertighaus. Vom Hersteller des Hauses lagen die Außenmaße des Hauses fest, und so konnten wir die Planung der Räume beliebig einteilen. Wohnfläche 100 m² im Erdgeschoss – Diele, Küche mit Abstellkammer, Wohnzimmer (46 m²), zwei Schlafzimmer, Bad. Alle Räume lagen in einer Ebene wegen meiner Knieprobleme. Ein freistehendes Haus deshalb, weil wir keine Nachbarn hinter der Wohnungswand haben wollten, denn mit unseren Nachbarn der anderen Doppelhaushälfte in Leverkusen hatten wir keine guten Erfahrungen gemacht. Ich machte eine Zeichnung mit Einteilung der Räume. Diese übergab ich dem Architekten, der die Baupläne erstellte. Im Oktober 1991 bekamen wir die Bauerlaubnis. Der Keller war schnell gebaut (Teilunterkellerung) und das Haus wurde im Dezember aufgestellt. Zwei Schlafzimmer! Getrennte Schafzimmer hatten wir schon in der Doppelhaushälfte in Leverkusen. Im Großen und Ganzen vertragen wir uns gut, ich und Hanne. Nicht aber im Schlafzimmer während der Schlafenszeit. Ich will es im Winter warm im Zimmer haben – Hanne kalt. Wenn ich schnarche, ist sie wach, wenn sie nicht schlafen kann, will sie Bücher lesen und Licht anmachen usw. Wir hatten nun wieder genug Zimmer zur Verfügung, und so waren wir uns einig, dass wir in getrennten Zimmern schlafen sollten, also zwei Schlafzimmer. Ich kann mir heute eine bessere Nachtruhe nicht vorstellen. Bei den meisten unserer Urlaube buchen wir eine Suite, da haben wir mehr Freiraum.

Foto: Ich mähe mit der Sense die Baugrundstückswiese. Das Gras war um die 80 cm hoch. Es musste vor der Vermessung für den Sitz des Hauses gemäht werden – Bad Steben, Oktober 1991

Im August 1991 waren wir in Oberschlesien, Polen, wo wir den 1. Geburtstag unseres Enkels Andreas feierten.

Im Dezember 1991 wurde das Zenkerhaus aufgestellt, und Anfang Februar 1992, neun Monate nach Unterzeichnung des Kaufvertrages mit der Firma „Zenker", war das Fertighaus fertiggestellt. Am 14. Februar 1992 zogen wir am späten Nachmittag aus dem „Traumhaus" (Doppelhaushälfte) und der Stadt Leverkusen aus und übersiedelten in das 500 km entfernt liegende Bad Steben. Wir kamen spät in der Nacht mit dem Pkw in Bad Steben an, und am nächsten Tag stand schon die Umzugsfirma mit dem Umzugshausrat vor der Tür. Wir waren froh und zugleich traurig, denn wir ließen das Haus, Freunde, Bekannte usw. zurück.

Hanne wollte aus Leverkusen nicht wegziehen, sie tat es widerwillig. Heute ist sie mit dem Umzug zufrieden, und in den vielen Jahren konnten wir in Bad Steben mehr Freunde gewinnen, als wir in Leverkusen hatten. Hier ist die Luft klarer und frischer. Heute denke ich mir, dass es ein Wagnis meinerseits war, im Alter von 60 Jahren ein Haus zu bauen. Na ja, nach Udo Jürgens' Worten: *„Mit 66 Jahren, da fängt das Leben an usw."* Nach dem Einzug begannen die verschiedenen Arbeiten: Lampen anbringen, Möbel aufstellen, Gardinen aussuchen und bestellen. Zusätzliche Möbel haben wir nicht gekauft, die mitgebrachten Möbel aus Leverkusen wurden aufgestellt. In eigener Regie legte ich dann den Vorgarten und Garten an.

Foto links: Das Haus, Ost- und Straßenseite, links die Fertiggarage. Foto rechts: Die Gartenseite – Terrasse. Bad Steben, 1993

In den Jahren 1992 bis 1993 war ich mit den vielen Arbeiten im und um das Haus beschäftigt. In diesen Jahren machte ich aber auch jedes Jahr zweimal eine Kur in Bad Steben. Damals brauchte man so eine Kur nicht bei der Krankenkasse beantragen. Der Kurarzt, der zugleich mein Hausarzt war, verordnete mir einige Anwendungen wie Moorbäder, Moorpackungen, Sprudelbäder, Massagen usw., die ich dann im Kurzentrum von Bad Steben in Anspruch nahm. Die Anwendungen kamen meiner harten Arbeit und den alten Beschwerden (Handgelenke-, Knie- und Rückenschmerzen usw.) zugute. Beim Besuch der Kurkonzerte kann man sich gut entspannen. Und im schönen Frankenwald kann man spazieren, wandern und dabei die frische Luft tanken. Zum Kurorchester gehörten Anfangs sieben Musiker, heute sind es nur noch drei, oder gar zwei. Und eine Kur genehmigt die Krankenkasse heute nach einem gestellten Kurantrag, und das einmal in drei bzw. vier Jahren. Aber der Werbeslogan verspricht: *„Kommst du in den Frankenwald, wirst du 100 Jahre alt. Willst du länger leben, dann komme nach Bad Steben."* Ich war nicht nur mit den Arbeiten und Kuren beschäftigt. Wir bekamen ebenfalls viel Besuch, und so wurde auch viel gefeiert. Uns besuchten Freunde aus NRW sowie Familien aus der alten Heimat – Oberschlesien, Polen. Heute (2017) bereuen wir den Umzug nach Bad Steben nicht.

Viele Jahre hintereinander ging ich mit Hanne zu Silvesterbällen in Bad Steben. Diese wurden durch die Hotelleitung des Relaxa-Hotels organisiert und gestaltet. Tolles Programm, gute Musiker und ein ausgezeichnetes Büffet. Schade, dass die Silvesterbälle nach einigen Jahren eingestellt wurden.

Foto: Hanne (60) und ich (61) –
Silvesterball 1993/94 im Kurhaus
von Bad Steben

Als ich mit den Arbeiten im und um das Haus so weit fertig war, da bekamen Hanne und ich wieder Lust zu reisen. Im Januar 1994 ging die Reise nach Hua Hin in Thailand, wo wir einen dreiwöchigen Urlaub machten. In Hua Hin haben wir das Hotel mit Übernachtung und Frühstück gebucht. Das Abendessen konnte man im Hotel oder woanders einnehmen. Wir begaben uns jedoch öfters abends zu Fuß oder mit der Rikscha in die Stadt. Dort fand jeden Abend ein Markt mit vielen Ausstellern und Restaurants auf den Straßen statt. Den Fisch konnte man aussuchen und dann nach Wunsch vorbereiten lassen, dazu gab es meistens Reis.

Als wir aus dem schönen Thailandurlaub zurückkamen, erfuhren wir durch dritte Personen, dass Christoph das Haus, das ich ihnen im Jahr 1987 in Siemianowice Śląskie gekauft hatte, verkaufen wollte. Angeblich konnten sie die Unterhaltskosten des Hauses nicht bezahlen. Beide waren jedoch ohne festen Arbeitsplatz, so fehlte auch das nötige Geld dafür. Als ich die Verkaufsabsichten erfuhr, schrieb ich Christoph und Violetta an. Ich teilte beiden schriftlich mit, dass ich mit dem Verkauf des Hauses einverstanden sei. Jedoch sollte die eine Hälfte des Verkaufwertes ich und die andere Hälfte Violettas Vater bekommen. Das Geld sollte so gut aufgehoben und nicht für unnötige Zwecke verschwendet werden. Weiter teilte ich beiden mit, dass ich jeden Kontakt zu ihnen abbrechen würde, wenn das nicht so geschähe. Auf mein Schreiben bekam ich weder von Christoph noch von Violetta eine Antwort.

Eigentlich wollte nur Christoph das Haus verkaufen, Violetta aber nicht. Christoph brachte Violetta mit Gewalt zum Verkauf des Hauses, er verprügelte sie. Das führte dazu, dass sie das Haus mit Andreas (4) verließ, zu ihren Eltern zog und die Scheidung beantragte. Christoph blieb in dem Haus, das im Juni 1994 für 800.000,-- Zloty verkauft wurde. Die 800.000,-- Zloty waren mein Geld, und wenn ich den Preis für die Möbel hinzurechne, so steckten in dem Haus mehr als 1 Mio. Zloty. Die Doppelhaushälfte in Leverkusen wurde im Jahr 1991 für 480.000,-- DM verkauft = 22 Mio. Zloty.

Ich kann sagen, dass ich im Jahr 1994, im Alter von 62 Jahren, ein mehrfacher Millionär in Zloty war. So erwies sich das, was mir einmal mein Schwiegervater Wiktor gesagt hatte: „(...) *so reich wie ich bin, wirst du von deiner Arbeit nie sein, auch wenn du 300 Jahre leben solltest*", als Blabla. Denn um reicher zu werden als er, brauchte ich keine 300 Jahre. Es hatten 30 Jahre genügt, um reicher zu sein als er. Damals sollte sein Besitz angeblich einen Wert von 1 Mio. Zloty haben. Mit der Knechtsarbeit bei ihm und mit seiner „reichen" Tochter Irene, die eine Abneigung zur Arbeit hatte, hätte ich so ein Vermögen nie erreicht. Das Wort „reich" bzw. „Reichtum" mag ich heute nicht hören. Denn man ist reich, wenn man ein Dach über dem Kopf hat, etwas zu essen, gesund ist und viele gute Freunde besitzt.

Die Hälfte des Geldes vom Verkauf des Hauses in Siemianowice Śląskie gab Violetta, wie ich es verlangt hatte, ihrem Vater. Christoph behielt seine Hälfte für sich und verwendete das Geld für die Abzahlung von verschiedenen Schulden, Autokäufe und für andere Zwecke. Und so war danach zwischen mir und Christoph einige Jahre Stillstand. Zwar schrieb er mir Briefe, ich beantwortete diese aber nicht. Ich bin mir sicher, dass hinter dem Verkauf des Hauses Irene steckte. Violettas Eltern legten ihres und Violettas Geld zusammen und kauften, nach Absprache mit mir, ein Haus in Wieluń, von wo sie auch stammten. In dem Haus wohnte Violetta mit Andreas und ihren Eltern in einem Haushalt zusammen. In Wieluń eröffneten Violettas Eltern ein Schuhgeschäft, wo Violetta als Verkäuferin beschäftigt war. Die Küchen- und Wohnzimmermöbel nahm Violetta aus dem Haus in Siemianowice Śląskie nach Wieluń mit. Andreas ging dort in den Kindergarten.

Nach dem Verkauf des Hauses in Siemianowice Śląskie zog Christoph in Irenes Elternhaus in Dąbrówka Wielka, wo er alleine wohnte. Zu der Zeit war das Haus unbewohnt, da Irene schon beim Priester Kasimir im Pfarrhaus wohnte, das 100 km von Dąbrówka Wielka entfernt liegt.

Nach dem Tod von Irenes Eltern war Irene die einzige Erbin des Hauses, der Tischlerwerkstatt und von etwas Bauland. Die Tischlerwerkstatt lief im Jahr 1994 sehr schwach, da nach der Wende des politischen Systems in Polen im Jahr 1990 die Möbelhäuser eine große Auswahl an Möbeln boten. Andererseits war keiner da, der die Werkstatt wirtschaftlich führen konnte. Irene war nicht in Dąbrówka Wielka, und Damian hatte eine andere Beschäftigung, mit der er glaubte, mehr Geld verdienen zu können als mit der Tischlerei. Irene war wohl zufrieden, dass Christoph in das unbewohnte Anwesen einzog und es bewachte. Denn Damian wohnte weiter im Elternhaus seiner Frau Danuta. Angeblich wollte Danuta nicht in Irenes Haus ziehen. Danutas Elternhaus ist so groß wie Irenes Haus und liegt ca. 1 km von der Tischlerwerkstatt entfernt.

Nach dem Tod von Irenes Vaters übernahm Irene die Geschäftsführung der Tischlerwerkstatt. Damian, der Tischlermeister ist, hatte aber andere Pläne, als die Tischlerei weiter zu führen. Um leichter Geld zu verdienen, baute Damian mit zwei Freunden auf einem von Irenes Baugrundstücken im Jahr 1988 eine Kneipe, wo er abwechselnd mit einem Freund arbeitete. Die Kneipe lief gut, da sich in der Nähe ein Bergwerk, eine Kohlengrube, befand. Die durstigen Bergleute besuchten die Kneipe gern und zahlreich. Damian war viele Tage bis in die Nacht hinein in der Kneipe, was seiner Frau Danuta nicht gefiel. Die Aufträge in der Tischlerwerkstatt sanken von Jahr zu Jahr, und zwar so stark, dass die Tischlerei Anfang des Jahres 2000 geschlossen wurde.

Das Bergwerk in der Nähe von Damians Kneipe wurde stillgelegt, und die vielen Bergmänner fehlten. Bald konnten die drei Inhaber der Kneipe von den niedrigen Umsätzen nicht mehr leben. Am Ende verkaufte Damian seinem Freund die Kneipe mit dem Grundstück. Damians Frau führte eine Zeit lang ein Lebensmittelgeschäft, das fast zur gleichen Zeit aufgelöst wurde. Damian und seine Frau Danuta versuchten mit verschiedenen Beschäftigungen, Geld zu verdienen, jedoch ohne Erfolg. Nun begann Damian langsam, alles aus der Tischlerwerkstatt zu verkaufen – Holzvorräte, Werkzeug, Hobelbänke, Maschinen usw. Am Ende hielt sich Damian mit verschiedenen Beschäftigungen über Wasser. Der arbeitslose Christoph wohnte in dieser Zeit in dem Wohnhaus neben der Tischlerwerkstatt. Um zu überleben, verkaufte er auch alles, was nicht niet- und nagelfest im Haus war. Und so wurde die Quelle des Reichtums meines Schwiegervaters Wiktor, die Tischlerwerkstatt, zerstört und dazu sein bewegliches Gut verkauft.

Meine Schwiegereltern Wiktor und Marie wollten mir das Arbeiten lehren, was sie leider ihrer Tochter Irene und ihren zwei Enkelkindern Christoph und Damian nicht beigebracht haben. In einem Unternehmen arbeitete Irene in ihrem Leben knapp fünf Jahre und Christoph und Damian überhaupt nicht. Die Jungs hatten nie gelernt, in einem Unternehmen zu arbeiten, wo sie sich regelmäßig am Arbeitsplatz melden mussten, um so das Geld zu verdienen. Man hatte die Kinder verwöhnt, und zwar durch die Großeltern, aber auch durch mich. Heute bin ich der Meinung, dass man die Kinder nicht mit Geld und Geschenken verwöhnen sollte. Taschengeld? Wozu braucht ein Kind bzw. ein Jugendlicher Taschengeld? Für Essen, Trinken, Kleidung usw. sorgen die Eltern. Ich bin doch auch groß geworden ohne Taschengeld, habe aber als Junge gelernt, durch Arbeit an etwas Geld zu kommen. Und so ging das als Erwachsener weiter.

Foto: Hanne und ich zu Besuch bei Violetta und ihren Eltern in Wieluń. Von links: Hanne (61), Violettas Muter – Andreas Großmutter, Violetta (33), ich (62) Andreas Großvater, mit Andreas (4) – August 1994

Christoph lebte weiter im Haus seiner Mutter Irene in Dąbrówka Wielka und Violetta mit Sohn Andreas bei ihren Eltern in Wieluń. Die Orte liegen ca. 150 km voneinander entfernt. Violettas Eltern erlaubten nicht, dass Christoph sie und Andreas in Wieluń in ihrem Hause besuchte. Es kam sogar zu starken Auseinandersetzungen zwischen Christoph und Violettas Vater. Violettas Eltern konnten nicht vergessen, dass Christoph sie damals verprügelt hatte.

Christoph wohnte alleine in Irenes Haus, ohne einen Arbeitsplatz zu haben. Geld hatte er noch vom Verkauf des Hauses in Siemianowice Śląskie. Er fuhr Autos ausländischer Hersteller. Sein Leben ohne ordentliche Haushaltsführung gefiel Irene nicht. Sie beschloss, ihm zu helfen. Irene fuhr öfters zu Violetta nach Wieluń und versuchte, Violetta und ihre Eltern umzustimmen, damit die beiden wieder zusammenkämen. Violettas Eltern beharrten weiter auf der Scheidung. Nun schaltete Irene den dortigen katholischen Pfarrer ein, damit er aus Sicht der katholischen Lehre sie mindestens dazu brächte, sich nicht scheiden zu lassen. Am Ende war es so, dass Violetta sich eine Wohnung in Wieluń mietete und aus dem Elternhaus auszog. Wenn Violetta im Schuhgeschäft tätig war, war Andreas im Kindergarten. In Violettas Wohnung besuchte Christoph sie.

Irene ließ nicht nach und bedrängte weiter Violetta, dass sie die Scheidung von Christoph zurücknähme, damit die Ehe mit ihm weiter bestünde. Am Ende gelang ihr das auch, im Jahr 1997. Denn die beiden hatten sich schon früher versöhnt. Violetta nahm den Scheidungsantrag im Gericht zurück und kam nicht nur zu Christoph, sondern auch zu Irene nach Dąbrówka Wielka zurück, um dort wieder zu wohnen. Also dorthin zurück, von wo sie schon einmal unbedingt heraus wollte. Die Lage hatte sich zu dieser Zeit gebessert, da Irene bei Priester Kasimir wohnte, also zu dieser Zeit nicht im Haus anwesend war.

Violetta und Christoph waren jedoch ohne festen Arbeitsplatz. Später hatte Violetta einige vorübergehende Beschäftigungen, für welche sie angeblich einen Pkw brauchte. Ich wusste damals, dass Violettas Eltern ihr den Pkw auf Ratenzahlung gekauft hatten, aber nicht, dass der Pkw mit meinem Geld bezahlt worden war. Damals hieß es, dass ihre Eltern ihr den Pkw gekauft hatten. Viele Jahre später erfuhr ich von Violettas Mutter, dass Violetta keine Anteile an der Immobilie, dem Haus in Wieluń, mehr hatte, da Violetta mit dem Kauf des Pkws ausgezahlt worden war. Als ich das erfuhr, war ich stark verärgert und sagte Violettas Mutter dazu meine Meinung. Denn der Anteil in Höhe von ca. 400.000,00 Zloty war mein Geld gewesen und hätte ohne meine Zustimmung nicht an Violetta ausgezahlt werden sollen, dazu in Form eines Pkw – der aus einer südkoreanischen Autobaufirma stammte. Der Pkw kostete doch auch keine 400.000,00 Zloty. Also, mit dem Pkw wurde sie nicht ganz ausgezahlt, in dem Haus steckt weiter mein bzw. Violettas Geld. Ich spürte, dass nach dem Gespräch Violettas Eltern etwas nicht passte, denn sie luden mich von nun an nicht mehr zu sich nach Wieluń ein. Einmal, als ich in Oberschlesien war, wollte ich sie besuchen, aber der Termin passte ihnen nicht, und sie versuchten auch nicht, den Termin zu verlegen. Es ist schwierig, jemandem Geld anzuvertrauen, und wenn er es veruntreut, dann ist es Diebstahl. Na ja, Geld macht schon manchmal die Freundschaft kaputt.

Nach dem Verkauf des Hauses in Siemianowice Śląskie im Jahr 1994 versuchte Christoph immer wieder, Kontakt mit mir aufzunehmen. Ich lehnte es aber immer ab. Mich schmerzte immer noch, dass Christoph sich für das Geld beim Verkauf des Hauses entschieden hatte und dieses dazu verschwenderisch ausgab. Seit dieser Zeit bekommt Christoph von mir keine Geschenke mehr. Mit Violetta stand ich weiter in guter Beziehung, da sie das Geld, wie ich es mir gewünscht hatte, ihrem Vater anvertraute. Violetta bekam so von mir bzw. von uns auch Geschenke. Ab und zu besuchte uns Violetta mit Andreas in Bad Steben. Bei den Besuchen versuchte sie immer wieder, mich umzustimmen, damit ich mit Christoph wieder Kontakt aufnähme. Ich solle ihm verzeihen für das, was er mir angetan hatte. Im Frühjahr 1997 sagte ich: *„Also gut, im August, zu meinem 65. Geburtstag kommt ihr mit Christoph zu uns."* Man kann so eine Tat verzeihen, aber nicht vergessen, da bleibt immer etwas hängen.

Der Verkauf des Hauses in Siemianowice Śląskie war mir eine Lehre. Man soll seinen erwachsenen und verheirateten Kindern nicht das Paradies aufbauen. Man sollte ihnen eventuell erst dann helfen, wenn sie mit eigener Kraft selber etwas aufgebaut haben. Denn was den Kindern leicht in den Schoß fällt, wird auch leicht behandelt bzw. verkauft. Natürlich muss man zum Erhalt eines Hauses jedes Jahr etwas Geld und Arbeit hineinstecken. Das Geld muss verdient werden, und man sollte auch Lust haben, am Haus zu arbeiten, was Violetta und Christoph fehlte.

Das Leben in Bad Steben geht weiter. Als zugelaufene „Stebener" haben wir uns in Bad Steben, Oberfranken, eigentlich gut integriert und eingelebt. Hier leben sehr viele Menschen, die nach dem Krieg aus den Ostgebieten übersiedelt wurden bzw. gekommen sind. Hanne und ich können nur sagen, dass die Oberfranken nette Leute sind, und wir fanden unter ihnen auch einige sehr gute Freunde. Die Oberfranken haben mit den Oberschlesiern einiges gemeinsam: sie sind z. B. arbeitsam, essen gerne Schweinshaxe, Sauerkraut und Klöße und trinken auch gerne Bier. Die Melodie des Lobgesangs (Hymne) der Oberfranken und der Oberschlesier ist die gleiche, nur im Text anders. Der oberschlesische Lobgesang beginnt mit: *Oberschlesien ist mein liebes Heimatland usw.*, und der fränkische mit: *Oberfranken ist mein schönes Heimatland usw.*

Zu reisen war ich mit Hanne immer bereit, denn wir haben auch einen Nachholbedarf dazu. Ich erwähnte schon, dass wir im Jahr 1975 unseren ersten Badeurlaub in Tunesien unternahmen. Da war ich 43 und Hanne 42 Jahre alt. Im Januar/Februar 1995 machten wir, Hanne und ich, einen vierwöchigen Badeurlaub auf der Paradiesinsel Mauritius in Grand Baie. Ich brauche diesen Urlaub wohl nicht zu beschreiben, da ich die Insel schon „Paradies" nenne. Wo könnte es schöner sein, wenn nicht im Paradies? Das war der weiteste und teuerste Urlaub, den wir bis jetzt unternommen haben. Im November 1995 machten wir einen zweiwöchigen Urlaub in Galu Beach, Kenia. Und im März 1996 waren wir zwei Wochen in Cancún, Mexiko.

Ich erwähnte schon, dass ich wegen meiner Rückenschmerzen ein Korsett tragen musste. Das Korsett war aus Flacheisen geschmiedet und mit Stoff bezogen. Ohne Korsett konnte ich nicht körperlich arbeiten und keine weiten Strecken gehen. Im unteren Bereich der Wirbelsäule konnte man ein Loch ertasten. Während des Urlaubs in Mexiko lernten wir in der Hotelanlage eine Urlauberin aus Deutschland kennen, die uns erzählte, dass sie an der Wirbelsäule operiert worden war. Nun wollte ich der Dame mein Loch in der Wirbelsäule zeigen und tastete zuvor danach. Das Loch war aber nicht mehr zu finden, und ich merkte zugleich, dass auch die Rückenschmerzen nicht mehr da waren. Der Orthopäde, der mir das Korsett im Jahr 1984, also vor 11 Jahren verordnete, vertrat den Standpunkt, nicht zu operieren, wenn ich mit dem Korsett zurecht käme. Denn nach so einer Operation könnte ich eventuell im Rollstuhl landen. Albert Einstein sagte: *„Es gibt zwei Arten, sein Leben zu leben: entweder so, als wäre nichts ein Wunder, oder so, als wäre alles eins."*

Ich persönlich bezeichne die Heilung an der Wirbelsäule als ein Wunder. Wir machten mit Hanne mehrere Pilgerfahrten (Betfahrten): 1975 nach Rom, Italien: Ewige Stadt, Peterskirche; 1975 nach Assisi, Italien, Franziskuswallfahrtsort; 1975 nach Einsiedel, Schweiz, Marienwallfahrtsort; 1978 in das Heilige Land, Israel: Jerusalem, Bethlehen usw.; 1994 nach Fatima, Portugal, Marienwallfahrtsort; 1994 nach Santiago de Compostela, Spanien, Jakobuswallfahrtsort; 1996 nach Lourdes, Frankreich, Marienwallfahrtsort. Bis 1992 machten wir jährliche Pilgerfahrten zum Marienwallfahrtsort Kevelaer in NRW.

Seit 1992 unternehmen wir jährliche Pilgerfahrten nach Vierzehnheiligen in Staffelstein, Bayern/Oberfranken, und auch zum Marienwallfahrtsort in Altötting Bayern/Oberbayern, und zwar dann, wenn wir Kururlaub in Bad Füssing machen. Sinn einer Pilgerfahrt ist für mich, einen praktizierenden Katholiken, nicht, dass ich die Wallfahrtsorte besuche. Das Wesentliche ist, dass ich mich zu den besonderen Orten bewege, um dort den Heiligen näher zu sein und Fürbitte einzulegen. Den Heiligen danken für die Fürsprache für mich bei Gott und für die erhaltene Gnade, mit der Bitte um weitere Fürbitten, damit sie uns vor Unglück, Krankheit usw. behüten und bei Krankheiten sich für unsere Genesung einsetzen. Um Fürbitte bitte ich auch die Heiligen in täglichen Gebeten und auch mit den Gläubigen während der Heiligen Messe an Sonntagen in der Kirche, z. B. im Schuldbekenntnis: *(...) Darum bitte ich die selige Jungfrau Maria, alle Engel und Heiligen und euch, Brüder und Schwestern, für mich zu beten bei Gott, unserem Herrn.*

Besonders die Wallfahrtseindrücke aus Fatima und Lourdes sind schwierig zu vergessen und zu beschreiben. Die Orte sollten auch von Atheisten besucht werden, um dort nur den Pilgern zuzuschauen. Ich glaube, wenn sie den religiösen Gesang dort hören und die mit gefalteten Händen betenden Gläubigen sehen, brächte sie das bestimmt zum Nachdenken über das Dasein hier auf Erden. Man wird in Fatima beeindruckt, wenn man die jungen und alten Menschen auf den Knien zur Gnadenkapelle kriechen sieht, um die Gottesmutter um etwas zu bitten bzw. ihr für etwas zu danken.

In Fatima waren wir eine Woche vor dem 13. Mai, den größten Feierlichkeiten dort. Von Fatima sind wir mit dem Bus in den Norden von Portugal, Richtung Santiago de Compostela in Spanien, gefahren. Während der Fahrt sahen wir am Straßenrand viele Pilger, die zu den Feierlichkeiten am 13. Mai nach Fatima gingen. Die Pilger gingen einzeln und in Gruppen, die meisten trugen ihr Gepäck auf ihren Köpfen. So war der Kopf vor der Sonne geschützt und die Hände waren frei. Manche Pilger haben unterwegs gesungen, andere den Rosenkranz gebetet. Ab und zu waren an den Straßenrändern sanitäre Einrichtungen zu sehen wie Krankenwagen und Zelte, um den erschöpften Pilgern zu helfen. Die Verletzten wurden versorgt, damit sie ihren Pilgerweg fortsetzen konnten. So einen Pilgerweg nennen manche „*Beten mit den Füßen*".

Bedrückend war das, was wir während der Wallfahrt in Lourdes zu Augen bekamen. Man sah viele Eltern mit ihren kranken und behinderten Kindern, und auch Kinder mit ihren kranken Müttern bzw. Vätern. Man sah auch viele kranke Menschen mit freiwilligen Helfern. Die einen pilgern als Dank für die erhaltene Gesundheit, die anderen bitten um Gesundheit – um Gottesgnade. Man kann an den ausgehängten Danksagungen in den Wallfahrtskirchen lesen, dass die eingelegten Fürbitten vieler Wallfahrer zu den Heiligen erhört wurden, und das Geschehen wird als Wunder angesehen. Ich und der Arzt (Orthopäde) bezeichnen die Heilung meiner degenerativen Veränderung der Wirbelsäule als ein Wunder, da die Heilung von selbst erfolgte. Unser Leben ist auch eine Pilgerfahrt, wir pilgern einem Ziel entgegen. Die Gläubigen kennen das Ziel dieser Pilgerfahrt. Kurt Tucholsky sagte: *„Sage mir, zu wem du betest, wenn es dir gut geht, und ich will dir sagen, wie fromm du bist."*

Als ich noch in Oberschlesien, Polen, lebte, pilgerten wir nach Piekary Śląskie (Deutsch Piekar), zur Muttergottes der Schlesier, sowie nach Góra Św. Anny (Annaberg, Hl. Anna). Papst Benedikt XVI beschreibt die Muttergottes wie folgt: *„Maria ist die Königin des Himmels, die Gott nahe ist, aber sie ist auch die jedem von uns nahe Mutter, die uns liebt und unsere Stimme hört."* Und Bernhard von Clairvaux († 1153) meinte: *„Maria fragt nicht, ob jemand gerecht oder Sünder ist. Sie hilft jedem, der sie bittet."*

Von Kindheit an waren Hanne und ich daran gewöhnt, an Sonntagen und kirchlichen Feiertagen die Hl. Messe zu besuchen. Und das tun wir weiter bis heute so. Ohne die Teilnahme an der Hl. Messe ist es für uns kein Sonntag bzw. Feiertag. Von einer Person wurde ich einmal gefragt, was ich davon habe, wenn ich die Kirche an Sonn- und Feiertagen besuche. Meine Gegenfrage war: „Und was hast du davon, wenn du nicht in die Kirche gehst?" Zur Antwort bekam ich: *„Ich kann ausschlafen."* Nun, was habe ich davon, wenn ich an Sonn- und Feiertagen zur Kirche gehe? Wenn man eventuell den religiösen Sinn des Besuches weglässt, so habe ich immer noch sehr viel davon. Ich habe mich schön angezogen und mache einen Spaziergang in Richtung Kirche. Unterwegs und an der Kirche treffe ich Freunde und Bekannte und tausche einige Worte aus. In der Kirche hört man schöne Orgelmusik und man singt schöne kirchliche Lieder, dazu der Geruch des Weihrauchs. Es ist ein Event. In der Zeit, in der ich in der Kirche war, war der, der mir die Frage gestellt hatte, noch im Bett bzw. lief in der Wohnung im Schlafanzug herum. Ich denke, dass ich mehr von dem Kirchenbesuch habe, als der, der zu Hause geblieben ist. Ausgeschlafen ist nicht der, der lange schläft, sondern der, der zeitig zu Bett geht. Es ist kein Ärgernis, wenn jemand zu Hause bleibt und schläft. Es ist aber ein Ärgernis, wenn jemand an Sonntagen oder christlichen Feiertagen die Wäsche macht und dazu noch die Wäsche auf dem Balkon bzw. im Garten zum Trocknen aufhängt. Alle Sonntagsarbeiten könnte man doch zwischen Montag und Samstag erledigen.

Als wir vor vielen Jahren nach Bad Steben zogen, da kannten wir keinen Menschen dort. Durch unsere Kirchenbesuche lernten wir viele Menschen, junge und alte, vom Ort und außerhalb des Ortes kennen. Außerdem unterhalten wir uns vor der Hl. Messe bzw. danach mit den Leuten über alle Themen des täglichen beruflichen und privaten Lebens. Höhepunkt ist dann die Hl. Messe. Wenn die Orgel am Anfang der Hl. Messe ertönt, spürt man eine feierliche Stimmung, die durch den Gesang und die Gebete der Gläubigen mit dem Priester die feierliche Stimmung erhöhen. Die Schrift- und Evangeliumslesung, wie auch die Predigt des Priesters vertiefen unsere Gedanken über den Sinn und Stil unseres Lebens. Da ist auch die Gelegenheit, dem Herrgott und den Heiligen für die erhaltene Gnade zu danken und sie um weitere Gnade zu bitten. Ein gläubiger Mensch, der an einer christlichen Gemeinschaft teilnimmt, ist nie alleine. In der Kirche ist er mit Gott und vielen Menschen verbunden. Natürlich ist man auch zu Hause mit Gott und den Heiligen zusammen, mit denen man auch Zwiegespräche führen kann, aber in der Kirche besucht man sie.

So wie ich es einmal Violetta versprochen hatte, lud ich zu meiner 65. Geburtstagfeier auch Christoph ein. Denn drei Jahre lang, nach dem Hausverkauf im Jahr 1994, war zwischen uns Stillstand, da er damals das Geld und nicht den Vater gewählt hatte.

Foto: Mein 65. Geburtstag, bei uns im Wohnzimmer. Von links: Christoph (37), Andreas (7), Violetta (36), Hanne (64) und ich – Bad Steben, 13.08.1997

Wegen Koronargefäßerkrankung wurde ich am Freitag, dem 13.2.1998 operiert und bekam drei Bypässe. Die Operation verlief komplikationslos. Zu dieser Zeit gab es lange Wartezeiten, um einen Operationstermin zu bekommen. Jedoch hatten die Herzchirurgen am Freitag, dem 13. einen unbelegten Operationstag. Es war wohl so, dass kein Herzkranker sich an einem Freitag, dazu am 13., operieren lassen wollte. Den Vorschlag der Ärzte, mich an dem Tag zu operieren, nahm ich, nach Absprache mit Hanne, an. Mich persönlich störte die „13" nicht. Die „13" begleitet mich schon von der Geburt an, da ich am 13. geboren worden bin. Die „13" empfinde ich als eine Glückszahl. Freitag wiederum war für mich immer ein schöner Tag, da beginnt doch das schöne Wochenende. Nach der Operation folgte eine Rehabilitation, die ich Ende März 1998, gut erholt, verlassen konnte.

In den Schulferien, Juli und August 1998, verbrachte unser Enkel Andreas die Ferien bei uns in Bad Steben. Er wollte immer beschäftigt werden, und so sorgten die Oma Hanne und ich dafür, dass er keine Langeweile bei uns hatte. Viel Zeit verbrachten wir mit ihm bei Wanderungen, bei verschiedenen Spielen und in der Therme von Bad Steben, wo er schwimmen lernte.

Fünf Monate nach meiner Herzoperation machte ich mit Andreas eine zweiwöchige Flugreise nach Mallorca. Wir waren in einem Hotel untergebracht, wo vorwiegend Eltern mit Kindern aus Deutschland waren. Und so fand Andreas dort viele Spielfreunde, mit denen er sich gut verständigen konnte. Andreas hat dort richtig Schwimmen gelernt und ich habe mich gut erholt.

Nach dem gut verlaufenen Mallorca-Urlaub machten Hanne und ich im November 1998 einen dreiwöchigen Urlaub in der Dominikanischen Republik.

Foto: Oma Hanne (66) und Opa Heinrich (67) mit dem Kommunionskind Andreas im Garten der Großeltern in Wieluń – Juni 1999

Im Mai 1999 ging unser Enkel Andreas in Dąbrówka Wielka zur I. Hl. Kommunion. Zu der Kommunionsfeier waren wir, Hanne und ich, eingeladen. Aber wegen Irenes eventuellem „Schauspiel" an dem Tag blieben wir von der Feier fern. Andreas' Kommunionsfeier feierten wir mit ihm, seinen Eltern und Großeltern in Wieluń (Welungen), Polen – wo Andreas´ Großeltern mütterlicherseits wohnten.

Im Juli 1999 machte ich mit Hanne eine einwöchige Donaukreuzfahrt von Passau nach Budapest und zurück. Auf der Fahrstrecke legte das Schiff in der Wachau, Wien, Budapest und Bratislava an.

Viele Jahre vor der Jahrhundertwende vom 20. zum 21. Jahrhundert, 1999 auf 2000, wünschte ich mir immer, diese Wende zu erleben. Mein Wunsch ging in Erfüllung, und die Wende erlebte ich mit Hanne und vielen Gästen beim Silvesterball im Kurhaus von Bad Steben. Der Silvesterball war sehr schön organisiert.

Foto: Hanne (67) und ich (68) beim Sektempfang im Forum des Kurhauses Bad Steben – Silvesterball 1999/2000

Der schöne Urlaub im Jahr 1995 auf der Paradiesinsel Mauritius lockte uns zum zweiten Mal dorthin. So machten wir im Februar 2000 in diesem Land einen dreiwöchigen Urlaub. Wir sind noch heute bereit, Urlaub dort zu machen, nur der lange Flug dahin schreckt uns ab. Das waren die weitesten und teuersten Urlaube, die wir unternahmen.

Ein Jahr vergeht sehr schnell, und so begrüßten Hanne und ich das neue Jahr 2001, wie die vergangenen Jahre, beim Silvesterball im Kurhaus von Bad Steben. Das war der letzte Silvesterball im Kurhaus von Bad Steben.

Der Hausarzt empfahl mir, eine Kur in Bad Füssing zu machen. Die Krankenkasse hatte mir eine dreiwöchige Kur genehmigt. Von der dortigen Kurverwaltung ließ ich mir einen Gastgeber-Katalog zuschicken. Daraus suchte ich mir drei Kurhotels aus, in denen ich eventuell die Kur machen könnten. Denn ich wollte nicht mit den vollgepackten Taschen zu den Anwendungen, Bädern usw. laufen. Vorab sind wir, Hanne und ich, mit dem Pkw nach Bad Füssing gefahren, um uns die drei Kurhotels anzusehen. Von den dreien wählte ich das Kurhotel „Zink" aus, wo ich ab Ende März 2001 eine dreiwöchige Kur absolvierte, und für eine Woche war auch Hanne dabei. Unter einem Dach befinden sich Arztpraxis, Physiotherapie und Krankengymnastik, Thermenbäder (zwei Hallen- und

199

zwei Freibäder), Tiefgarage usw. Die Behandlungen zahlte die Krankenkasse, und die Unterkunft zahlte ich selber. Der Kurort bietet dazu jedem Kurgast bzw. Urlauber viele Aktivitäten zur Auswahl. Mit der Wahl des Kurhotels waren wir zufrieden, gastfreundliche Betreiber-Familie und Belegschaft. Nach der Kur kamen wir zu der Erkenntnis, dass es in unserem Alter viel besser ist, einen Kururlaub in Deutschland zu machen, statt sich irgendwo im Ausland, nach einem langen Flug, in der Sonne zu aalen. Und so war der Flug nach Mauritius im Jahr 2000 der letzte Flug und zugleich der letzte Badeurlaub im Ausland. Seit dieser Zeit aber kuren wir, meistens zwei Mal im Jahr, im Kurhotel „Zink". Und dorthin fahren wir mit dem Pkw.

Regelmäßig haben wir die TV-Sendung „Fröhlicher Weinberg" mit Johann Lafer und Ulrike Neradt gesehen. Aus einer Sendung erfuhren wir, dass der Sender bzw. das Team „Fröhlicher Weinberg" eine Flusskreuzfahrt plante. Hanne und ich buchten diese Flusskreuzfahrt, und im September 2001 waren wir dabei. Die Flusskreuzfahrt ging von Würzburg nach Trier auf den Main, den Rhein, die Mosel und die Saar. Höhepunkt der Flussfahrt war ein Empfang im Restaurant bei Johann Lafer auf der Stromburg, wo Ulrike Neradt für Unterhaltung sorgte. Die Teilnehmer der Flusskreuzfahrt wurden von der Anlegestelle des Schiffes mit Bussen auf die Stromburg gebracht. Im Garten des Restaurants wurden wir von Johann Lafer und Ulrike Neradt persönlich mit Handschlag begrüßt und mit Sekt und Häppchen empfangen. Der Empfang auf der Stromburg ist für uns ein unvergessliches Erlebnis. Man hatte das Gefühl, auf einem VIP-Empfang zu sein. Ein weiterer Höhepunkt der Flusskreuzfahrt war ein Kaffeeklatsch auf dem Schiff mit Johann Lafer und Ulrike Neradt. Bei dem Kaffeeklatsch servierte uns Herr Lafer selbstgemachten Kuchen und Pralinen. Dabei konnte man sich mit Herrn Lafer und Frau Neradt über verschiedene Themen unterhalten.

Auch das Jahr 2001 verging sehr schnell, und man hatte das Gefühl, dass ein Jahr nur noch sechs Monate hatte. Weihnachten und
Silvester verbrachten wir in Bad Füssing. Zehn Tage hatten wir im
Thermen- und Casinohotel „Frechdachs" gebucht, da das Kurhotel „Zink" zu der Zeit geschlossen war. Vom Hotel „Frechdachs"
aus konnte man mit dem Bademantel die „Europa Therme" besuchen. Das neue Jahr 2002 begrüßten Hanne und ich beim Silvesterball im Kurhaus von Bad Füssing.

Mit dem BR – Studio Franken unternahmen wir im April 2002
eine Flusskreuzfahrt: Main-Donau-Kanal/Donau. Die Flusskreuzfahrt dauerte unter dem Titel „BR-Musikzauber Franken" sieben
Tage mit VP von Bamberg nach Passau. Im Programm stand zum
Auftakt ein Orgelkonzert im Bamberger Dom. Dann folgten verschiedene Konzerte, Besichtigungen usw. in Nürnberg, Hilpolt-
stein, Fränkische Seenplatte, Beilngries, Kelheim, Kloster Welten-
burg, Befreiungshalle, Regensburg, Walhalla, Straubing, Deggen-
dorf und Passau. Die sehr schöne Flusskreuzfahrt endete mit einem Orgelkonzert im Passauer Dom. Von Passau gab es einen
Bustransfer nach Bamberg. Schade, dass eine Flusskreuzfahrt dieser Art nur einmal stattfand. Sie war gut organisiert, und wir erinnern uns gerne an die Erlebnisse der Fahrt.

Im Juni 2002 kam eine TV-Sendung „Fröhlicher Weinberg" aus
Loipersdorf in Österreich, Steiermark. Hanne und ich waren auch
hier dabei. Nach Loipersdorf fuhren wir mit dem Pkw. Spaß an
der Pkw-Fahrt dorthin hatte Hanne wegen der vielen Tunnel nicht.
Die TV-Sendung mit Johann Lafer und Ulrike Neradt fand in Loi-
persdorf statt. Sieben Tage waren wir in einem Hotel an der
Therme untergebracht. Die Sendung wurde aus einem neben der
Therme aufgebauten „Steirischen Weindorf" übertragen, wo zwei
Tage gefeiert wurde. Im „Weindorf" wurden in einer Pfanne mit 3
m Durchmesser 3000 Eier vorsichtig auf steirischem Kürbiskernöl
zu Rühreiern gebraten. Die Eier wurden in der großen Pfanne mit
Schneeschiebern umgerührt. Die Rühreier wurden den Teilneh-

mern zu Brot und Wein serviert. Und in den aufgestellten Buden im „Weindorf" wurden verschiedene Weine und Brände aus der Steiermark zum Kauf angeboten.

An den verbleibenden Tagen waren Busfahrten in die schöne Umgebung auf dem Programm. Bei einem Ausflug besuchten wir in Gnas einen Winzer, der auch Holunder anbaute. Nach einer kräftigen Brotzeit mit Wein und Holundergetränken besuchten wir den Wein- und Holunderanbau. Holunder wuchsen nicht als Sträucher, sondern als Bäume mit Stamm und Krone – siehe Foto. Solche Holunderbäume hatte ich nie zuvor gesehen. Vom Winzer erfuhr ich, dass die Holunderbäume aus einem Holunderstrauch so gezüchtet werden. Heute habe ich drei solche Holunderbäume in unserem Garten, die ich selber gezüchtet habe. Aus Holunderblüten bzw. -beeren machen wir Saft, Gelee und Likör.

Foto: Ich am Holunderbaum auf einem Holunderanbau in Gnas. Ausflug von Loipersdorf in die Weinberge – Gnas, Juni 2002

Im August 2002 feierte ich mit Familie und Freunden meinen 70. Geburtstag. Das Geburtstagsgeschenk: ein Mercedes Benz E 200 „Avantgarde". Im September 2002 und im April 2003 machte ich, mit Hanne, einen Kururlaub im Kurhotel „Zink" in Bad Füssing.

Mit Freunden aus Leverkusen feierte Hanne ihren 70. Geburtstag in Altenberg, NRW, da wir uns zu dieser Zeit in Leverkusen befanden. Wir waren zur Hochzeit von Martina eingeladen. Martina kennen wir schon seit ihrer Geburt, da wir mit ihrer Mutter befreundet sind. Wir waren auch bei fast allen Festlichkeiten Martinas – Taufe, Geburtstage, I. Hl. Kommunion usw. – dabei.

Hanne (70) und ich (71) mit dem Brautpaar: Martina und Frank. Leverkusen, Mai 2003

Die Zeit bis Ende 2004 verging ohne größere Geschehnisse. Das Leben lief, man kann sagen, in gewöhnlichen Bahnen. Einmal in der Woche machte ich im Reha-Sportverein Gymnastik für Herzkranke, wo ich längere Zeit Schriftführer war. Es war auch sehr schön, bei den monatlichen Vereinswanderungen und bei einigen Bustagesfahrten das Beisammensein zu feiern.

Weiterhin kurten wir zweimal im Jahr, im Frühjahr und im Herbst, im Kurhotel „Zink" in Bad Füssing. Jedes Jahr fuhren wir, und fahren immer noch, weiter in das Weinanbaugebiet in Franken, wo wir im Gasthofhotel & Restaurant „Zur Rose" in Obereisenheim, oder im Romantik Hotel & Restaurant „Zur Schwane" in Volkach untergebracht werden. Wein macht lustig, und sehr lustig war es immer, wenn wir uns dort, einmal im Jahr, mit unseren Freunden trafen.

Im Juni 2004 machte ich mit Hanne die zweite Donau-Schifffahrt von Passau nach Budapest und zurück. Auf dem Schiff kann man sich gut erholen, und jeden Tag ist man an einem anderen Ort bzw. in einer anderen Stadt.

Im Jahr 2005 verzeichneten wir, vor allem ich, einen neuen Lebensabschnitt. Im Februar 2005 verstarb meine Exfrau Irene. Sie verstarb nach einer langen Krankheit (Leukämie) im Alter von 67 Jahren. Sie ruht auf dem Friedhof in Dąbrówka Wielka, O/S, Polen, wo auch ihre Eltern ruhen. Bis zum Tod wohnte sie im Pfarrhaus bei Priester Kasimir. Bei ihrer Beisetzung war ich nicht dabei, aber als letzter Gruß von mir war bei der Trauerfeier ein Blumengebinde dabei. Irene bezeichnete sich eigentlich als eine gläubige Katholikin. Dass sie den Hass auf mich und auch auf andere mit in den Tod nahm, beweist aber nur das Gegenteil. Wenn ich in Dąbrówka Wielka bin, besuche ich immer Irenes Grab, lege Blumen nieder und zünde eine Kerze an.

Im Herbst 2005 bekam ich von Damians Tante Margarethe aus Goslar einen Brief. Sie schrieb, dass Damian bei ihr sei und er bitte sie um Hilfe, denn er möchte mir schreiben und mich um Verzeihung bitten. Zu dem Brief legte Damian eine Ansichtskarte bei mit folgendem Text: *„Herzliche Grüße aus Goslar sendet Damian"*, und darunter: *„Vater verzeih mir"*. Vater verzeih mir? Ich war damals 73 Jahre alt und Damian 42 Jahre, 20 Jahre verheiratet und Vater von zwei Kindern. Tochter Claudia war zu dieser Zeit 18 Jahre alt und Matthäus 15 Jahre. Damians Frau Danuta kannte ihren Schwiegervater nicht, und die Kinder ihren Großvater auch nicht. Es ist schwer nachzuvollziehen, warum ein Sohn seinen Vater abstößt. Nach meiner Ansicht spielte hierzu die Rachsucht von Damians Mutter Irene – Danutas Schwiegermutter, Claudias und Matthäus' Großmutter, eine Rolle. Damian war ihr, und somit auch die Familie seiner Frau, hörig. Es sieht so aus, als ob Rachsucht von einer Person auf andere Menschen übertragen werden kann. Und so bat mich Damian erst nach dem Tod seiner Mutter um Verzeihung dafür, dass er seinen Vater so viele Jahre missachtet hatte.

Mich zu hassen begann Irene eigentlich erst ab Juni 1981. Ab dieser Zeit stellte ich die Unterhaltszahlung an sie ein. Warum ich die Unterhaltszahlung eingestellt hatte, darüber berichtete ich schon. Danach begann der „Rosenkrieg" zwischen mir und Irene, in den sie auch die Kinder hineinzog. Das letzte Mal, wo ich mit Damian friedlich zusammen war, war im Jahr 1982 – vor 24 Jahren, und das letzte Mal sah ich ihn im Jahr 1987 – vor 19 Jahren. Damian war wohl von seiner Mutter so stark verblendet, dass er sich in den vielen Jahren keine Gedanken darüber machte, was er tat. Damian war und ist ein gläubiger Katholik, aber er missachtete das vierte Gebot: *„Du sollst Vater und Mutter ehren"*, was eine Sünde ist. Irene und Damian verstanden die christliche Kirchenlehre, so wie sie sie haben wollten, aber so lebte auch schon Irenes Mutter Marie – Damians Großmutter. Dadurch, dass sie mich verstoßen hatten, bestraften sie nicht mich, sondern sich selber. Damian bestrafte obendrein damit weiter seine Frau und die Kinder. Wer mit mir nicht zurecht kommen kann, dem kann ich nicht helfen, denn er ist selber schuld daran.

Der Text des Briefes von Margarethe und die Ansichtskarte von Damian machten mich nachdenklich. Denn zu dieser Zeit lief mein Leben in geregelten Bahnen. Nun, was tun? Es war schwierig, dazu Stellung zu nehmen. Es wäre für mich am besten, beiden keine Antwort zu geben und mein Leben so weiter zu führen, wie es bis zu dieser Zeit gelaufen war. Aber! *„Vater verzeih mir."* Ich bezeichne mich doch auch als einen gläubigen Katholiken, und im täglichen Gebet spreche ich die Wörter aus: *„Und vergib uns unsere Schuld, wie auch wir vergeben unsern Schuldigern."* Danach sollte ich Damian vergeben. Vergeben kann man unterschiedlich handhaben – man kann vergeben und auf Distanz die Beziehung weiter führen, oder sollte man vergeben und den persönlichen Kontakt wieder aufnehmen, sich auch gegenseitig besuchen?

Ich bat Margarethe, Damian auszurichten, dass er mir schreiben und mir den Grund nennen sollte, warum er so viele Jahre keinen Kontakt zu mir gepflegt hatte. Und erst danach würde ich zu dieser Angelegenheit Stellung nehmen. Ich brauchte doch auch Zeit, um das alles zu überdenken. Um Kontakt mit mir aufzunehmen, benötigte Damian 21 Jahre, und ich sollte gleich nach dem *„Vater* *verzeih mir"* alles vergessen und vergeben? *„Nein, so schnell geht das nicht"*, sagte ich mir.

Über die Versöhnung mit Damian sprach ich natürlich mit Hanne. Sie war der Meinung, ich solle ihm vergeben und danach persönlichen Kontakt mit ihm und seiner Familie aufnehmen. Mitte Dezember 2005 bekam ich von Damian einen Brief, in dem er mir unter anderem schrieb: „(...) *Nur aufgrund einiger Missverständnisse zerbrach der Kontakt zwischen uns. Ich hoffe jedoch, dass es zwischen uns wieder alles so wird, wie es sein sollte. "*

Auf diesen Brief hin schrieb ich Damian, er möge mir seine Familie beschreiben. Zugleich lud ich ihn mit seiner Familie für ein verlängertes Wochenende zu uns nach Bad Steben ein. Ende Januar 2006 bekam ich einen langen Brief von Damian. Folgend einige Sätze: *„Vater, du warst immer mein Vater und bist weiter mein lieber Vater, obwohl unser Kontakt so lief und nicht so, wie es laufen sollte."* – *„Wir bedanken uns für eure Einladung. Wir hoffen, dass es eine Gelegenheit geben wird, euch zu besuchen. Auch wir möchten euch gerne in unserem Haus als Gäste begrüßen, wenn ihr bereit seid, nach Polen zu kommen. "*

Im weiteren Schriftverkehr vereinbarten wir, dass zuerst ich zu Damian nach Dąbrówka Wielka, O/S, Polen kommen sollte. Hanne wollte bei der Versöhnungszeremonie nicht dabei sein. Unsere Häuser in Bad Steben und in Dąbrówka Wielka liegen 640 km voneinander. Die 640 km liegen fast zur Hälfte auf deutschem und auf polnischem Gebiet, mit Grenzübergang in Görlitz.

Die Strecke von 640 km mit dem Pkw zu bewältigen war für mich kein Problem. Jedoch war die Strecke auf der polnischen Seite für mich aus verschiedenen Gründen riskant. Und so vereinbarte ich mit Damian, dass wir uns an einem Tag im August 2006 in Görlitz am Grenzübergang in der Stadt auf der deutschen Seite um 10:00 Uhr treffen sollten. Als ich am vereinbarten Tag in Görlitz ankam, warteten schon Damian, seine Frau Danuta und sein Sohn Matthäus auf mich. Sie waren mit Damians Pkw nach Görlitz gekommen. Seine Tochter Claudia war nicht dabei, da sie zu dieser Zeit mit ihrem Freund verreist war. Die Begegnung verlief mit Respekt und mit ernsten Gesichtern. Ich sorgte dafür, dass das Treffen schnell in eine gute Stimmung überging. Zu dieser Zeit war Damian 21 Jahre verheiratet, und erst danach habe ich meine Schwiegertochter und meinen Enkel Matthäus (16) kennen gelernt. Nach dem Treffen fuhren wir in das Zentrum der Stadt Görlitz, wo wir auch die Pkws parkten. Danach machten wir einen kleinen Spaziergang in der Stadt und gingen zum Mittagessen in ein Restaurant.

Foto: Das freundliche Wiedersehen mit meinem verlorenen Sohn Damian nach 24 Jahren in Görlitz. Von links Damians Frau Danuta (43), Damian (43) und ich, der Vater und Schwiegervater (74) – Görlitz, August, 2006

So schloss Damian mit seinem Vater nach 24 Jahren Frieden. Seine Frau Danuta und die Kinder Claudia und Matthäus waren wohl damit einverstanden, denn die Freude darüber sah ich in ihren Gesichtern. Aber es bleibt doch so, wie es J. W. von Goethe sagte: „*Versöhnt man sich, so bleibt doch etwas hängen.*" Der Vater bleibt immer der Vater, egal ob es der Mutter des Kindes gefällt oder auch nicht. Es ist nicht schön, wenn eine katholisch erzogene Mutter ihre Kinder gegen ihren Vater aufhetzt.

Von Görlitz fuhren wir nach Dąbrówka Wielka, wo ich eine Woche lang bei Damian wohnte. Einige Tage später lernte ich meine Enkelin Claudia kennen, die schon 19 Jahre alt war. In Dąbrówka Wielka fand auch ein Wiedersehen mit Christophs Familie sowie Freunden und Bekannten statt. Christoph, Violetta und Andreas, die im Haus meiner Schwiegereltern wohnten, besuchte ich in dem Haus nicht. Ich hatte mir vorgenommen, dass ich das Haus, in dem mir so viel Unrecht zugefügt worden war, niemals wieder betreten würde. Bis zu meiner Auswanderung im Jahr 1973 war ich in dem Ort eine gut bekannte Person. Nach den 33 Jahren Abwesenheit erkannte ich viele Gesichter dort nicht mehr und viele mich auch nicht. In den Jahren wuchs eine neue Generation auf, und viele von den Älteren waren inzwischen verstorben. In der Besuchszeit feierte ich dort meinen 74. Geburtstag mit Familie und Freunden in einem Restaurant.

Mein Geburtsort war kaum wiederzuerkennen. Dąbrówka Wielka war in die Stadt Piekary Śląskie (Deutsch Piekar) eingegliedert worden, und fast alle Straßen waren umbenannt. Von Vorteil war nur, dass Oberschlesien nicht mehr unter kommunistischer Herrschaft war. Man konnte dort zu jeder Zeit hinfahren, und zwar ohne Visum, Tagesgelder zu bezahlen und ohne die strengen Kontrollen an der BRD/DDR- und DDR/PL-Grenze. Wir leben in Europa.

Nach Irenes Tod war ich nun mit Damian versöhnt. Aber zugleich waren die Brüder Christoph und Damian zerstritten. Die beiden sprechen fast nicht miteinander. Denn Irene hatte in ihrem Testament Damian zum einzigen Erben gemacht und Christoph ging leer aus. Damians Erbschaft klagte Christoph vor Gericht ein, damit erreichte er aber nichts. Damian blieb alleiniger Erbe. Irene hatte eigentlich kein Recht, das ganze Vermögen testamentarisch an Damian zu überschreiben, denn sie selbst hatte nichts zum Aufbau des Vermögens beigetragen. Es waren ihre Großeltern, Eltern und auch ich. Ich wollte da nichts erben und war mit Irenes Entscheidung wohlwollend einverstanden. Damian begründete die Erbschaft damit, dass Christoph ein Haus, Möbel usw. von mir, dem Vater, bekommen hatte, und er wiederum erbte von der Mutter. Man könnte das auch so verstehen, dass Damian mit der Erbschaft belohnt wurde, da er nach dem Willen seiner Mutter den Vater verstoßen hatte. Christoph dagegen wurde enterbt und dafür bestraft, dass er dem Willen seiner Mutter, den Kontakt zum Vater abzubrechen, nicht gefolgt war. Ein weiterer Schwerpunkt des Zwistes zwischen den beiden lag darin, dass Christoph weiter in dem Haus wohnte und letztlich ausziehen musste. Irene war immer gut darin, für Verstimmungen in der Familie zu sorgen. Die letzte Verstimmung, die sie verursachte, war nämlich der Zwist zwischen ihren beiden Söhnen Christoph und Damian.

Foto: Die Makielas vereint, aber nur auf dem Foto. Von links: Enkel Andreas (16), Sohn Christoph (46), ich, (74), Sohn Damian (43) und Enkel Matthäus (16). Auf dem Foto fehlt die Enkelin Claudia – August, 2006

Auf dem Friedhof besuchte ich die Gräber meines Vaters Andreas, meiner Schwester Sofia sowie meiner Brüder Josef und Wladislaw. Ich besuchte auch Irenes Grab, das ihrer Eltern und auch das Grab von Danutas Eltern, die ich als Damians Schwiegereltern nicht kennen gelernt hatte. Langsam ging ich durch den Friedhof und las die Grabsteininschriften der Verstorbenen, insbesondere die Geburts- und Sterbedaten. Unter ihnen waren viele meines Jahrgangs und noch jüngere. Ich stellte mir dabei die Frage, was der Grund sein könnte, dass sie so jung, nämlich zwischen 50 und 65 Jahren, verstorben waren. Mangelhafte ärztliche Betreuung? Ungesunde Lebensweise? Verschmutzte Luft, Altlast im Erdreich, in Gewässern usw.? Altlasten der kommunistischen Industrie? Auf die Frage nach dem Grund der so frühen Sterblichkeit der Menschen dort konnte mir niemand eine konkrete Antwort geben. Aber in meinen angestellten Vermutungen liegt bestimmt der Grund dafür, dass die Menschen dort so zeitig sterben. So machte ich mir Sorgen um die Familien meiner Söhne, die zwar die deutsche Staatsbürgerschaft besitzen, aber weiter in Polen leben wollen.

Nach dem Besuch bei Damian kam ich nach Bad Steben mit dem Pkw alleine zurück. Und so voller Eindrücke ging das Leben etwas verändert bei uns weiter. Denn durch den Besuch dort wurden viele Erinnerungen wach. Diese steigerten sich noch, als ich mir die mitgebrachten Negative ansah und von einigen Fotos (schwarz-weiß) Abzüge anfertigen ließ. Dąbrówka Wielka lebte in mir wieder auf, und so beschloss ich, ein Manuskript zu schreiben, Erinnerungen aus der Zeit, in der ich dort lebte, versehen mit vielen Fotos.

Foto: Ich mit meinen Enkeln. Von links: Matthäus (16), Claudia (19), ich, der Großvater Heinrich (74) und Andreas (16), vor der Wallfahrts-Basilika in Wadowice, Polen – August 2006

Zu meiner Besuchszeit (August 2006) hatte in der Tischlerei vom Schwiegervater Wiktor schon seit sechs Jahren keiner mehr gearbeitet. Und was mit dem Inventar von den Schwiegereltern Wiktor und Marie geschehen war, darüber berichtete ich schon – alles wurde verkauft. Und das Wohnhaus und die Werkstatt waren in einem schlechten Zustand, denn viele Jahre war in der Instandhaltung der Gebäude nur das Notwendigste gemacht worden. Und so ging der Besitz des „Millionärs", meines Schwiegervaters Wiktor, weiter zu Grunde. Das einzige, was noch von mir dort gut erhalten geblieben war, waren alle meine Negative – Fotoaufnahmen aus den Jahren 1962 bis 1973, die ich in Dąbrówka Wielka gemacht hatte. Die Negative nahm ich mit nach Bad Steben.

In der Adventszeit 2006 besuchte uns Damian mit seiner Frau Danuta in Bad Steben. Sie wohnten in einem Hotel. Während des Tages waren wir bei uns zu Hause bzw. bei Ausflügen zusammen.

Nachdem die Silvesterbälle im Kurhaus von Bad Steben nicht mehr stattfanden, feierten wir diese 2006 im Theater in Hof. Es gab immer eine Opernvorstellung, und danach wurde gefeiert. Ein kaltes und warmes Büffet war aufgebaut, und zum Tanz spielte eine Band. Das neue Jahr wurde mit Sekt und Feuerwerk begrüßt. Aber man musste solange nüchtern bleiben, damit man am Neujahrstag mit dem Pkw nach Bad Steben zurückfahren konnte.

Im Jahr 2007 gab es wenige Veränderungen in unserem Leben. Im Sommer verbrachten wir viel Zeit in unserem Garten. Zweimal im Jahr machten wir, im Frühjahr und im Herbst, unseren Kururlaub im Kurhotel „Zink" in Bad Füssing. Im Laufe des Jahres verbrachten wir einige genüssliche Tage, auch mit Übernachtung, im „Herrmann's Romantik Posthotel & Restaurant" in Wirsberg, Bayern und im Romantikhotel „Zur Schwane" in Volkach, Bay. Beide Häuser haben eine ausgezeichnete Küche, und man kann sich als Gast dort wohlfühlen.

Meine Knieschmerzen wurden immer unerträglicher. Die Spritzen, die ich mir in die Kniegelenke spritzen ließ, waren teuer und halfen nur für eine kurze Zeit. Am Ende konnte ich kaum noch schmerzfrei laufen, und so entschloss ich mich zu einer Operation für ein künstliches Kniegelenk im rechten Bein. Im Januar 2008 wurde die Operation in der Klinik in Naila durchgeführt. Zwei Wochen Krankenhaus und fünf Wochen Reha im Klinikum in Bayreuth kamen hinzu.

Im Juni 2008 machte ich mit Hanne die dritte Donau-Schifffahrt von Passau nach Budapest und zurück.

Im rechten Bein besaß ich ein künstliches Kniegelenk, im linken nicht. So entschloss ich mich zu einem künstlichen Kniegelenk im linken Bein. Anfang Dezember 2008 wurde die Operation in der Klinik in Naila durchgeführt. Wieder verbrachte ich zwei Wochen im Krankenhaus und drei Wochen bei einer Reha im Klinikum in

Bad Steben. Mit den künstlichen Kniegelenken bin ich zufrieden, und ich kann jetzt ohne Schmerzmittel schmerzfrei laufen.

Im Frühjahr 2009 bekamen wir eine Einladung zur Hochzeit meiner Enkelin Claudia (22) mit Blasius (24) für den 15. August 2009. Die Einladung nahmen wir mit Freude an und ich freute mich, dass ich mit meinen künstlichen Kniegelenken bei der Hochzeitsfeier wieder würde tanzen können. Zur Hochzeit sind Hanne und ich mit dem Pkw gefahren, und wir übernachteten zehn Tage in einem Hotel 6 km von Dąbrówka Wielka entfernt. Im Restaurant des Hotels feierte ich mit der Familie und Freunden meinen 77. Geburtstag.

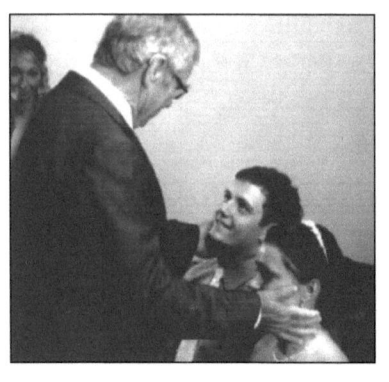

Foto: Ich, der Großvater (77) bei der Segnung des Brautpaares. Der Bräutigam lächelt, ich muss etwas Heiteres gesagt haben. Vielleicht, weil ich den Segensspruch in deutscher Sprache gesprochen habe. Ich konnte so auf die Schnelle den Segensspruch in polnischer Sprache nicht zum Ausdruck bringen – August 2009

Am Hochzeitstag versammelte sich ein Teil der Hochzeitsgäste im Haus der Braut und ein Teil im Hause des Bräutigams. Im Haus der Braut erhielt das knieende Brautpaar den Segen für den Eheweg von den Eltern und den Großeltern. Die Großeltern waren ich als Großvater von Claudia, von Blasius die Großmutter mütterlicherseits und der Stiefvater väterlicherseits. Zur Hochzeit waren 45 Gäste eingeladen. Unter den Gästen befand sich auch Damians Bruder Christoph mit Frau Violetta und Sohn Andreas (19) mit Freundin. Dass auch die Großeltern den Segen erteilen sollten, erfuhr ich erst bei der Segnung des Brautpaares. Sonst erteilten nur die Eltern den Segen.

Nach der Segnung des Brautpaares fuhren wir mit den Pkws zum Haus des Bräutigams. Danach fuhren wir in einer Kolonne von mehreren Pkws und lautem Hupen in die Kirche (Kapelle). In unserer Kolonne fuhr auch Blasius – der Bräutigam, jedoch ohne Claudia – die Braut. Die Kapelle liegt 25 km von Dąbrówka Wielka entfernt. In der schön geschmückten Kapelle, die im Park der ehemaligen Residenz der Grafen von Donnersmarck in Świerklaniec (Neudeck), O/S, Polen, liegt, fand die Feier statt. Nachdem die Hochzeitsgäste mit Bräutigam in der Kapelle ihre Plätze eingenommen hatten, kam die Braut – Claudia in Begleitung ihres Vaters Damian. Vor dem Altar der Kapelle übergab er die Braut dem Bräutigam. Die kirchliche und standesamtliche Zeremonie der Trauung vollzog der katholische Pfarrer von Dąbrówka Wielka. Claudia nahm den Namen ihres Mannes Adamczyk an.

Nach der Trauung fuhren wir durch den Park zum Restaurant des „Kavalierpalasts", wo zwei Tage lang gefeiert wurde. Der „Kavalierpalast" liegt auch auf der ehemaligen Residenz der Grafen von Donnersmarck. Die Speisen wurden durch das Personal des Restaurants aufgetragen. Für Getränke sorgte Matthäus, Claudias Bruder, der auch Trauzeuge bei der Hochzeit war. Verschiedene Cocktails konnte man an einer extra aufgebauten Bar holen, die ein Barkeeper des Restaurants bediente.

Foto: Von links: Ich (76), das Brautpaar Claudia (22) und Blasius (24) und Hanne (75) – August 2009

Die Hochzeitsfeier finanzierten zur Hälfte die Eltern des Brautpaars, die ganz tief in die Tasche gegriffen haben mussten. Es war eine sehr schöne Hochzeit, und wir haben die Tage dort mit Freude und Wohlbehagen verbracht.

An dem Tag, an dem ich mit Hanne zurück nach Hause fuhr, bekamen wir schön verpackt und dekoriert drei große Stücke Hochzeitskuchen (Kolatsche) – Streusel-, Mohn- und Käsekuchen. Dabei lag ein Kärtchen mit folgendem Text: *„Damit unsere Verwandten und Bekannten das Brautpaar in Gedanken behalten, teilen wir von Herzen mit ihnen Kolatsche."* *Claudia und Blasius, 15. August 2009*

Das Beschenken der Hochzeitsgäste, Freunde, Bekannten usw. mit Hochzeitskuchen gehört zur Tradition in Dąbrówka Wielka. Die Tradition erwähnte ich schon, als ich meine Hochzeit mit Irene beschrieb. Der Kuchen war bis zu dieser Zeit eingefroren, denn gebacken wurde er kurz vor der Hochzeit. Damals wurde er auch den Hochzeitsgästen zugestellt. Uns konnte der Kuchen vor der Hochzeit nicht zugestellt werden, da wir 600 km vom Hochzeitshaus entfernt wohnen. Zu den Kuchenstücken bekamen wir noch, schön geschmückt, eine Flasche Wein und eine Flasche Wodka. Ich war und bin stolz darauf, dass ich, der so viele Jahre meiner Enkelin Claudia unbekannt war, als einziger von ihren Großeltern bei ihrer Hochzeit dabei sein konnte. Noch dazu bin ich der, der den großelterlichen Segen dem Brautpaar erteilt habe.

Ein Teil des mitgebrachten Hochzeitskuchens nach Bad Steben verteilten wir an unsere Freunde. Und mit dem Wodka und dem Wein wurde auf das Wohl des Brautpaares und ihrer Eltern angestoßen.

Seit einigen Jahren hatte ich einiges über die Makielas zusammengefasst, das ich im Herbst 2009 abgeschlossen habe. Es entstand daraus ein „Essay" unter dem Titel: *„Die Makielas, meine Verwandtschaft und ich: Heinrich-Andreas Makiela".* Format A4, 182 Seiten. Dieses Essay widmete ich meinen Enkelkindern Claudia Makiela (Adamczyk), Matthäus Makiela und Andreas Makiela zur Erinnerung an uns Makielas. Im Vorwort beschäftige ich mich mit der Suche nach den Wurzeln des Familiennamens „Makiela". Wahrscheinlich liegen die Wurzeln im Baskenland, Spanien. Denn „Makila" nennt man einen Spazierstock mit Spitze, der auch zur Abwehr von wilden Tieren dient. Der Ursprung dieses Spazierstockes soll im Baskenland liegen. Die meisten Makielas, die ich persönlich kenne, haben dunkle Haare und lieben die Sonne – also Spanien? Im weiteren Teil beschreibe ich die Familie meiner Großeltern, meiner Eltern, dazu einiges aus meinem beruflichen und privaten Leben in Polen und in Deutschland. Das Essay ist mit vielen Fotos mit Beschreibung illustriert. Bei der Erarbeitung des Essays unterstützte mich mein Cousin Martin Makiela aus Limbach-Oberfrohna (Sachsen) mit einigen Daten und Fotos.

Das neue Jahr 2010 begrüßten wir mit einem Silvesterarrangement vom 28.12.09 bis 01.01.10 in „Herrmanns Romantik Posthotel & Restaurant" in Wirsberg, Bayern. Ein tolles Programm und ausgezeichnete Festmenüs verschönten uns die Tage.

Den Rentnern vergehen die Tage sehr schnell, zu schnell. Es ist noch nicht so lange her, da feierten wir Weihnachten und Silvester 2009/2010. Man spürt noch im Munde den Geschmack des Weihnachtsgebäcks, der Bratäpfel, der Gänse- und Wildbraten, des Karpfens usw., und es ist schon wieder Fasching – die Krapfenzeit. Mit dem Fasching kam ich mit Hanne erst in Leverkusen so richtig in Berührung. Jetzt, in unserem Alter, erleben wir den Fasching vor dem Fernseher, und jedes Jahr feiern wir ihn mit unseren Freunden bei uns zu Hause.

Foto: Ich (78) und Hanne (77) in Faschingsstimmung bei uns im Wohnzimmer – März 2010

Öfters hört man, dass Rentner nie Zeit haben. Ich persönlich kann das bestätigen. Vom Kindesalter an und auch jetzt als Rentner habe ich nie Langeweile gehabt. Als Rentner stehen Hanne und ich jeden Tag um 7:00 Uhr auf. Gegen 8:00 Uhr frühstücken wir, um 12:30 Uhr gibt es Mittagessen, danach wird Mittagsschlaf gehalten. Kein Kaffee, kein Kuchen und kein Abendessen. Jeder von uns isst jedoch eine Kleinigkeit, aber wir setzen uns nicht zu Tisch wie beim Frühstück und Mittagessen.

Im Winter und an schlechten Wettertagen im Sommer schauen wir ab ca. 18:00 Uhr Fernsehen – ich mit Kopfhörer, da ich schwerhörig bin. Filme sehe ich mir selten an, da die laute Musik, die fast immer lauter ist als die Gespräche, mich stört. Spätestens um 22:00 Uhr gehen wir zu Bett. Tagsüber ist immer etwas zu tun. Ich persönlich sitze viel am Computer (ohne Internet) und beschäftige mich meistens mit der Schriftstellerei. Und so vergehen schnell die Tage, die Wochen und Monate. Uns kommt das so vor, als ob ein Jahr sechs Monate hätte. Viele Rentner sind der Meinung, dass man als Rentner ausschlafen müsse, und so bleiben sie morgens lange im Bett liegen. Wenn ich zeitig aufstehe, dann kann ich den Tag ohne Stress genießen.

Irene war so eine Schlafmütze, und so war für sie der Tag immer zu kurz. Als Hausfrau wurden die Hausarbeiten, wenn überhaupt, nur oberflächlich gemacht. So lebte sie immer unter Stress, und dadurch in erhöhter körperlicher und seelischer Anspannung. Eine zweite Schlafmütze war unser Enkel Andreas. Als er in den Ferien bei uns war, war ihm das Frühstück gegen 8:00 Uhr zu früh, da er immer länger schlafen wollte. Er frühstückte manchmal gegen 10:30 Uhr, und um 12:30 wollte er nicht mit uns Mittag essen. Aus dem Grund wollten wir ihn zu seinen Eltern zurückschicken. Er wollte jedoch bei uns bleiben, und so nahm er unsere Hausordnung an – frühstückte mit uns um 8:00 Uhr und saß um 12:30 Uhr beim Mittagessen.

Während unserer Badeurlaube waren Hanne und ich täglich früh am Tage am Strand unterwegs, haben gebadet und erst später gefrühstückt. In der Mittagszeit machten wir ein Schläfchen in der Wohnung. Am Abend waren wir so müde, dass wir bei den Shows im Hotel selten dabei waren. Unser Tagesablauf während der Kururlaube in Bad Füssing, die wir weiter zweimal im Jahr noch machen, verläuft ähnlich wie während unserer Badeurlaube. Früh am Tage und in der Mittagszeit, wo die meisten Kurgäste sich mit dem Essen beschäftigen, besuchen wir das Thermalbad. Im Preis ist zwar Vollpension enthalten, aber das Mittagessen lassen wir wegen der Völlerei aus. Und am Abend verlassen wir das Kurhotel nicht.

Das Jahr 2010 ging zu Ende, und das neue Jahr 2011 begrüßten wir in „Herrmanns Romantik Posthotel & Restaurant" in Wirsberg, wo wir zum zweiten Mal ein Silvesterarrangement (vier Übernachtungen) gebucht hatten.

Foto: Hanne (77) und ich (78) tanzen in das neue Jahr 2011 hinein – Silvester 2010/2011

Das Anwesen meiner Schwiegereltern ist ein Schleuder-Anwesen. Im Jahr 1945 wurden Irenes Großeltern aus dem Haus verjagt. Mein Schwiegervater Wiktor forderte mich mehrmals auf, das Haus zu verlassen. Ich verließ es endgültig im Jahr 1973. Christoph und Violetta mussten es im Jahr 1987 verlassen. Im Jahr 1997 kamen Christoph, Violetta und ihr Sohn Andreas in das Haus zurück, das sie wiederum im Jahr 2011 verlassen mussten. Nach dem Auszug übergab Christoph persönlich Damian den Hausschlüssel und sagte ihm „Tschüss". Eigentlich müsste bei der Übergabe des Hausschlüssels die Abnahme des Hauses und der Räume stattfinden, das fand aber nicht statt.. Christoph hatte aus dem Haus alles mitgenommen, was er nur mitnehmen konnte: Lampen, Schalter, Steckdosen, Wasserhähne, die komplette Zentralheizung usw. Alles, was er aus dem Haus weggebracht hatte, hatte er nicht selber gekauft. Zurück blieben nur einige Möbelstücke, die er wohl nicht gebrauchen bzw. verkaufen konnte. Nach dem Auszug war das Haus unbewohnbar.

Im Jahr 2011 zog Christophs Karawane von Dąbrówka Wielka nach Wieschowa, O/S, Polen. Dort mieteten sie ein sehr heruntergekommenes und altes Anwesen – Wohnhaus, Viehstall, Scheune usw., eingebettet in einem großen Obstgarten. Das alte Anwesen haben sie renoviert, und all das, was sie von Damian Haus mitgenommen hatten (Lampen, Schalter, Steckdosen, Wasserhähne, die komplette Zentralheizung usw.) bauten sie in das Wohnhaus ein. Nach drei Jahren, 2014 wurde ihm das Haus gekündigt, und die Karawane ging diesmal nach Gierałtowice, O/S, Polen. In Gierałtowice kaufte Violette günstig ein Haus, mit starken Bergbauschäden, das laufend repariert wird. Das Geld für den Kauf des Hauses sollte Violetta von ihrer Mutter bekommen, da ihre Mutter, nach dem Tod von Violettas Vater, das Haus in Wieluń verkauft hatte. Über mein Geld, welches in das Haus gesteckt wurde, wird nicht gesprochen, nur darüber, dass Violetta das Geld von ihrer Mutter bekam. Mitleid mit Christoph und seiner Familie habe ich nicht, denn ich hatte ihnen 1987 in Siemianowice Śląskie ein Haus gekauft, das sie 1994 verkauften. Und mein schwer erarbeitetes Geld wurde nach dem Verkauf verpulvert.

Das Manuskript „Erinnerungen an meinen Heimatort: Dąbrówka Wielka", das ich im Herbst 2006 in polnischer Sprache zu schreiben begann, war fertig. Und so beschloss ich, nach Dąbrówka Wielka zu fahren, um dort einen Verlag zu finden, der bereit wäre, es zu verlegen. Im Juni 2011 fuhr ich mit dem Pkw nach Görlitz, wo ich mit Damian und Matthäus verabredet war. Von Görlitz fuhr mich Matthäus mit meinem Pkw nach Dąbrówka Wielka, wo ich eine Woche bei Damian wohnte. Bei meinem Besuch habe ich mir das unbewohnte Haus der Schwiegereltern bzw. Damians von innen angesehen. An den Kellerwänden hatte sich Schimmel gebildet, das Dach war undicht, und so hatten sich Wasserflecken an den Decken im Obergeschoss gebildet. Und überall lag viel Kram in den Räumen herum.

Seitdem Christoph aus dem Haus im Jahr 2011 ausgezogen war, stand es einige Jahre unbewohnt. Nach kleinen Renovierungsarbeiten vermietete Damian das Haus an einige Männer, die in einer Baufirma arbeiten. Und so verkommt das Anwesen des Millionärs, meines Schwiegervaters Wiktor, langsam. Ich gab Damian den Rat, das Anwesen zu verkaufen und sich für das Geld eine neue Existenz aufzubauen. Außerdem steckte in dem Anwesen viel Unrecht, das mir zugefügt wurde und das sich auf die Nachkommen fortsetzen könnte. Schon der Zustand, dass das Anwesen langsam verkommt, ist ein Zeichen, dass die Vergeltung für das mir zugefügte Unrecht eingesetzt hatte.

Ich fand einen Verlag, und der Verlagspreis pro Exemplar wurde auch festgelegt. Ich musste aber am Manuskript einige Änderungen vornehmen. Nach einer Woche fuhr ich mit dem Pkw alleine nach Bad Steben zurück. Im September 2011 war das Manuskript überarbeitet. Ich fuhr noch im September wieder nach Dąbrówka Wielka und gab dem Verlag den Auftrag, das Buch zu verlegen. Nach ein paar Tagen war das Probeexemplar fertig. Nach der Kontrolle des Exemplars gab ich die Zustimmung, das Buch zu drucken. Danach fuhr ich zurück nach Bad Steben. Die Bücher holte Damian ab, der sich auch mit dem Verkauf der Bücher beschäftigte. In dem Buch beschreibe ich meine Erinnerungen mit Bildern aus den Jahren 1932 bis 1973, in denen ich dort lebte. Der Buchdeckel zeigt auf einem blauen Hintergrund die katholische Kirche in Dąbrówka Wielka. Am Himmel prangt das Gnadenbild der Jungfrau Maria mit dem Jesuskind. Das Bild befand sich in der Zeit, in der ich dort lebte, auf dem Hauptaltar der Kirche. Das Buch ist im A4-Querformat, hat 198 Seiten und 352 Bilder, © 2011. Die Bücher sind bei den Einwohnern gut angekommen, und die Auflage war sehr schnell ausverkauft. Nicht nur das, ich bekam von den zufriedenen Lesern viel Dank und Lob, sowohl schriftlich als auch telefonisch. Es freut mich sehr, dass meine fünfjährige Arbeit an dem Manuskript und die damit verbundenen Kosten nicht umsonst waren. Damit habe ich mir wohl in Dąbrówka Wielka ein Denkmal errichtet.

Als ich im September aus Dąbrówka Wielka zurückkam, rief ich das „Herrmanns Romantik Posthotel & Restaurant" in Wirsberg an. Ich wollte ein Silvesterarrangement 2011/2012 buchen. Es war leider zu spät, alle Plätze waren ausgebucht, und auf die Warteliste kamen wir auch nicht. Um den Übergang des Jahres doch nicht zu Hause feiern zu müssen, rief ich das Romantik Hotel & Restaurant „Zur Schwane" in Volkach an. Es waren noch Plätze frei, und so buchten wir dort ein Silvesterarrangement. Mit der Wahl des Hotels waren wir sehr zufrieden, und wir fanden eine gute Küche und ein tolles Programm vor. Das neue Jahr 2012 begrüßten wir im Weinberg, direkt an der Wallfahrtskirche „Maria im Weingarten", mit Blick auf die Stadt Volkach.

Nach dem Winter und den Frühjahrsarbeiten im Garten machten wir einen Kururlaub, wie auch in den vergangenen Jahren, in Bad Füssing. Nach der Kur machten wir uns zu Hause gut erholt Gedanken darüber, wie und wo mein 80. Geburtstag am 13. August 2012 gefeiert werden sollte. Meine Söhne mit Familien leben in Oberschlesien, Polen. Einige Freunde leben in Nordrhein Westfalen. Wenn ich sie alle einlade, so kommen sie gerne nach Bad Steben, aber nicht für einen Tag, sondern für mehrere Tage. Die Erfahrung machten wir schon bei den zurückliegenden runden Geburtstagsfeiern, die ganz groß gefeiert wurden. Die Gäste aus NRW und Polen waren in Hotels auf unsere Kosten untergebracht. Die Tage nach der Geburtstagsfeier mussten wir sie bewirten und beschäftigen. Die damit verbundenen Kosten könnte man noch verkraften. Aber an mehreren Tagen den Gästen zur Verfügung zu stehen, nein, dazu fehlte uns die Kraft und die Lust. Mit Hanne beschloss ich, dass wir nur zu zweit meinen 80. Geburtstag feiern würden, und zwar auf der Donau, bei einer Flussschifffahrt. So wurde eine siebentägige Donauschifffahrt Passau, Budapest, Passau gebucht. Wir wählten ein Schiff für gehobene Ansprüche, all inclusive, Komfort-Kabine (14 qm) – Oriondeck (franz. Balkon). Nach Passau und zurück fuhr ich mit dem Pkw.

Meinen 80. Geburtstag feierten wir auf der Strecke Melk – Wien. Frühstück in Melk. Mittagessen auf der Strecke Richtung Wien. Abendessen in Wien. Es war ein schöner, warmer und sonniger Tag, und so verbrachten wir fast die ganze Strecke auf dem Sonnendeck. Nach dem Abendessen gratulierte mir die Restaurant-Crew zum Geburtstag. Sie kamen an unseren Tisch mit Feuerwerk und Gesang und überreichten mir eine kleine Torte. In der Kabine befanden sich noch Geburtstagswünsche vom Kapitän und der Reiseleitung. Den Abend verbrachten wir beim Konzert des „Wiener Residenzorchesters". Es war eine sehr schöne Geburtstagsfeier, die eigentlich eine Woche lang dauerte, mit viel Freude und ohne Stress.

Was wir da alles auf dem Schiff und außerhalb des Schiffes erlebt haben, kann ich nicht in ein paar Sätzen beschreiben, das muss man mitmachen und miterleben. Während der Fahrt des „Schiffhotels" kann man das Dasein genießen, schöne Landschaften ansehen und einige Städte und Orte besuchen. Das war unsere vierte Donauschifffahrt und bestimmt nicht die letzte.

Foto: Hanne (79) und ich (80), das Geburtstagskind, beim Abendessen im Restaurant des Schiffes – Wien, 13.08.2012

Nach der Donauschifffahrtreise feierte ich meinen 80. Geburtstag mit unseren hiesigen Freunden in einem Restaurant nach. Als Geburtstagsgeschenk bekam ich einen Mercedes Benz E 200 CGI.

Drei Wochen später, im September 2012, erlitt Hanne einen Schlaganfall. Es war an einem Samstag. Sie hatte vom Bäcker Brötchen geholt und machte das Frühstücksgedeck zurecht. Während des Frühstückens bemerkte ich, dass sie etwas undeutlich sprach und sah zugleich, dass sie den Mund verzog, was sie nicht wahrhaben wollte. Als sie das Brötchen nicht anbeißen konnte, und es ihr aus der Hand auf den Tisch fiel, da war mir die Lage klar – Schlaganfall. Ich rief nach dem Notarzt, der auch sehr schnell zur Stelle war. Er erkannte die Lage und reagierte schnell – sie bekam eine Infusion und wurde in die Sana-Klinik nach Hof gebracht. Nach zwei Wochen und einer guten Pflege in der Klinik wurde sie mit einer einseitigen Lähmung (links) in die Schön-Klinik in Staffelstein zur Rehabilitation gebracht. Anfangs wurde sie im Rollstuhl zu den Anwendungen gefahren, später konnte sie selber im Rollstuhl fahren. Nach fünf Wochen Rehabilitation wurde sie entlassen. Sie konnte gut sprechen, aber nur mit Gehhilfe gehen – mit Rollator oder in Begleitung einer Person. Nach der Reha in der Klinik fuhr ich sie einige Monate zweimal in der Woche zu einer Bewegungstherapie in Bad Steben. Ende November war sie noch einige Tage in der Rhön-Klinik in Bad Neustadt, wo ihr ein Loch im Herzen verschlossen wurde. Das Loch im Herzen soll die Ursache des Schlaganfalls gewesen sein.

In den sieben Wochen, in denen Hanne in den Kliniken war, versorgte ich mich zu Hause alleine. Ich kochte und machte meine Wäsche. Die Wäsche von Hanne wie Schlafanzüge usw. machte unsere gute Freundin Heidi Wagner, die auch öfter Hanne besuchte. Auch andere Freunde und Bekannte zeigten ihre Bereitschaft, uns zu helfen, und besuchten Hanne. Wir waren in dieser schwierigen Zeit nicht alleine gelassen. Ich besuchte Hanne in den Kliniken so oft, wie ich nur konnte. Für mich war das eine schwierige Zeit. Auf einmal musste ich mit den Haus- und Gartenarbeiten usw. alleine zurecht kommen. Aber am schlimmsten war es, Hanne in der Klinik und dazu im Rollstuhl zu sehen. Gott sei Dank, dass das alles so weit gut abgelaufen ist und dass sie heute sogar auf der Straße kurze Strecken, mit mir oder Rollator, gehen kann.

Im August 2012 hatten wir ein Silvesterarrangement (vier Übernachtungen) in „Herrmanns Romantik Posthotel & Restaurant" in Wirsberg gebucht. Hanne drängte mich, das Silvesterarrangement wegen der Folgen des Schlaganfalls zu stornieren. Ich tat es nicht, denn in der Wohnung konnte sie sich in Begleitung gut bewegen und sogar einige Schritte alleine machen. So war ich überzeugt, dass sie auch dort sich so bewegen könnte. Die Sprache hatte sie schnell wieder erlernt.

Weihnachten haben wir zu Hause verbracht, und danach fuhren wir zu dem Silvesterarrangement. Die Tage des Silvesterarrangements hat Hanne gut überstanden. Das Wetter an den Tagen war gut, kein Schnee, und es schien sogar die Sonne. Das schöne Wetter nutzten wir aus und machten einige Spaziergänge in Wirsberg. Heute kann man sagen, dass wir Glück im Unglück hatten, dass der Schlaganfall sich vor meinen Augen ereignet hatte. Von Vorteil war auch, dass die ärztliche Hilfe schnell da war und Hanne eine gute Betreuung in der Sana-Klinik in Hof und in der Schön-Rehaklinik in Staffelstein erfuhr.

Nach dem kalten Winter mit viel Schnee begann die Gartenarbeit. Als ich die Frühjahrsarbeiten im Garten erledigt hatte, machten wir uns Gedanken darüber, wie und wo wir den 80. Geburtstag von Hanne, am 30. April 2013, feiern sollten. Wir beschlossen, dass wir wieder nur zu zweit den 80. Geburtstag feiern würden. Und so buchten wir einen Zwölf-Tage-Aufenthalt im Kurhotel „Zink" in Bad Füssing, wo wir uns inzwischen wie zu Hause fühlen. Dorthin fuhren wir mit dem Pkw. Die Strecke von 350 km legte ich zurück, ohne eine Ruhepause einzulegen. Mit der Wahl des Hotels war besonders Hanne sehr zufrieden, da sie sich dort zugleich unter ärztlicher Kontrolle befand. Am Tage ihres Geburtstages war unser Tisch im Speisesaal schön dekoriert, und für die Blumen auf dem Tisch und in der Suite hatte ich gesorgt. Zu den Gratulanten gehörten auch die Inhaber des Kurhotels und die Belegschaft, die Hanne einen Kuchen mit brennender Kerze und zwei Gläser Sekt überreichten. Als wir aus Bad Füssing zurückkamen, feierte Hanne ihren 80. Geburtstag mit unseren hiesigen Freunden in einem Restaurant nach.

Foto: Hanne an ihrem 80. Geburtstag beim Frühstücken im Kurhotel „Zink" – Bad Füssing, 30. April 2013.

Nach den Geburtstagsfeiern machten wir uns Gedanken darüber, wie und wo wir unsere Silberhochzeit, am 14. Juni 2013, feiern sollten. Wir haben beschlossen, dass wir den Tag zu zweit in „Herrmanns Romantik Posthotel & Restaurant" in Wirsberg feiern würden. Wir buchten dort ein Sommer-Arrangement in einer Suite mit 2 Übernachtungen. Am 13. Juni fuhren wir mit dem Pkw dorthin. Am Ankunftstag wurde uns zum Abendessen ein 3-Gänge-Menü „Fränkische Tapas" in AH-Das Bistro serviert. Acht kleine Köstlichkeiten aus der modernen fränkischen Sommerküche.

Foto: Hanne (80) und ich (81) am Tag unserer Silberhochzeit im Restaurant „Alexander Herrmann", wo wir unsere Silberhochzeit gefeiert haben. Wirsberg, 14. Juni 2013

Am 14. Juni – am 25. Jahrestag unserer Hochzeit – wurde uns am Abend ein 5-Gänge-Courmetmenü „Sensorik" im Restaurant „Alexander Herrmann" kredenzt. Eine spannende Sterneküche mit exklusiven fünf Überraschungsmomenten. An den zwei Tagen nahmen wir auch am reichhaltigen Frühstück vom Buffet teil. Mit dem tollen Arrangement bei Alexander Herrmann waren wir sehr zufrieden.

Den Sommer verbrachten wir meistens im Garten auf der Terrasse. Aber im September buchten wir ein Arrangement „Weinfrohe Tage im Romantik Hotel „Zur Schwane" in Volkach. In das fränkische Weinanbaugebiet fahren wir öfter, manchmal nur als Tagesausflug verbunden mit Weinkauf. Ich und Hanne trinken gerne Wein zum Mittagessen. Und der Frankenwein, der schmeckt uns am besten. In den 24 Jahren, in denen wir in Franken wohnen, sind wir fast zu echten Franken geworden, und so wollen wir auch unsere fränkischen Winzer unterstützen.

Die Zeit läuft schnell dahin. Im Jahr 2014 und 2015 kurten wir im Frühjahr und Herbst, wie schon in den vergangenen Jahren, im Kurhotel „Zink" in Bad Füssing. In diesen Jahren waren wir auch einige Wochen aus verschiedenen gesundheitlichen Gründen in der Klink HochFranken in Naila. Entsprechend unserem Alter sind wir mit unserer „Gesundheit" zufrieden.

Zum letzten Mal verbrachten wir das Silvesterarrangement 2014/15 im „Herrmanns Romantik Posthotel & Restaurant" in Wirsberg, auf Grund unseres Alters.

Das Jahr 2015 verlief für uns ohne besondere Vorkommnisse, und Sylvester 2015/16 verbrachten wir, Hanne und ich, zu Hause. Und wie die Menschen mit dem großen Feuerwerk das neue Jahr 2016 begrüßten, das guckten wir uns aus unseren warmen Wohnzimmer an.

Ich bin Urgroßvater geworden. Im Herbst 2016 teilte uns unsere Enkelin Claudia und ihr Mann Blasius mit, dass sie im Mai Nachwuchs erwarteten. Am 7. Mai gebar sie einen Jungen, der auf den

Namen „Kaspar" getauft wurde. Mit der Geburt ihres Sohnes machten sie uns, mich und Hanne, zu Urgroßeltern. Zur Geburt des Sohnes konnten wir persönlich den glücklichen Eltern nicht gratulieren und so auch unseren Urenkel Kaspar bei ihnen zu Hause nicht begrüßen, da sie von uns 640 km entfernt, in Oberschlesien, Polen wohnen. Claudia und Blasius haben uns jedoch versprochen, uns in Bad Steben mit Kaspar zu besuchen. Wir erhielten jedoch einige Fotos, Kaspar mit seinen glücklichen Eltern, Großeltern – Damian und Danuta und Onkel Matthäus. Mit großer Freude und voller Stolz guckten wir uns die Fotos an und zeigten diese unseren Freunden und Bekannten. Der versprochene Kasparbesuch bei uns, mit seinen Eltern, fand Mitte Dezember statt, da war er sieben Monate alt. Ein süßes Kind, hemmungslos, aber mit ernstem Gesicht konnten wir ihn auf den Arm nehmen.

Kaspars Mutter Claudia und seinen Onkel Matthäus konnte ich nicht, als sie klein waren, auf dem Arm nehmen, da ihre Eltern – Vater Damian und Mutter Danuta, viele Jahre mit mir keine Verbindung pflegten, darüber berichtete ich schon. Und so war es eine große Freude, ihren Enkel Kaspar und so meinen Urenkel auf den Arm zu nehmen. In der Besuchszeit habe ich ihn so sehr lieb gewonnen, dass ich beschloss, bei den Feierlichkeiten anlässlich seines ersten Geburtstags dabei zu sein.

Foto: Die Urgroßeltern mit dem Urenkel Kaspar (7 Monate alt) – Bad Steben, Dezember 2016

Als Geschenk bekam Kaspar von uns eine aus Holz geschnitzte, kolorierte Weihnachtskrippe – Heilige Familie – Maria, Joseph u. das Jesuskind, Drei Könige – Kaspar (sein Namenspatron), Melchior u. Balthasar, Ochs, Esel u. drei Schafe. Figuren 15 cm hoch. Die Krippe soll Kaspar an uns, seine Urgroßeltern, Heinrich und Johanna Makiela, erinnern. Und die Heilige Familie möge für ihn zum Vorbild werden.

Nach dem Besuch kamen Weihnachten, Silvester und das neue Jahr 2017. Die Feiertage verbrachten wir zu Hause, denn das letzte Silvesterarrangement in „Herrmanns Romantik Posthotel" war uns zu anstrengend. Ein anderer Grund war auch der, dass ich Herzbeschwerden hatte, die im Februar 2017, im „Rhön-Klinikum" in Bad Neustadt a. d. Saale, durch Einsetzen von zwei Stent behoben wurden.

Mein Wunsch, bei den Feierlichkeiten anlässlich Kaspars ersten Geburtstages dabei zu sein, ging in Erfüllung – ich war dabei. Da ich aus Sicherheitsgründen nicht alleine über das polnische Gebiet (~ 340 km) mit dem Pkw fahren wollte, kam Enkel Matthäus (27) nach Bad Steben, und wir sind zusammen mit meinem Pkw nach Dąbrówka Wielka gefahren. Die Feier begann mit einer Hl. Messe, und danach wurde in einem Nobelrestaurant gefeiert. Einige Tage nach der Geburtstagsfeier kam ich mit dem Pkw alleine nach Bad Steben zurück.

Foto: Ich, der Urgroßvater (85), mit dem Urenkel Kaspar an seinem ersten Geburtstag. Kaspar sitzt auf dem Geburtstagsgeschenk, ein Dreirad – 7. Mai 2017.

Im Januar 2017 teilte uns unsere Enkelin Claudia mit, dass sie im Juli ein zweites Kind erwarteten. Der angekündigte Nachwuchs kam am 25. Juli 2017 zur Welt. Es ist ein Mädchen, das auf den Namen Julia getauft wurde. So machten sie uns, mich und Hanne, zum zweiten Mal zu Urgroßeltern. Wir erhielten auch einige Fotos – Julia und Kaspar mit seinen glücklichen Eltern und Großeltern. Wir guckten uns die Fotos mit Stolz an und zeigten diese unseren Freunden und Bekannten. Im August konnte ich Julia mit großer Freude in die Arme nehmen. Ein süßes Kind.

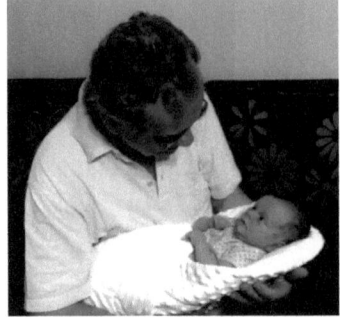

Foto: Ich, der Urgroßvater (85), mit der Urenkelin „Julia" (2 Wochen) – August 2017

Als Kleinkind konnte ich meine Enkelin Claudia nicht in die Arme nehmen. Jetzt wurde ich aber dafür belohnt, denn ich bin der einzige von ihren Großeltern, der noch lebt und ihre Kinder in die Arme nehmen kann. Als Geschenk bekam Julia von uns eine Panzerkette 38 cm mit einem Anhänger „Ärgere dich nicht Engel" – 585GG. Das Geschenk soll Julia an uns, ihrer Urgroßeltern, Heinrich und Johanna Makiela, erinnern. Und der Engel möge sie in ihrem Leben begleiten und von allem Ärger fernhalten.

Der englische Schriftsteller William Somerset Maugham (1874-1965) soll gesagt haben: *„Jede Generation lächelt über die Väter, lacht über die Großeltern und bewundert die Urgroßeltern."* Eigentlich bewundern mich viele, den Urgroßvater, der im Alter von 85 Jahren so unternehmungslustig ist und noch die Kraft hat, einiges zu unternehmen.

Mein 85. Geburtstag. Es war geplant, dass ich meinen 85. Geburtstag, mit den Kindern und Freunden in Dąbrówka Wielka, meinem Geburtsort, feiern würde. Denn meinen 80. Geburtstag feierte ich nur mit der Hanne auf der Donau, was den Kindern nicht gefallen hatte, denn sie wollten nach Bad Steben kommen und mit mir den Geburtstag feiern. Um den 85. Geburtstag in Bad Steben zu feiern, müssten die Kinder und Freunde aus Oberschlesien, Polen, nach Bad Steben, BRD, kommen und ich müsste sie für ein paar Tage im Hotel unterbringen, und tagsüber müssten wir sie, ich und die Hanne, bei uns zu Hause beschäftigen. So ein Unternehmen war uns zu teuer und unserem Alter untragbar. Und ternehmen war uns zu teuer und unserem Alter untragbar. Und so entstand der Gedanke den Geburtstag in Dąbrówka Wielka zu feiern, da sie alle in dem Ort und der Umgebung wohnen.

Es war aber nicht festgelegt, in welchem Restaurant gefeiert werden sollte. Bei Kaspars Geburtstagsfeier beschloss ich, dass die Feier eben in dem Nobelhotel und Restaurant statt finden sollte und wir, Hanne und ich, dort eine Woche lang übernachteten. Bei Kaspars Geburtstagsfeier führte ich mit dem zuständigen Personal dort Vorgespräche über ein Bankett und Übernachtungen. Zum Bankett bekam ich einige fertig erstellte Vorschläge. Die vorgeschlagenen alkoholische Getränke des Restaurants gefielen mir nicht, und so wurde vereinbarte, dass ich eigene mitbringe und diese nach einer vereinbarten Marge den Gästen serviert werden. Für die Übernachtungen buchte ich ein Apartment und zur Verfügung der Gäste ein Tageszimmer.

In Bad Steben stellte ich mit Hanne die Menükarte des Banketts fest. Diese wurde durch das Restaurant angenommen. Beschlossen war auch, dass alle meine Gäste und Geburtstagsgratulanten zwei Flaschen Frankenwein als Geschenk von mir bekämen. Bei unserem Winzer in Bergtheim bestellte ich zwei Gutsweine, meine Lieblingsweine – weiß und rot in Bocksbeuteln, extra Etiketten mit meinem Foto umrahmt in zwei Farben (schwarz und weinrot). Unter dem Foto stand: „1932er Alte „Rebe", Heinrichs „Bacchus Spätlese" und „1932er Alte „Rebe", Heinrichs „Rubin Classic".

Drei Wochen vor meinem 85. Geburtstag kam die Hanne ins Krankenhaus – Herzprobleme, wo sie zwei Wochen lang war. Nun stellte sich die Frage: Sollte ich die Feier absagen, denn sie war zu schwach und unsicher, um die Reise dorthin anzutreten. Nach langen Diskussionen beschlossen wir, dass die Feier wie geplant stattfinden und die Hanne zu Hause in Bad Steben bleiben sollte. Die Apartment-Wohnung wurde storniert.

Am 10. August fuhr ich mit dem Pkw nach Görlitz (~300 km), wo mir mein Sohn Damian, Schwiegertochter Danuta und Enkel Matthäus (27) entgegenkamen. Von Görlitz fuhr mich Matthäus (~340 km) nach Dąbrówka Wielka, Polen, wo ich eine Woche lang bei Damian wohnte.

Wie geplant begann die Geburtstagsfeier in der katholischen Pfarrkirche in Dąbrówka Wielka mit einer Hl. Dank-Messe, und diese war sehr schön musikalisch gestaltet. Es war für mich ein Erlebnis, denn in dieser Kirche wurde ich getauft, stand als Kommunionskind, war Ministrant, erhielt die Firmung, habe geheiratet usw. Nach dem Gottesdienst gratulierten mir auch viele Personen zum Geburtstag, die mich von verschiedenen Leistungen (in der Kirche, Schule, Gemeinde, als Fotograf und Pkw-Fahrten – darüber berichtete ich schon) gut kannten. Anschließend fuhren wir (17 Erwachsene und die zwei Urenkel) mit den Taxis zum Restaurant, wo wir vom Personal des Restaurant begrüßt und mit einem Glas Champagner und Häppchen empfangen worden sind. Danach nahmen wir, an dem sehr schön geschmückten Tisch, nach der vorher festgelegten Tischordnung, die Plätze ein.

Nachdem die Gäste ihre Plätze eingenommen hatten, wurde das Mittagsessen serviert: das schlesische Muss-Gericht „Nudelsuppe und Rinderroulade, Kloß, Rotkohl." Außerdem wurde serviert: Entenkeule, Kartoffeln, Rote-Rüben-Meerrettichsalat und gebratenes Lachsfilet, Kartoffeln, Sellerie-Salat. Nachtisch: Schokoladencreme mit karamellierten Nüssen, Früchten und Sesam. Dazu Weiß- und Rotwein: „Bacchus Spätlese" und „Rubin Classic" – Franken, BRD. Gegen 15:30 Uhr wurde Kuchen serviert – Schwarzwälder Kirschtorte, Kaffee, Tee. Dazu Morellen-Likör „Baloni" – Wachau, Österreich.

Gegen 17:00 Uhr wurde Kaltbüfett mit zwölf verschiedenen Köstlichkeiten zur Selbstbedienung aufgebaut. Dazu „Williamsbirnen Schnaps" – Tirol Österreich und die schon erwähnten Weine und Morellen-Likör. Andere Getränke wie: Wasser mit Zitrone, Tee,

Kaffee, Säfte, Bier usw. von der Restaurant-Theke. Gegen 20:00 Uhr wurde Rote-Rüben-Suppe mit Pastetchen serviert. Danach ging meine 85. Geburtstagfeier langsam zu Ende und alle Gäste sprachen mir herzlichen Dank aus, für die Einladung zu der herrlichen Geburtstagsfeier. Am Ende fuhren wieder alle Gäste mit bestellten Taxis nach Hause. Einerseits freute ich mich, dass die Geburtstagsfeier so gut abgelaufen ist, andererseits war ich traurig, dass die Hanne nicht dabei sein konnte. Auch alle Gäste bedauerten, dass Hanne nicht dabei sein konnte. Sie ist dort bei allen eine beliebte Person.

Zwischen den Mahlzeiten konnte man in dem schön angelegten Garten des Restaurant verweilen und einige Fotos machen.

Foto: Ich an meinem 85 Geburtstag im Garten des Restaurants, wo die Geburtstagsfeier stattfand.

Einige Tage nach der Geburtstagsfeier kam ich mit dem Pkw alleine nach Bad Steben zurück und legte die Strecke von 640 km in knapp sechs Stunden mit einer kleiner Pause zurück. Eine Woche später feierte ich meinen 85. Geburtstag mit unseren Bad Stebener Freunden in einem Restaurant nach.

Trotz einiger Krankheiten zählen wir die letzten Jahre zu den zufriedenen. Die Sommerzeit verbrachten wir meistens im Garten auf der Terrasse. Weiter kuren wir zwei Mal im Jahr, im Kurhotel „Zink" in Bad Füssing. Dorthin fahren wir mit dem Pkw, und die Strecke von 350 km legte ich hin und zurück, ohne eine Pause einzulegen. Die Kuren wollen wir so lange buchen, so lange ich den Pkw dorthin steuern kann.

Im Alter von über 85 Jahren und als zweifacher Urgroßvater beende ich meinen 63-jährigen (1954-2017) Lebensabschnitt – eine Autobiografie, die ich zu Papier gebracht habe. Anfangs schien es gut zu verlaufen, dann war vieles zu bewältigen. Irgendwann kreuzte Hanne den Weg meines Lebens, und seitdem hat sich der

Weg mit ihr verändert, und in den 43 Jahren unseres Zusammenseins haben wir eine schöne Zeit verbracht. Ich wünsche mir, dass wir, Hanne und ich, noch viele schöne Tage zusammen und mit unseren Freunden in Bad Steben verbringen. Den Alltag, so lange wie wir es können, müssen wir selber, bzw. mit unseren Freunden in Bad Steben, mit lächelnden Gesichtern, wie auf dem Foto nebenan, bewältigen. Dazu so, wie es Papst Johannes Paul II. meinte: *„Trotz der Einschränkungen, die mit dem Alter verbunden sind, bewahre ich mir die Lebensfreude. Dafür danke ich dem Herrn."*

Mit unseren Kinder, die uns eventuell in unseren Einschränkungen helfen könnten, können wir nicht rechnen. Sie wohnen weit von uns und haben auch eigene Probleme zu beseitigen. Wir hoffen aber, dass wir noch die Entwicklung unserer Urenkel Kaspar und Julia mit Freude lange beobachten werden und sie auch mal wieder umarmen.

Nachwort

Es waren erfreuliche und bedrückende Abschnitte in meinem Leben – beide gehören doch dazu. Um mehr Freude am Leben zu haben, sollte man das Leben manchmal nicht zu ernst nehmen, denn es ist ernst genug. Das, was einen ärgert, sollte man, wenn es nur geht, weglassen. Manchmal geht es nicht. Ich habe es weggelassen – es ging. Es ging aber nur, weil ich von der Quelle des Ärgers weggezogen bin. Aber der dort hervorgerufene Ärger ist viele Jahre wie ein Stinktier hinter mir hergezogen, und noch heute in verschiedenen Lebenslagen spürt man ihn. Aus heutiger Sicht denke ich mir, dass es wohl besser gewesen wäre, nachdem ich mich in Stuttgart abgesetzt hatte bzw. ausgesetzt wurde, wenn ich keinen Kontakt zu Irene aufgenommen hätte. Sie war wohl, nach Anbetracht der Lage, klüger als ich, da ich diese nicht erkannt habe. Aber Ende gut, alles gut. Ich nehme an, dass Irene und ich erreicht haben, was wir wollten. Sie behielt ihre Eltern, und ich bekam sie los. Und so baute ich mir ein neues Leben ohne Irene auf, mit dem ich zufrieden bin. Was meine zwei Söhne Christoph und Damian betrifft, so habe ich im Buch einiges beschrieben. Kurz gesagt, viel Freude hatte ich mit ihnen, nachdem sie erwachsen waren, nicht.

Ich war mit Irene 28 Jahre verheiratet, davon lebte sie 14 Jahre mit mir und ihren Eltern, und 14 Jahre nur mit ihren Eltern, den Kindern usw. Ich kann mich eigentlich an gute und schöne Zeiten mit ihr nicht erinnern. Sie war immer verschlossen, und man spürte, dass sie immer irgendetwas bedrückte. Einerseits war sie ängstlich und andererseits sehr mutig, um zu schwindeln oder um irgendwelche Fakten zu vertuschen. Ob ich sie in der Ehe liebte? Nein. Ich betrachtete sie als meine Ehefrau und Mutter von meinen zwei Söhnen – Christoph und Damian. Sie betrachtete mich wiederum als den, der für sie und die Kinder sorgen sollte. Sie lebte mit ihren Eltern und tat das, was ihr die Eltern vorgeschrieben haben. Unsere Ehe hätte vielleicht weiter bestehen können, jedoch nicht mit den Schwiegereltern zusammen, von denen sie sich nicht trennen wollte und vielleicht auch nicht konnte. Und so trennte sie sich von mir, und das mit den Kindern.

Ich verließ im Alter von 41 Jahren das Land, in dem ich lebte, eine Frau, mit der ich 14 Jahre zusammen lebte, zwei Söhne, die ich sehr liebte, meine Mutter, Geschwister, Freunde usw. Mit ganz wenig Geld kam ich im Alter von 41 Jahren in ein anderes Land, in dem ich außer meiner Schwester und einem alten Freund keinen Menschen kannte. Einerseits war ich sehr traurig, andererseits war ich überglücklich, dass ich von denen, die mir das Leben so schwer machten, weit weg war.

Nun habe ich mir ein neues Leben aufgebaut. Schnell lernte ich gute Freunde und Freundinnen kennen. Die beste Freundin wurde Hanne. Also, der Herrgott hat mich nicht verlassen, die Hanne betrachte ich als Geschenk Gottes. Die Freundschaft mit Hanne entwickelte sich zu einer Liebesbeziehung. Schließlich heirateten wir, und das war vor über 29 Jahren. Je länger ich mit ihr lebe, umso mehr liebe ich sie. Ich bin für sie der Ehemann, der Freund und das Kind, um das sie sich mütterlich kümmert.

Die zwei Frauen Hanne und Irene kann man nicht unter einen Nenner stellen. Hanne und ich verstehen uns gut, wir sind offen zueinander und tragen keine Geheimnisse in uns. Sie ist mein bester Freund und ich ihrer. Natürlich streiten wir auch mal, was aber unsere Beziehung nur stärkt. Ob das zu Hause oder im Urlaub ist, wir kommen gut miteinander aus. Nur in der Nacht sind wir getrennt, da wir getrennte Schlafzimmer haben, was von Vorteil ist. Denn sie will es im Schlafzimmer kalt haben, ich wiederum warm. Wenn sie in der Nacht nicht schlafen kann, dann macht sie das Licht an und liest. Ich schlafe die Nacht durch und darf dabei schnarchen. Unsere Schlafzimmer sind auf einer Ebene und durch das Bad getrennt.

Eigentlich sollte man an die guten Zeiten denken und die schlechten vergessen. Aber man kann nicht alles vergessen, etwas bleibt immer hängen. Meistens bleiben die seelischen Wunden hängen, welche ein Mensch dem anderen zugefügt hat. Wären die seelischen Wunden, die mir in der Ehe mit Irene zugefügt wurden, verheilt, so wären meine Lebenserinnerungen nicht zu Papier gebracht worden.

Es ist doch schön, wenn zwei Menschen, Männlein und Weiblein, zusammen in einer Gemeinschaft leben. Es ist auch egal, ob mit oder ohne Trauschein. Es ist ebenfalls egal, ob die beiden sich lieben oder nicht. Man kann auch aus Vernunftgründen zusammen leben. Es genügt, wenn sich zwei Menschen gut verstehen, gegenseitig ergänzen und die Last des Zusammenlebens gemeinsam tragen. Wichtig ist, dass ihre Eltern sie in Ruhe lassen und sich nicht bei den beiden einmischen. Sie sollen lernen, all die Probleme, die auf sie zukommen, alleine zu bewältigen. Wenn sie nicht zusammenpassen, dann gehen sie auseinander, und so ist die Ehe bzw. die Partnerschaft aufgelöst. Dann sollte man alleine leben, oder eine neue Lebensgemeinschaft bilden. So wie das in meinem Fall vorgekommen ist.

Also, lieber Leser, eine Ehelebensgemeinschaft ist nur zu empfehlen, wenn sie funktioniert. Sonst sollte die Scheidung erfolgen, damit man sich danach ein neues Leben aufbauen kann.

Man sah immer die anderen Menschen altern, aber schnell und unbemerkt bin auch ich alt, dazu Großvater und Urgroßvater geworden. Mit 85 ist man eigentlich im Greisenalter. Heute werden viele Begriffe etwas schöner definiert, und so sagt man statt „Greisenalter" „uHu-Alter" (unter Hundert), oder noch moderner „After eighty" (nach Achtzig). Es freut mich sehr, dass ich so ein Alter erreichte. Wenn man das Alter von 85 Jahren erreicht hat, dann sollte man nicht mehr nach vorne schauen, sondern nach hinten. Denn hinter mir liegen auch viele schöne Tage, an denen man gelacht und gefeiert hatte und an schönen Plätzen der Welt in Urlaub war.